JN238391

サービス
ドミナント
ロジック

Service Dominant Logic

マーケティング研究への新たな視座

井上崇通
村松潤一　編著

同文舘出版

執筆者一覧 (執筆順)　(＊は編者)

井上　崇通（明治大学商学部教授）＊　第1章，第2章
田口　尚史（明治大学・研究知財戦略機構研究員）　第3章，第6章
野木村忠度（明治大学・研究知財戦略機構PD）　第4章
菊池　一夫（明治大学商学部准教授）　第5章
平安山英成（明治大学大学院商学研究科博士後期課程）　第7章
斉藤　典晃（明治大学商学部助手）　第8章
前田　進（明治大学大学院商学研究科博士後期課程）　第9章
庄司　真人（高千穂大学商学部教授）　第10章
大藪　亮（広島大学大学院社会科学研究科博士課程後期）　第11章
今村　一真（広島大学大学院社会科学研究科博士課程後期）　第12章
藤岡　芳郎（鳥取大学非常勤講師）　第13章
余　漢雙（明治大学商学部助手）　第14章
河内　俊樹（明治大学大学院商学研究科博士後期課程）　第14章
村松　潤一（広島大学大学院社会科学研究科教授）＊　第15章

はしがき

　今日，マーケティング研究はその重要性を指摘されながら，その一方でその限界と問題点が指摘されるようになってきている。古くは，1970～80年代の戦略的マーケティング論の台頭の中にみられるF. E. WebsterやG. S. Dayなどを中心とした競争視点や財務視点の欠落などの指摘，1990年代におけるA. K. Kohli and B. J. JaworskiあるいはJ. C. Narver and S. F. Slaterによる市場志向を中心としたマーケティングの再構築，資源を柱としたS. D. Hunt等の資源優位性理論の提唱，さらには有形財を中心とした伝統的マーケティングを克服しようとしたサービス・マーケティングの台頭など枚挙にいとまがない。これらは，共に，伝統的なマーケティングのフレームワークにとらわれることなく，否，それを乗り越えるべく，新たな視点からマーケティングを再構築しようとする試みといえる。

　そのような潮流の中にあって，本著で取り上げるサービス・ドミナント・ロジック（Service-Dominant Logic；以下，S-Dロジック）も従来のマーケティングの問題点を克服し，新たなマーケティングのフレームワークを模索しようとしている動向の1つである。このS-Dロジックの提唱者がStephen L. VargoとRobert F. Lusch（以下，Vargo and Lusch）である。彼らが同ロジックを2004年に *Journal of Marketing* に掲載して以来，多くの論者を巻き込むかたちで，議論の広がりを見せている。

　Vargo and Lusch[2004a]によって提示されたS-Dロジックの影響は大きく，その後，様々な学会やジャーナルで取り上げられ，多くの論者がこの議論に加わっている。また，わが国でもS-Dロジックに関心を寄せる研究者が急激に増えつつあるが，Vargo and Luschの議論は膨大であり，それが十分に消化されているとはいえない。たとえば，S-Dロジックにおいて価値共創の捉え方は多様であり，そのことは逆にS-Dロジックに対する独自的な解釈を生むことに繋がってしまっている。

また，Vargo and Lusch 自身，S-D ロジックはレンズでありマインドセットであると述べているが，果たして，それはロジックに止まるのか，あるいはセオリーへと進展していくのか，何がその際の条件となるのかは大変関心のあるところである。何れにせよ，彼らの意図は，S-D ロジックによってマーケティング研究における新たな共通基盤を提供しようとするところにあり，それは，マーケティング研究に止まらず，流通，商業，消費者行動，戦略といった研究領域とも密接に関連している。

　われわれの研究グループが，Vargo and Lusch の論文に巡り会ったのは，2006 年暮れであったと記憶している。当時は，まだ，我が国において彼らの論文に注目している研究者は多くはいなかった。

　その後，広島大学の研究グループと明治大学の研究グループで，それぞれ週一回の研究会を開き，彼らの論文および S-D ロジックに関心を寄せる研究者の論文を読み込むという作業を続けてきた。さらに，年に数回の共同研究および発表の場を持ちながら，S-D ロジックに対する共通理解を深めていった。

　そのような中で，Vargo and Lusch の諸論文を渉猟するだけでなく，彼らのロジックの議論の輪に加わる多くの研究者の文献をサーベイし，さらには，Vargo and Lusch に対して批判的な論者の論文にも目を向け，その相対的な評価を下すべく努力してきたつもりである。

　本書は，そのような研究プロセスの一応の到達点と考えている。しかし，その内容は，上にも述べたように広範囲に及んでおり，その全容をこの著作で紹介できるものではない。そこで，本書では，彼らの S-D ロジックを構築する上でその基盤となった様々な理論的背景を整理し，その詳細を明らかにし，さらに S-D ロジックが他の社会科学，特にビジネス研究に及ぼすであろう影響についても検討を加えている。また，S-D ロジックにたいして批判的な視点を持つ研究者の主張点についても踏み込んだつもりである。

　本書は，三部構成となっている。第 I 部では，S-D ロジックの基本的な枠組みについて，なるべく執筆者の主張を加えず Vargo and Lusch の言わんとするところを紹介した。そこで，まず第 1 章では S-D ロジックの基本的特徴を紹介している。第 2 章では S-D ロジックのもっとも根幹をなし，2004 年から 2008 年にわたりいくつかの修正を加えながら S-D ロジックとは何かを明ら

かにしている「基本的前提 (foundational premises (FPs))」について詳説している。さらに，第3章では，S-Dロジックの重要な基本概念に解説を加えている。Vargo and Luschは，彼らのロジックを展開するに当たり，独自の概念あるいは用語を多用しており，その意味するところを十分に理解しておくことが特に重要と思われるからである。第4章ではS-DロジックとG-Dロジックの相違を，その原点である経済学の潮流を基礎に分析している。

第Ⅱ部では，彼らの理論的背景をその主張点の中核をなす「プロセスによるマーケティング」という視点から多方面から分析している。具体的には，第5章「S-Dロジックとサービィーズ・マーケティング」，第6章「S-Dロジックと市場志向」，第7章「S-Dロジックとネットワーク」，第8章「S-Dロジックと資源管理」，第9章「S-Dロジックとリレーションシップ・マーケティング」，第10章「S-Dロジックとバリューチェーンおよびサプライチェーン」という構成とした。

第Ⅲ部では，第Ⅰ部及び第Ⅱ部での考察を踏まえ，S-Dロジックの今後の展開について検討している。まず，第11章で，S-Dロジックが提示した価値共創のフレームワークそれ自体に検討を加え，第12章では，資源という視点からS-Dロジックの行為主体とS-Dロジックとの関わりを明らかにしている。第13章は，戦略論との関係を明らかにしている。さらに，第14章では，S-Dロジックに対して批判的な論者の主張点を詳細に論じた。そして，最終の第15章では，今後，S-Dロジック研究において論点となるであろう諸点を明らかにし，研究の方向性を示した。

本書は，我が国のマーケティング研究の次代を担う若手研究者を中心に執筆されたものである。Vargo and Luschを中心としたS-Dロジックの研究成果は，必ずやこれからのマーケティングの方向を示す一里塚になるものと確信している。多くの読者の批判を頂戴し，さらなる研究の糧とさせていただければと望むところである。

本書の出版は，2007年度文部科学省オープンリサーチセンター整備事業に選定された「クォリティ志向型人材育成とスマート・ビジネス・コラボレーション─経営品質科学に関する研究─」プロジェクトの一環として進められた研究成果の一部であり，同研究の中心組織である明治大学・経営品質科学研究所の

ご支援・ご協力により実現したものである。さらに，明治大学研究・知財戦略機構の関係者の暖かいご支援にも深く感謝の意を表したい。
　また，本書の出版を快くお引き受けいただき，多大なるご協力をいただいた同文舘出版の方々，特に取締役編集局長の市川良之氏のきめの細かいお力添えには心からお礼を申し上げたい。
　2010年1月

井上　崇通
村松　潤一

目　次

第Ⅰ部　S-Dロジックの基本的枠組み

第1章　S-Dロジックの台頭とその研究視点 ——————— 3
- 第1節　はじめに……………………………………………………… 3
- 第2節　S-Dロジックの波紋 ……………………………………… 5
- 第3節　S-Dロジック誕生の経緯 ………………………………… 6
- 第4節　S-Dロジックの基本的特徴 ……………………………… 7
  1. サービスという共通項 ……………………………………… 8
  2. 「プロセス」としてのマーケティングの再構築………… 8
  3. 交換価値から「文脈価値」への焦点の転換 …………… 10
  4. 製品ではなく，「資源（リソース）」への焦点の転換 … 11
  5. 資源統合 …………………………………………………… 12
  6. 新たな交換パラダイム …………………………………… 13
  7. 価値創造ネットワーク …………………………………… 13
- 第5節　おわりに……………………………………………………… 14
  ―多数の論理の統合化―

第2章　S-Dロジックの「基本的前提（FPs）」——————— 17
- 第1節　はじめに……………………………………………………… 17
- 第2節　S-Dロジックにおける「基本的前提（FP）」の変遷 …… 18
- 第3節　S-Dロジックにおける「基本的前提（FP）」の概要 …… 20
- 第4節　おわりに……………………………………………………… 27

第3章　S-Dロジックの基礎概念 ── 29

- 第1節　はじめに …………………………………………………… 29
- 第2節　単数形のサービスとS-Dロジック ………………………… 30
  1. 単数形のサービス ………………………………………………… 30
  2. G-DロジックとS-Dロジック …………………………………… 31
- 第3節　独特な概念 ………………………………………………… 33
  1. オペランド資源とオペラント資源 ……………………………… 33
  2. 交換価値と文脈価値 ……………………………………………… 34
  3. 価値共創 …………………………………………………………… 35
- 第4節　S-Dロジックの範囲 ……………………………………… 40
- 第5節　おわりに …………………………………………………… 41

第4章　S-DロジックとG-Dロジック ── 44
　　　　　―経済学からの写像―

- 第1節　はじめに …………………………………………………… 44
- 第2節　G-Dロジックに理論基盤を置く経済学 ………………… 45
- 第3節　S-Dロジックに理論基盤を置く経済学 ………………… 48
- 第4節　おわりに …………………………………………………… 53

第Ⅱ部　S-Dロジックの論理基盤
　　　　―プロセスとしてのマーケティングの台頭―

第5章　S-Dロジックとサービシィーズ・マーケティング ── 57

- 第1節　はじめに …………………………………………………… 57
- 第2節　S-Dロジックにおける「サービス」と「サービシィーズ」… 58
- 第3節　サービシィーズ・マーケティング研究者による
  　　　S-Dロジックへの評価 ……………………………………… 60
- 第4節　相互作用 …………………………………………………… 62

第5節	知覚品質	63
第6節	組織内の協働とパートナーシップ	64
第7節	グッズとサービシィーズを区別することについての不必要性について	65
第8節	サービシィーズの4つの特性に対する Vargo and Lusch［2004b］の見解	67
第9節	おわりに	69

第6章　S-Dロジックと市場志向 ── 72

第1節	はじめに	72
第2節	G-Dロジックと製品志向	73
第3節	S-Dロジックにおける顧客中心性	75
第4節	製品中心から顧客中心への転換におけるサービシィーズの役割	77
第5節	S-Dロジックと市場志向の接点	79
	1．市場志向	80
	2．個客中心マーケティング	83
	3．組織学習	85
第6節	おわりに	89
	1．顧客志向への完全移行	89
	2．パーソナル化された価値の共創	90
	3．仮説立案と検証のサイクル	90

第7章　S-Dロジックとネットワーク ── 92

第1節	はじめに	92
第2節	ネットワーク組織の特徴	93
	1．市場と内部組織	93
	2．中間組織	95
	3．ネットワーク組織	95

第3節　ネットワーク組織研究とS-Dロジックの接点 …………… 97
　　1．リレーションシップ ……………………………………… 98
　　2．価値の共創 ……………………………………………… 98
　　3．無形資源 ………………………………………………… 99
　第4節　S-Dロジックに対するネットワーク組織研究の影響 …… 100
　　1．FP4の特質 ……………………………………………… 101
　　2．ネットワーク組織における
　　　　コア・コンピタンスとしてのマーケティング …………… 102
　第5節　おわりに …………………………………………………… 104

第8章　S-Dロジックと資源管理 ──────────── **107**
　第1節　はじめに …………………………………………………… 107
　第2節　S-Dロジックにおける資源の概念 ……………………… 108
　　1．資源管理の基本的前提 ………………………………… 109
　　2．資源管理とオペラント資源 …………………………… 111
　第3節　S-Dロジックとオペラント資源 ………………………… 112
　第4節　競争優位の源泉としてのオペラント資源 ……………… 116
　第5節　おわりに …………………………………………………… 118

第9章　S-Dロジックとリレーションシップ・マーケティング ── **120**
　第1節　はじめに …………………………………………………… 120
　第2節　リレーションシップ・マーケティングの思想ラインのレビュー … 121
　　1．産業財マーケティングとリレーションシップ ………… 122
　　2．サービシィーズ・マーケティングとリレーションシップ …… 122
　　3．マーケティング・マネジメント論における個別顧客と
　　　　リレーションシップ ……………………………………… 124
　第3節　ノルディック学派の考え方 ……………………………… 125
　　1．Event Gummesson［1994, 2002］の主張についての検討 ……… 125
　　2．Christian Grönroos［1994］の主張についての検討 ……… 127

第4節　リレーションシップに関するノルディック学派との接点 …… 129
　第5節　S-Dロジックにおけるリレーションシップ概念 ………… 130
　　1．顧客との相互作用プロセスとリレーションシップ ………… 131
　　2．カスタマイゼーションとリレーションシップ ……………… 131
　　3．価値共創のリレーションシップ ……………………………… 131
　　4．相互作用的統合とリレーションシップ ……………………… 132
　第6節　おわりに……………………………………………………… 133

第10章　S-Dロジックとバリューチェーンおよびサプライチェーン ── **136**
　第1節　はじめに……………………………………………………… 136
　第2節　S-Dロジックとバリューチェーン，サプライチェーン …… 137
　　1．ドミナントロジックの変化 …………………………………… 137
　　2．バリューチェーン ……………………………………………… 139
　　3．サプライチェーン ……………………………………………… 141
　第3節　S-Dロジックと価値創造ネットワーク …………………… 143
　　1．Vargo and Lusch の価値創造ネットワーク ………………… 143
　　2．価値創造ネットワークと S-D ロジック …………………… 144
　第4節　おわりに……………………………………………………… 147

第Ⅲ部　　S-Dロジックの可能性と展開

第11章　S-Dロジックと価値共創フレームワーク ──────── **151**
　第1節　はじめに……………………………………………………… 151
　第2節　価値共創に関する先行研究レビュー ……………………… 152
　第3節　S-Dロジックにおける価値共創 …………………………… 154
　　1．価値共創の性格 ………………………………………………… 155
　　2．サービスと価値共創 …………………………………………… 156
　　3．価値の様相 ……………………………………………………… 158

4．価値共創の形態 …………………………………………………… 160
　　5．S-Dロジックの課題 ……………………………………………… 161
　第4節　おわりに ………………………………………………………… 163

第12章　S-Dロジックとマーケティング組織・資源 ── 165
　第1節　はじめに ………………………………………………………… 165
　第2節　マーケティング研究における組織・資源 ………………… 166
　　1．ケイパビリティの所在 …………………………………………… 166
　　2．Market-Driven の組織文化へ …………………………………… 167
　　3．マーケティングに固有の組織問題 ……………………………… 168
　第3節　新たな資源の解釈と分類へ …………………………………… 169
　　1．資源に作用するケイパビリティ ………………………………… 169
　　2．オペランド・オペラントの起源 ………………………………… 169
　　3．オペランド・オペラントの定義 ………………………………… 170
　　4．資源の戦略的な統合へ …………………………………………… 171
　　5．オペランド・オペラントの性質の違い ………………………… 172
　第4節　S-Dロジックにおけるオペランド・オペラントの意義 …… 174
　　1．サービスに基づく交換 …………………………………………… 175
　　2．オペラントとしての顧客 ………………………………………… 175
　　3．再考すべき価値決定の局面 ……………………………………… 176
　第5節　資源の統合による価値共創 …………………………………… 178
　　1．本格的なオペラント研究へ ……………………………………… 179
　　2．新たな解釈の有効性 ……………………………………………… 179
　第6節　おわりに ………………………………………………………… 180

第13章　S-Dロジックと戦略論の関係 ── 183
　第1節　はじめに ………………………………………………………… 183
　第2節　戦略概念としてのS-Dロジック ……………………………… 185
　　1．マーケティング・ミックスとS-Dロジックの対比 …………… 185

2．マーケティング・ミックスの上位概念としてのS-Dロジック ……… 186
  第3節　統合の理論としてのS-Dロジック ………………………… 188
  第4節　戦略論のキーワードとS-Dロジックの関わり …………… 190
   1．S-Dロジックと組織の検討 ……………………………………… 190
   2．S-Dロジックによる資源ベース論の検討 …………………… 192
   3．競争優位としてのS-Dロジック ……………………………… 193
  第5節　おわりに ……………………………………………………… 195

第14章　S-Dロジックに対する批判的見解 ── 198

  第1節　はじめに ……………………………………………………… 198
  第2節　Dayの批判的見解 …………………………………………… 199
   1．批判的立場の明確化 …………………………………………… 199
   2．批判内容 ………………………………………………………… 200
  第3節　Achrol and Kotlerの批判的見解 ………………………… 203
   1．批判的立場の明確化 …………………………………………… 203
   2．批判内容 ………………………………………………………… 206
  第4節　O'Shaughnessy and O'Shaughnessyの批判的見解 ……… 214
   1．批判的立場の明確化 …………………………………………… 214
   2．批判内容 ………………………………………………………… 215
  第5節　おわりに ……………………………………………………… 220
        ─われわれの見解を中心に─

第15章　S-Dロジックと研究の方向性 ── 229

  第1節　はじめに ……………………………………………………… 229
  第2節　わが国におけるS-Dロジック研究 ……………………… 230
   1．S-Dロジックの紹介 …………………………………………… 230
   2．S-Dロジックに関する議論 …………………………………… 231
   3．上原征彦のサービス概念とS-Dロジック …………………… 233
  第3節　S-Dロジックの再検討 …………………………………… 236

1．ロジックとセオリー ……………………………………………… 236
　　2．サービスの定義 …………………………………………………… 237
　　3．交換価値から使用価値へ―顧客価値の提示― ………………… 239
　　4．主体の意志 ………………………………………………………… 239
　　5．価値共創の場 ……………………………………………………… 240
　　6．ノルディック学派とS-Dロジック ……………………………… 240
　第4節　S-Dロジックの理論化の方向 ………………………………… 241
　　1．価値共創概念の精緻化 …………………………………………… 241
　　2．S-Dロジックの本意―顧客価値の重さ― ……………………… 246
　第5節　おわりに …………………………………………………………… 247

参考文献 ———————————————————————— 249

索　引 ————————————————————————— 263

第 I 部

S-D ロジックの基本的枠組み

　第 I 部では，Vargo and Lusch の提唱した S-D ロジックの基本的枠組みについて解説する。そこで，第 1 章では，S-D ロジックの台頭してきた背景を解説するとともに，本ロジックの独自性がどこにあるのかを明らかにしている。第 2 章では，「S-D ロジックの基本的前提」について解説する。これは，Vargo and Lusch が 2004 年に本ロジックを発表して以来，その基本的考え方を「S-D ロジックの基本的前提」という名称のもと展開してきたものであり，その内容の理解が S-D ロジックの正確な理解につながる。本章では，かれらの唱える最新の 10 の基本的前提について解説を加えていく。第 3 章は，かれらのロジックには独自の概念装置が用いられており，このことも正確な理解を妨げる要因になっている。そこでこの章では，これらの主要概念について詳細な議論をしている。具体的には，「サービス」，「オペラント資源・オペランド資源」，「交換価値・文脈価値」，「価値共有」といった概念がそれである。第 4 章では S-D ロジックと G-D ロジックの比較を経済学の視点から検討していく。これは Vargo and Lusch が，S-D ロジックを提唱するに当たり，その批判的検討対象として経済学における G-D ロジックを取り上げていることに依拠したものである。

第1章
S-Dロジックの台頭とその研究視点

第1節　はじめに

　今日，企業が消費者（顧客）に対して提供しているものが何かについて，新たな視点が示されるようになってきた。2004年にStephen L. VargoとRobert F. Lusch（以下，Vargo and Lusch）によって提唱された「サービス・ドミナント・ロジック（Service Dominant Logic；以下，S-Dロジック）がそれである。

　古くは，製品という概念の中に，単なる物理的財としての製品ではなく，それを取り巻くサービスの部分を内包させた概念拡張が盛んに議論されてきた。1950年代のLevyの「シンボルとしての製品」[1959]という考え方，その後のKotlorの「拡大製品」[1967]やLevittの「プロダクト・オーグメンテーション」[1969]といった概念，消費者行動研究で取り上げられることの多いBaudrillardの「モノは記号にならなくてはならない」[1968]といった発想は，すべてこのような製品概念の拡張が含まれており，サービスの要素の重要性が指摘され続けてきた。

　サービスへの関心が高まる中で，1970年代にサービシィーズ・マーケティング研究（本著においては，従来型のサービス・マーケティングをサービシィーズ・マーケティングという表現で統一して用いる）が台頭してくることとなる。それは，経済の牽引力としてサービスの占める割合が高くなり，経済活動におけるサービスの重要性が指摘されるようになり，それにしたがって，伝統的なマーケティングの理論および実践手法では十分対応できないという指摘がなされるようになっていったことが背景にある。

　このサービシィーズ・マーケティング研究が，マーケティングの領域に新た

な視点を提供することとなる。サービス品質，サービス・エンカウンター，インターナル・マーケティングといった用語が生まれてきたことは今日では周知のところである。

さらには，従来のように，伝統的な製品を中心とした有形財マーケティングとサービスを中心としたサービシィーズ・マーケティングの2つの領域からマーケティングを論ずることへの限界が指摘されるようになってきたのである。それは，従来の有形財を中心としたマーケティングの発想への問題提起である。サービスを論ずるとしても，その根底には，常に有形財としての製品との対比の中での議論にとどまっているという指摘がそれである。

その一方で，Grönroos 等のノルディック学派は，企業と顧客の関係をプロセスとしての視点から捉え直すべくリレーションシップ・マーケティングの重要性を指摘するようになってきている。その議論の中で，製品の価値を提供しているのは企業であり，その受け手が顧客・消費者であるという考え方への見直しが叫ばれるようになっていった。

このような視点の広がりは，単に，サービシィーズ・マーケティングやリレーションシップ・マーケティングの領域での議論にとどまることなく，マーケティング領域全体にさまざまな議論を引き起こす契機となってきている。

このようなさまざまな視点を統合する試みとして登場してくるのが，S-Dロジックである。

S-Dロジックの主張点を要約すると次のようになる。企業は単に消費者に適応するだけでなく，消費者と共創していく役割を担っている。これは，単に消費者志向であるということ以上の意味，つまり，消費者と共同し，消費者から学び，彼ら個々人に適応することであり，さらには，そのような顧客に優れた価値を提示し，市場そのものを創造し，牽引することでもある。製品やサービスの価値は，それらの中に埋め込まれているが，それを価値あるものとしてくれるのは，消費者自身であり企業ではない。その意味で，消費者は単なる商品やサービスの受け手・買い手ではなく，それらの価値を実現させる最終段階にいる共創者（co-creator of value）である。

このようなS-Dロジックの企業および顧客のとらえ方のもつ意味について，本章および続く諸章で詳しく論じていく。

第2節　S-Dロジックの波紋

　次に，このようなS-Dロジックの広がりをたどってみると，Vargo and Luschが同ロジックを2004年に"Evolving to a New Dominant Logic for Marketing"というタイトルのもと*Journal of Marketing*に掲載して以来，American Marketing Association（AMA）の年次大会で開催されたS-Dロジックのパネル・セッション（2004年夏；2006年冬），European Marketing Academy（EMAC）の2005年の学会およびAustralia and New Zealand Marketing Academy（ANZMAC）の年次大会（2005, 2006）でもS-Dロジックについて大きく取り上げている。また，2005年にNew ZealandのOtago大学でS-Dロジックに焦点を当てたOtago Forumが開催されている。さらに，2006年12月には，EMACとANZMACが合同でオーストラリアのQueenslald大学で合同学会を開催し，その主要テーマとしてS-Dロジックを取り上げている。2008年12月には，Otago Forum Ⅱが開催されている。そのほかにも，多くの学会あるいは大学で同テーマを取り上げ，さまざまな研究報告，講演会およびセッションがなされてきている。

　また，S-Dロジックに関する論文も，各種学術雑誌に特集号の形で掲載されるようになってきている。*Marketing Theory*（Vol.6, No.3 September [2006]），*Australasian Marketing Journal*（Vol.15 No.1 [2007]），*IBM System Journal-Service Science, Management, and Engineering*（Vol.47, No.1 [2008]），*Journal of the Academy of Marketing Science*（Vol.36, No.1 [2008]），さらに，*Industrial Marketing Management*（Vol.37, No.3 [2008]）などを指摘することができる。もちろん，Vargo and Lusch自らが多くの雑誌に投稿しており，そのほかにも，多くの研究者が同テーマに関わる形で論文を執筆している。

　今日では，我が国においても，多くのマーケティング研究者が，本ロジックに関心を示しており，多くの雑誌および著書においてその概要が紹介されるようになってきている。さらには，その主張点を適応する形で我が国におけるマーケティング活動に対して，本ロジックからの検証を試みている研究者もみられる。

このような，S-Dロジックではあるが，その詳細については，必ずしも正確に理解されているとはいえない。そこで，本章の目的とするところは，Vargo and Lusch を中心として提唱され，広がりを示している S-D ロジックの誕生の経緯とその基本的特徴を描き出すことである。

第3節　S-Dロジック誕生の経緯

S-Dロジックを提唱するに至った経緯を Vargo and Lusch の諸論文を頼りに，まとめてみると以下のようになる（Vargo and Lusch [2004a]；[2006]；[2008b]）。

マーケティングは，過去数十年にわたって，製造された有形の生産物である「製品」の交換モデルに焦点を当てていた。このような有形財中心のマーケティングの体系は，初期の Shaw [1912]，Nystrom [1915]，Weld [1916]；[1917]を萌芽して，Copeland [1923]，Cherington [1920]，へとつながり，1950年代に提唱されたマーケティング・マネジメント論（McCarthy [1960]）や（Kotler [1967]）へと引き継がれるに至った。

しかし，1980年代に入ると，4P's を基礎とせず，さらに経済学パラダイムに依拠しない新しい枠組みが登場し始めた。そこには，リレーションシップ・マーケティング，品質管理，市場志向，サプライおよびバリューチェーンマネジメント，資源管理，そしてネットワークにといった論点が含まれることとなる。そのような中で，Vargo and Lusch が最も注目したのは，サービィーズ・マーケティングの登場であり，有形財中心のマーケティングの分析枠組みでは，サービィーズ・マーケティングの主要問題を取り扱う上での不適切さが認識され，それ以降，多くの研究者のチャレンジが続くことになるのである。

そのような新たな動向は，1990年代になるとさらに顕著なものになり，Webster [1992]，Day and Montgomery [1999]，Achrol and Kotler [1999]，Sheth and Parvatiyar [2000]，Rust [1998] といった研究者によるマーケティング・マネジメント論の限界の指摘，4P's 概念の妥当性と有用性への疑問，ネットワーク組織論の提唱，新たなサービス概念の提唱へと受け継がれていくこと

となる。

そして，マーケティングは，製品支配の視点（有形生産物や不連続の取引が中心に存在する）から，サービス支配の視点（無形性，交換プロセス，そして関係性が中心に存在する）へと移動した。

このようにして，無形資産，価値の共創，そして関係性に焦点を当てた新しい観点が登場した。Vargo and Lusch によればこの新しい視点が，マーケティングにとって新しいドミナント・ロジックを形成することになり，有形財ではなくむしろ彼らのいうところのサービスが，経済的交換の基礎的な視点となるという認識に立つことになり，S-Dロジックの提唱へと至るのである。

第4節　S-Dロジックの基本的特徴

それでは，Vargo and Lusch の主張する S-D ロジックの独自性はどこにあるのか。その理解を探るために，S-D ロジックの基本的特徴は何かという視点から検討を加えていくことにする。

Vargo and Lusch は，「S-Dロジック」を論ずるに当たり，次のような前提を設けて議論を進めている。

「S-Dロジックは，理論ではなく，マインドセット（mindset）であり，体系化されたフレームワークである。学問としてのマーケティングが，財からサービスにその焦点を転換していることを正確にマーケティング実務の世界に伝えるべきだとすると，必要なことは，サービスの視点から構築された基本理論である」(Vargo and Lusch [2008c] p.257)。

さらに，あくまでも過渡的な試案であり，多くの研究者のアドバイスや議論への参画によって，より適切な S-D ロジックを築くことができるとしている。また，「S-D ロジックの出現が，マーケティング思想における本質的な役割をもっていると考えている (Vargo and Lusch [2004a] p.15)」とも述べている。

S-Dロジックは，そのような過渡的性格を内包しており，それが故に，最初に提唱された2004年から今日まで，そのロジックの内容も変化してきてい

ることも事実である。しかし，本章では，以下に続く諸章の議論に先立ち，S-D ロジックの基本的特徴を浮かび上がらせておく必要がある。そのために，これまで彼らの主張してきた基本的な論理枠組みの共通項を抽出するという作業の中でその基本的特徴を明らかにしていきたい。これまでの彼らの主張を再整理してみると次のような特徴が浮かび上がってくる（Vargo and Lusch[2008b] pp.29-32）。

1．「サービス」という共通項

彼らの提唱する S-D ロジックの根幹をなすのはサービス概念であり，その独自の定義に基づく新たな提案である。彼らは，従来のマーケティングは有形財を前提とした論理に基づいて構築されているとして，それを G-D ロジック（Goods-Dominant Logic）と称し，自ら唱える S-D ロジックを構築する上での批判対象としている。

Vargo and Lusch によると，有形財としての製品および無形財としてのサービスの根底に共通して内在している「スキルおよびナレッジ（skill and knowledge）」にこそ目を向けるべきであり，そこに着眼することによって，伝統的な形での有形財としての製品と無形財としてのサービスの区別の無意味さを指摘するとともに，それらの包括概念として，彼らが独自の意味を内包させた「サービス」という概念が生まれてくることになる。

このようにして，導出されたサービス概念は，Vargo and Lusch によって「別の実体もしくはその実体自体のベネフィットのための行為，プロセス，そして成果の結果として専門化されたコンピタンス（ナレッジおよびスキル）の適用」と定義されることとなる（Vargo and Lusch [2004] p.2）。

2．「プロセス」としてのマーケティングの再構築

Vargo and Lusch の提唱する S-D ロジックという新たな視点に立つと，価値が物理的対象そのものからではなく，顧客との相互作用によって創造され，そのパフォーマンスについての主観的な基準に基づく使用価値によって測定さ

れることになる。そこで，このような「プロセス（process）」の視点からマーケティングが再定義されることとなるのである。この視点を考慮する場合，S-Dロジックにとり1980年以降進展してきたサービシィーズ・マーケティングおよびリレーションシップ・マーケティングは，特に重要な意味をもっている。これらの新たなマーケティングの出現により新たな研究手法，概念，モデルが開発されてきた。

S-Dロジックがプロセスに力点を置く経緯につき，Vargo and Lusch は次のようなかたちで論じている。

　「S-Dロジックへの進展は，オペラント資源とプロセス管理への関心の高まりを基礎とするものである。Webster［1992］と Day［1994］は，機能横断的なビジネス・プロセスをマーケティングの中心に据えることの重要性を強調している。Normann and Ramírez［1999］は，多くの企業は，適切なプロセス管理を行うために，機能別のマーケティングから決別し，マーケティング・プロセス組織へと転換してきていると提唱している。これを受けてさらに，Srivastava, Shervani and Fabey［1999］は，企業は3つのコア・ビジネス・プロセスから構成されると主張している。(1)製品開発マネジメント，(2)サプライ・チェーン・マネジメント，そして(3)顧客リレーションシップ・マネジメント。彼らは，マーケティングが顧客価値，および株主価値を創造し維持していくためのコア・ビジネス・プロセスの中心にならなければならないとも主張している」(Vargo and Lusch［2004a］p.10）。

このような先駆的研究成果を踏まえ，Vargo and Lusch は，プロセスとしてのマーケティングという視点に着目することとなる。

　「マーケティングにおけるサービスを中心とした視点が示唆しているものは，マーケティングが一連の社会的および経済的プロセスであり，企業は競争相手よりも優れた価値提案をするためにオペラント資源を用いて絶えず努力しているということである」（Vargo and Lusch［2004a］p.5）。

S-Dロジックにおいては，顧客も，自らのナレッジとスキルをもって価値創造プロセスの一員として参画しており，重要なパートナーとして位置づけられている。Vargo and Lusch のいう「market(ing) with」アプローチである。従来のマーケティングにおいては，「to market」あるいは「market(ing) to」という視点に立った顧客像であり，そこでは顧客は，マーケティング活動にとっ

て外的要因であったが，「market(ing) with」アプローチにおいて，顧客は内的要因であり，価値創造の共同パートナーとして捉えられている。Vargo and Lusch によると，この視点は，従来からのリレーションシップ，提携，ジョイント・ベンチャー，パートナーシップ，アウトソーシングを包含するものとして捉えることができるとしている (Lusch, Vargo and Wessels [2008] p.12)。

3．交換価値から「文脈価値」への焦点の転換

S-D ロジックにとり，より重要な価値は「使用価値 (value-in-use)」であるとしている。価値創造と消費（使用価値の実現）とは切り離すことのできないものであるからである。使用価値という概念は，2008 年以降の彼らの文献の中では「文脈価値 (value-in-context)」という概念に拡張されている。

「価値創造の焦点が，企業のアウトプット（交換価値）から，個々のサービス・システム（例えば，顧客）によって引き出される価値へと転換することは，経験的および現象学的な価値を強調することとなる。そして，これは，最近では，「文脈価値」(value-in-context) として認識されるようになってきている」(Vargo and Akaka [2009] p.39)。

この概念は，マーケティングにおいてそれ以前より用いられてきている「共同生産 (coproduction)」，「価値共創 (value co-creation)」，「経験経済 (experience economy)」といった用語にその発想の原点を見いだすことが出来るが，それらを包含すると共に，価値共創のプロセス視点の精緻化へとつながり，「文脈価値」の創出には，必然的に顧客（消費者）も深く関わり合うこととなり，単なる受け手・使用者としての消費者ではなく共創者としての消費者像が抽出されることとなる。ここでも，「プロセスとしてのマーケティング」からのマーケティングの再構築の必要性が強調されることになる。

S-D ロジックにおいては，企業と顧客の相互作用に焦点がある。この相互作用の重要性は，アウトプットの所有権の移転の中にあるのではなく，相互作用そのものの中にある。つまり，顧客の生活の脈絡の中および買い物行動の中で，顧客が積む経験それ自体が，資源の価値を創造していくプロセスとなる

(Lusch, Vargo and Wessels [2008] pp.9-10)。ここに彼らの提唱する「文脈価値」の重要性が浮かび上がってくる。

4．製品ではなく，「資源（リソース）」への焦点の転換

　Vargo and Lusch は，一般には馴染みのないオペランド資源（operand resource）とオペラント資源（operant resource）という概念を用いて S-D ロジックの特徴を浮かび上がらせようとしている。オペランド資源は，G-D ロジックが志向しているものである。具体的には，オペランド資源は，行為の際に利用されるものであり，モノとしての財である。モノとしての財は，それ自体は静的なものであり，行動することのないものである。それらが有効性をもつにはより動的なオペラント資源が必要となる。

　G-D ロジックにおいてオペランド資源に焦点が当てられた理由として Vargo and Lusch は，次のような4点を指摘している（Lusch, Vargo and Wessels [2008] p.7）。

「1) 組織は，歴史的に，財を交換する製造業者として考えられていた。
2) 顧客は，オペランド資源，すなわち，細分化され，浸透され，流通され，促進される対象として考えられていた。
3) 資産は，企業が付加価値を作り出す活動を遂行する有形の資源から手に入れられるものと概念化されている。
4) 交換は，伝統的に，獲得した財を利用することで利潤の極大化を達成する方法として考えられていた。」

　S-D ロジックの中核概念であるオペラント資源は，無形のナレッジやスキルを指す言葉であり，多くの場合，オペランド資源を活性化させる能力を有するものである。S-D ロジックにおいては，多くの潜在的な資源，特に潜在的なオペランド資源は，それらを取り扱う方法を人間が学習するまでは，意味をもたない存在である。したがって，S-D ロジックが強調しているように，資源は，「そこに存在しているものではなく，資源になる」のである（Vargo and Lusch [2004a] p.2）。

　ここに，S-D ロジックにおいて用いられる単数形のサービス概念の意味が

明らかになる。つまり，彼らの主張する「サービス（単数形）」は，従来のサービス（複数形）と製品の二分法の上位概念として位置づけられ，彼らのいうところのオペラント資源の視点から定義づけられることになる。このオペラント資源という提案は，資源の重点を物理的資源から従業員，企業コンピタンス，パートナー，顧客といった無形の資源へと転換を促すものであり，研究の焦点をアウトプットとしての財やサービスから相互作用の「プロセス」そのものに転換することでもある。

5．資源統合

　S-Dロジックのもとでは，潜在的な資源が特定のベネフィットを提供し始めたとき価値創造が生じることになる。この活動のことをリソーシング（resourcing）とよぶ。そこには，資源創造と資源統合という基本的側面が内在している（Lusch, Vargo and Wessels [2008] pp.8-9）。

　上述のように，オペラント資源には常に人的なナレッジとスキルが内包されている。資源創造は，企業や大学内の研究室に限定されるものではなく，広く社会全般でなしえるものである。家族も，オペラント資源創造の役割を担っている。

　資源統合は，すべてのサービス・システム（例：企業，家庭）の基本的役割である。企業の場合，専門化されたコンピタンス（従業員レベルのナレッジやスキル）をはじめとして，その他の内的資源および市場から獲得した資源をサービス提供に転換していくこととなる。新しいリソーシングの方法が，イノベーションの源泉となる。企業が所有している資源は，交換価値を有しているが，家庭が他の資源との組み合わせの中で，資源の統合を図るまでは，何らの使用価値も実現することはできない。その意味で，家庭において実現される価値は，財の使用において実現されるものである。

　G-Dロジックにおいては，アウトプットの生産と販売が企業の目的であるとしている。この考え方に基づくと，価値は企業により作り出され顧客に配分されていく。ここでは，企業の主たる目的は利益追求（交換価値の追求）である。しかし，S-Dロジックにあっては，顧客を企業の作り出した価値の買い手と

は見ていない。価値を創造するために，他の資源と企業によって提供されたアウトプットの統合者と考えている。ここに，価値の提供者としてではなく，価値の提示者および価値の共創者としての企業の姿が現れてくる（Lusch, Vargo and Wessels［2008］p.10）。

6. 新たな交換パラダイム

S-Dロジックにおいては「交換」概念が重要な意味をもつことになるが，その交換には，常に，長期的・持続的な関係が内包されている。それは，単一の離散的取引であっても，顧客の獲得した資源が，使用という文脈のなかで，将来にわたり継続的にベネフィットを提供しており，そのプロセスにおいて企業と顧客の関係は持続しているからである。つまり，顧客が価値創造のプロセスにかかわっていれば，そこに両者の長期的・持続的な関係が内包されているということになる。

さらに，「学習としての交換」という視点もS-Dロジックにおいては重要であり，基本的に企業および顧客の捉え方に再考を促すものである。価値創造を可能にするリソーシングのプロセスは，社会的および経済的行為者のすべてが参画し得る学習プロセスとして捉えることができる。ここで交換されるものは，ナレッジやスキルであり，それは，新たなナレッジやスキルの発見を促すものである。それは，よりよい事業の推進あるいは生活改善を目的とした交換が前提となるからであり，そのプロセスは学習プロセスとして捉えることができる。（Lusch, Vargo and Wessels［2008］pp.11-12）。

7. 価値創造ネットワーク

G-Dロジックでは，オペランド資源（有形財）とオペラント資源（ナレッジおよびスキル）は，切り離されることはなく，同時に移転されていく。そこには，生産者から消費者への線形構造としてのチャネルの存在が重要となり，その間に存在するさまざまな懸隔（ギャップ）を埋めるために諸機関が介在する必要が出てくる。このようなチャネルの存在は，有形財の存在を想定したも

のであるが，価値の源泉は，その有形財に内在するナレッジやスキルの中，さらには，それらのギャップを埋めるために介在する機関によって利用されるナレッジやスキルの中に存在している。例えば今日では，従来，生産者に固有のものとされていたナレッジやスキルが情報として，生産者から切り離され，末端の消費者でさえ，その情報を手にすることで，自宅で完成品としての財を自らの手で組み立てることが可能となっている。

　重要なことは，最終顧客も価値創造ネットワークの一員であるということである。これは彼らが単に生産に参画するということだけではなく，彼らが購入した商品を利用し，その価値を実現していく中で価値創造の活動に関わっているということである。これは，例えば，その商品を使用しているときはもちろん，もち歩いているとき，評判を他者に伝えているとき，価値創造の一部を担っているという訳である。このような多様な価値創造プロセスは，線形のプロセスとしてだけではなく，多様なネットワーク構造を生み出すこととなる。Vargo and Lusch は，これをコンフィギュレーション・ネットワーク（configuration network）とよんでいる（Lusch, Vargo and Wessels [2008] p.11）。

第5節　おわりに
――多数の論理の統合化――

　S-Dロジックが提唱される背景として，それまでに開発されてきたさまざまな論理や理論が貢献していることは論を待たない。そこで，彼らのこれまでの論文の中で，自ら影響を受けたと論述している考え方を抽出してみると以下のようになる。

　まず，2004年の論文の中では次のように列挙している。

- ▶市場志向（Market orientation）（Kohli and Jaworski [1990]；Narver and Slater [1990]）
- ▶サービシィーズ・マーケティング（Services marketing）（Grönroos [1984]；Zeithaml, Parasuraman and Berry [1985]）
- ▶リレーションシップ・マーケティング（Relationship marketing）（Berry [1983]；Duncan and Moriarty [1998]；Gummesson [1994][2002]；Sheth and Parvatiyar

[2000]）
- 品質管理（Quality management）（Hauser and Clausing [1988]；Parasuraman, Zeithaml and Berry [1988]）
- 価値およびサプライチェーン・マネジメント（Value and supply chain management）（Normann and Ramírez [1993]；Srivastava, Shervani and Fahey [1999]）
- リソース・マネジメント（Resource management）（Constantin and Lusch [1994]；Day [1994]；Dickson [1992]；Hunt [2000b]；Hunt and Morgan [1995]）
- ネットワーク分析（Network analysis）（Achrol [1991]；Achrol and Kotler [1999]；Webster [1992]）
- 資源優位理論（Resource advantage theory）（Hunt [2000]）
- コア・コンピタンス理論（Core competency theory）（Hamel and Prahalad [1990]）
- ケイパビリティ理論（Capability theory）（Day [1994]）
- ダイナミック・ケイパビリティ理論（Dynamic capability theory）（Teece and Pisano [1994]）

　2008年の論文［2008b］によると，彼らのロジックは，Huntの資源優位理論，Penrose [1959]，Barney [1991]，Wernerfelt [1995] 等のリソース・ベース・ビュー理論，Grönroos [2006]，Gummesson [2006]，Hakasson and Snehota [1995] 等のネットワーク理論，Arnold and Thompson 等の文化資源理論，Holbrook 等の顧客価値概念，とも深く結びついている。
　その他，彼ら自身が言及している諸理論をまとめると図表1-1のようになる。
　そして，彼らは，S-Dロジックがこれらの論理を包含する統一理論構築の基礎を提供しうる可能性があると示唆している。
　このように，S-Dロジックはさまざまな研究領域における成果に影響を受ける形で，その枠組みを形成してきている。そこで，これらを「プロセスとしてのマーケティング」というタイトルのもと，第Ⅱ部で詳細に検討していく。具体的には，第5章「S-Dロジックとサービィーズ・マーケティング」，第6章「S-Dロジックと市場志向」，第7章「S-Dロジックとネットワーク」，第8章「S-Dロジックと資源管理」，第9章「S-Dロジックとリレーションシップ・マーケティング」，第10章「S-Dロジックとバリューチェーンおよびサプライチェーン」という構成で進めていく。

図表 1-1　S-D ロジックに影響を与えている概念，視点，および理論

名　　称	研　究　者
サービシィーズ・マーケティングおよびリレーションシップ・マーケティング（Services and Relationship Marketing）	Berry (1983); Duncan and Moriarty (1998); Gummesson (1994, 2002); Grönroos (1984; 1994); Sheth and Parvatiyar (2000); Shostack (1977); Zeithaml, Parasuraman, and Berry (1985);
市場志向（Market Orientation）	Kohli and Jaworski (1990); Narver and Slater (1990)
顧客中心／市場駆動（Customer-Centric/Market-Driven）	Day (1999); Sheth, Sisodia, and Sharma (2000)
ケイパビリティ論／ダイナミック・ケイパビリティ論（Capability/Dynamic Capabilitie）	Day (1994), Teece and Pisano (1994)
コア・コンピタンス論（Core Competency Theory）	Prahalad and Hamel (1990); Day (1994)
リソース・ベースト・ビュー（Resource Based View）	Penrose (1959); Barney (1991); Wernerfelt (1984)
資源管理論（Resource-Management）	Day (1994); Duncan and Moriarty (1998); Constantin and Lusch (1994)
資源優位理論（Resource-Advantage Theory）	Hunt (2000; 2002); Hunt and Morgan (1995)
バリューおよびサプライチェーン・マネジメント（Value and Supply Chain Management）	Normann and Ramírez (1993); Srivastava, Shervani, and Fahey (1999)
ネットワーク理論（Network Theory）	Achrol (1991); Achrol and Kotler (1999); Webster (1992); Hakansson and Snehota (1995)
品質管理（Quality Management）	Hauser and Clausing (1988); Parasuraman, Zeithaml, and Berry (1988)
消費者文化（Consumer Culture Theory）	Arnould and Thompson (2005): Arnould, Price and Malshe (2006)
顧客価値論（Customer Value）	Holbrook (1999, 2006)

＊本図表は，Vargo and Lusch 自身による論述をもとに作成したものであり，括弧内の年号は彼らが引用している文献の発行年である。

(井上　崇通)

第2章
S-Dロジックの「基本的前提(FPs)」

第1節　はじめに

　前章で解説したように，Vargo and Luschは，これまでのマーケティングが暗黙の内に前提としていたG-Dロジックを批判的に検討する中で独自の意味を込めたS-Dロジックを提唱してきている。

　我々にとって馴染みのないS-Dロジックについて，Vargo and Luschはこれまで多くの論文・著書の中で繰り返しその意味するところを論じてきている。まず，彼らのロジックを理解するには，その名称ともなっている「サービス」なる概念の理解が必要となる。次に，その根底となっているオペラント資源という概念，さらにはオペラント資源の意味内容であるナレッジとスキル，そして，そのナレッジとスキルを他者および自身に適応するための交換プロセス，そして，それらのナレッジとスキルが価値を創造するために適応される文脈や経験の重要性という一連の論理のつながりが浮かび上がってくる。

　このように，かれらのS-Dロジックは，独特の論理内容を有しており，その理解には彼らの論理枠組みの理解とそこで用いられる独特の用語の理解が，まず必要となってくる。Vargo and Luschも，この点を十分認識しており，誤解なく理解してもらうべく努力を行っている。本章で解説するS-Dロジックの基本的前提（foundational premises：FP）と称するものも，そのような経緯を背景にして生まれてきたものである。

　そこで，本章では，S-Dロジックに対する正確な理解を促進させることを目的として，この基本的前提について詳しく論じていくこととする。

第2節　S-Dロジックにおける「基本的前提（FP）」の変遷

　以下では，Vargo and Lusch の提唱した S-D ロジックの考え方を理解する上で重要な役割を果たしている基本的前提（以下 FP とする）について検討を加えていきたい。彼らは，2004 年に 8 つの FP を指摘したが，その後，いくつかの修正と追加を行い，現在 10 の FP が提唱されている。
　この修正と加筆を行った理由について，Vargo and Lusch は，次のように述べている（[2008a] p.2）。

「(1)　初期の基本的前提のいくつかについての言葉の言い回しが，G-Dロジックの用語に過度に依存しているという批判
(2)　いくつかの基本的前提を表現する際に，言葉の言い回しが過度に経営管理的だったという懸念
(3)　価値創造の相互作用的でネットワーク的な性質をより明確に理解する必要があったという示唆
(4)　価値創造が本質的に現象学的・経験的であるという私たちの認識を十分明らかにしていなかったという批判
(5)　さらには，「サービス」というものが，「新しい支配ロジック」にとってふさわしい名称なのかどうかという基本的な問題」

　さらに，別の箇所では次のように述べている [2008a]。

「私たちが"Evolving to New Dominant Logic for Marketing"[2004a] という論文を発表して以降，S-D 理論に対する私たちの考え方がさらに議論され精緻化されたことによって，私たちは，より重大な用語上の明白な誤りのいくつかを訂正した。

① 基本的前提を，「顧客は常に共同生産者（co-producer）である」という表現から「顧客は常に価値の共創者（co-creator）である」という表現への変更
② 「サービシィーズ（services）」という用語（複数形）を用いることから「サービス（service）」という用語（単数形）への変更」

　さらに，彼らは 2004 年の時点では，十分な理解が得られないであろうとし

ていくつかの独自の言い回しを避けている。しかし、その後、S-Dロジックの普及により、十分な理解が得られたとして、それらの独自の言い回しをFPに織り込むべく、修正を加えるようになってきている。FPの新旧（[2004a] - [2006] - [2008a]）の比較については、図表2-1を参照してほしい。

図表2-1　S-Dロジックにおける基本的前提の変遷

	Vargo and Lusch [2004a]	Vargo and Lusch [2006]	Vargo and Lusch [2008a]
FP1	専門化されたスキルとナレッジの応用が交換の基本単位（unit）である。	同　左	**サービスが交換の基本的基盤（basis）である。**
FP2	間接的な交換は交換の基本的単位を見えなくする。	同　左	間接的な交換は交換の基本的**基盤**を見えなくする。
FP3	財はサービス供給のための流通手段である。	同　左	同　左
FP4	ナレッジは競争優位の基本的源泉である。	同　左	**オペラント資源**は競争優位の基本的な源泉である。
FP5	すべての経済はサービシーズ（services）経済である。	同　左	すべての経済は**サービス（service）**経済である。
FP6	顧客は常に共同生産者である。	顧客は常に価値の共創者である。	同　左
FP7	企業は価値提案しかできない。	同　左	**企業は価値を提供することはできず、**価値提案しかできない。
FP8	サービス中心の考え方は顧客志向的であり関係的である。	同　左	サービス中心の考え方は**元来**顧客志向的であり関係的である。
FP9		組織はこまかく専門化されたコンピタンスを市場で求められる複雑なサービシーズに統合したり変換したりするために存在している。	**すべての社会的行為者と経済的行為者が資源統合者である。**
FP10			**価値は受益者によって常に独自に現象学的に判断される。**

(出所) Vergo and Lusch [2004a] pp.6-12, [2006] pp.52-53, および [2008a] p.7. のそれぞれのFPの解説をもとに筆者が作成。
＊　太字は2008年のPFに至るまでに変更・追加された部分である。

第3節　S-Dロジックにおける「基本的前提（FP）」の概要

次に彼らの提唱したS-DロジックのFPについて検討を加えていきたい。以下検討を加えるFPについての概要については，図表2-2を参考にしてほしい。

図表2-2　「基本的前提」FP1からFP10の意味

FP1	オペラント資源（ナレッジとスキル）の適応，すなわちS-Dロジックで定義される「サービス」は，すべての交換のための基盤である。サービスはサービスと交換される。
FP2	財，貨幣，そして機関の複雑な組み合わせを通じてサービスが提供されるので，サービスが交換の基盤であるということを覆い隠してしまう。
FP3	財（耐久財・非耐久財の双方）は，使用を通してそれ自体の価値，つまり提供するサービスを引き出す。
FP4	望ましい変化を生み出せる相対的能力は，競争を駆動する。
FP5	サービス（単数形）は，近年になり，専門化の拡大やアウトソーシングというかたちで目に見えるものとなってきている。
FP6	これは，価値創造が相互作用的なことを意味しているということである。
FP7	企業は自社の適応した資源を提供することができ，さらに協力して（相互作用的に），受け入れられるような価値を創造することができる。しかし，単独で価値を創造したり伝達することはできない。
FP8	サービスは顧客の意思決定に基づき共創されるものである。このように，サービスは元来顧客志向的であり，関係的である。
FP9	価値創造の文脈がネットワーク（資源統合者）のネットワークであることを意味する。
FP10	価値は，個別的で，経験的で，文脈依存的で，意味内包的である。

（出所）Vargo and Lusch［2008a］，p.7.

FP1　サービスが交換の基本的基盤である。

S-Dロジックとは，「交換」という事象をサービスを中心に据えたロジックで再構築しようとするものである。そこで，FP1では，交換の基盤はサービスであり，そのサービスの本質はナレッジとスキルであるという点を明確にしようとしている。Vargo and Luschのいうサービスとは「スキルとナレッジ（＝オペラント資源）を他者あるいは自分自身のために応用する」ものであり，そ

の核となるものが交換というプロセスである。

　Vargo and Lusch は，2004年に最初に基本的前提（FP）を提唱したときFP 1として「サービスが交換の基本的単位である」という表現を用いていた。これについて，Ballantyne and Varey［2006］は，「交換単位（unit of exchange）」という用語は交換されるものが有形財を単位にしているというG-Dロジックを前提としている感を免れないとし，S-Dロジックは，プロセスを基礎にしたものであるという以上，用語の修正が必要であるという指摘を行っている（p.342）。これを受ける形で2008年の定義においては，サービスの基本的役割を直接的に反映しうる用語として基盤（basis）という用語に変更している。

　FP2　間接的交換は交換の基本的基盤を見えなくする。
　組織あるいは流通プロセスが複雑になり介在する機関が多くなると，交換されているサービスの本質が見えなくなる。すなわち，顧客・消費者が求めているものが，スキルやナレッジであるという本質が曖昧になるということである。
　Vargo and Lusch［2004b］は，「労働者の専門化は，徐々にミクロ的な専門化に進むことになった。組織は，人々が望むものを生産するために，ミクロ的な専門化を獲得し組織化されることとなった。…それにより，人々が交換に従事することを容易にした」（p.8）が，このことが2つの意味でサービスの本質を覆い隠したとしている。1つは，組織内の問題であり，そこにミクロ的な意味での個々の専門化されたスキルは，それのみでは製品を完成させず，スキルのためのスキル（サービスのためのサービス）という交換の本質を覆い隠してしまったという意味である。今1つは，組織自体が専門化し，製品を流通させるために介在する卸売業者，小売業者が，交換の性質の本質を覆い隠してしまったとするのである。このFP 2は，FP 1の用語修正に対応する部分のみの修正にとどまっている。

　FP3　財は，サービス提供の伝達手段である。
　従来のマーケティングは，有形財を経済的交換の基本的な要素としていたが，「マーケティングは，…今日，有形財の交換以上のものに関わっている。有形財は，交換の共通分母（common denominator）ではない。共通の分母は，専

門化されたナレッジ，メンタル・スキルの適応である。…つまり，有形財は，ナレッジあるいは活動が埋め込まれたものと見なすことができる」(Vargo and Lusch [2004a] p.8) としている。そして，ナレッジやスキルを具現化している財は，サービスの成果をもたらすための「道具 (appliance)」であるとしている。

このような意味でのサービスへの理解は，Vargo and Lusch に端を発したものではなく，彼らも指摘しているように，Levy [1959] や Levitt [1960] にさかのぼることができ，Prahalad and Hamel [1990] のコンピタンス概念にも依拠したものであり，「(製品(商品)は,) ひとつ，或いはそれ以上のコンピタンスの物質的な具現化である」という主張に注目している。

また，このような財がサービス提供の伝達手段であるという視点は，Grönroos 等を中心としたノルディック学派のサービシィーズ・マーケティングの考え方と共通したものである。

さらには，手段‐目的アプローチ (means-end approach) の主張者である Gutman にも注目している ([1982a] p.60)。Gutman は，製品とは，その基本的な機能や性能といった物理的属性だけでなく，幸福，安心 (a consumer's desired end state of existence) に到達するための手段でもあるとしている。つまり，手段・目的アプローチでは，製品属性そのものが重要ではなく，その属性が消費者にもたらしてくれる意味に価値があるとしている (井上 [2003] 52頁)。Vargo and Lusch の言葉を待つまでもなく，これらの製品の捉え方が，サービス概念に示唆を与えたことは明らかである。この FP3 については，2006年および 2008年の修正においても変更されることなく継承されている。

FP4　オペラント資源は競争優位の基本的源泉である。

本 PF は，文字通り，スキルやナレッジは競争優位の源泉であり，存続・成長の基盤であるということであるが，競争もまたスキルやナレッジを創造・普及させる学習の場を提供するとしている (Vargo and Lusch [2004])。

先にも指摘したように，Vargo and Lusch は，2004年の論文において，交換の基盤となるサービスの本質はナレッジおよびスキルとし，それに「オペラント資源」という用語を用いている。

当初の基本的前提においては，このオペラント資源という用語の一般的な認

知度の低さから，ナレッジおよびスキルという用語を用い，同FPを定義していたが，S-Dロジックに関する議論の中で，この用語の浸透度に鑑みて，オペラント資源という用語をそのまま，定義に利用している。定義の文言における変更はみられるものの，それ以外の内容的変更はなされないまま，その後も継承されている。

FP5　すべての経済はサービス（service）経済である。

Vargo and Luschが，本PFを通じて主張しようとした点は，交換の本質がサービスであり，その意味するところがスキルやナレッジの交換であるとすると，有形財の交換であれ無形財の交換であれ，あらゆる経済的交換の本質は，サービスの交換に還元されることになる。

この基本的前提については，その後，いくつかの誤解を生み出しているとしている。それは，旧来よりいわれているサービス業の経済に占める比率の割合の高さを指す言葉「サービス経済化」や「経済のサービス化」いった考え方と類似であるといった誤解である。

そのような誤解は，Vargo and Luschの唱えるS-Dロジックの根本に対する誤解を生み出す危険性を抱えているとして，2008年時点で，複数形のサービシィーズ（services）から単数形のサービス（service）に，用語上の変更を行っている。

すなわち，サービスをプロセスとして捉え，その意味するナレッジやスキルが，有形財を通じて間接的に提供されるにせよ，直接，旧来のサービスという形で提供されるにせよ，本質として，交換される実体がプロセスの中にあって実現されるものであるとしているのである。これは，新たに追加されたFP10に反映されることとなる。

FP6　顧客は常に価値の共創者である。

このFPは，価値を決定するのは消費者・顧客であり，企業あるいは供給者は価値提案を行う立場であるという主張であり，価値決定あるいは価値実現の場に企業あるいは供給者が関わり合うとき，そこに価値共創という新たな視点が生まれるとしている。

FP6は，当初「顧客は，常に，共同生産者（co-producer）である［2004a］」としていたものを，2006年に「共同生産者」という用語を「価値の共創者（co-creator of value）」に変更し，現在に至っているものである。

ここには，いくつかの含意があるが，1つは，共同生産者（co-producer）という用語から共創者（co-creator）という用語への変更である。これは，producerという用語のもつG-Dロジック的意味合いを払拭しようとする意図からの変更といえる。

今1つは，価値の共創者（value co-creator）という用語の意味に関するものである。この用語については，Vargo and Lusch［2008a］の論文では明確な言及がみられないが，Lusch and Vargovargo and Lusch［2006］において，消費者を価値の共創者としてとらえ，価値共創（co-creation）の構成要素として，価値の共創（co-creation of value）と，共同生産（co-production of value）とに分類している。

> 我々は価値共創に二つの重要な構成要素が存在していると考えるのが重要である。この中でより包括的なものが「価値の共創」である。この概念は，かなり根本的なG-Dロジックからの離脱をあらわしている。…S-Dロジックでは，価値は「消費プロセス」にいる使用者によって，つまり使用をつうじてのみ創出され決定される。
>
> 共創の第二の構成要素は，より正確に言うと「共同生産」と呼ばれるものである。これは，提供物自体を創造することに顧客が参画することを意味している。（Lusch and Vargo［2006］p.284）

ここにいう，「価値の共創」という表現とは，顧客のサービスの使用過程そのものが，価値創造プロセスそのものであるというS-Dロジックの中核的な考え方を表現したものであるといえる。一方，「共同生産」という概念は，従来から「顧客の生産への関与」，「アクティブ・コンシューマー」といった考え方と同じものであるといえる。逆にいうと，Vargo and Luschにおいて，よりその独自の強調点として浮かび上がるのが「価値の共創」という考え方であるといえる。

FP7　企業は価値を提供することはできず価値提案しかできない。

　本 FP は，2004 年に最初の FP が提案された時点では意図しなかった解釈が生まれたとして，2008 年に修正を加えたものである。当初は，「企業は価値提案することしかできない」というものであった。このままの表現であると，単に，企業が価値創造プロセスの過渡的一段階を担い，最終的な価値創造の一員とはなれないという誤った解釈を招きかねず，それを回避するための修正であるとしている。もちろん，本前提は FP6 と密接に結びついており，顧客との共同によって価値の創造を達成することが可能となるのであり，企業のみの一方的な価値提供という考え方を修正すべく提案されたものであった。その意味では，FP8 の「関係的」という考えともつながる S-D ロジックの重要な視点を提供しているものである。

FP8　サービス中心の考え方は元来顧客志向的であり関係的である。

　Vargo and Lusch は，S-D ロジックの考え方のもとでは，顧客志向は存在しないとしている。もちろん，これは反語的な意味においてであるが，顧客と企業が相互作用的な価値創造に関与している以上，企業と顧客の密接な関係を前提にせざるを得ない。それは，単発・離散的な取引においても，長期・継続的な関係においても同様である。つまり，顧客に提供されたサービス，すなわち，顧客がスキルとナレッジを手にし，利用していく過程において価値実現のプロセスは完了するものであり，その意味において価値の共創という本来の意味が実現するというものである。

FP9　すべての社会的行為者と経済的行為者が資源統合者である。

　これは，2006 年に新たに追加され 2008 年に修正を加えられた FP である。2006 年の段階での定義は，「組織は，ミクロに専門化されたコンピテンスを市場で需要される複雑なサービスニーズに統合したり変換したりするために存在している」というものであった。この修正後の「行為者」という用語の意味として，企業という「組織」だけでなく消費者や個人という単位も含む包括的な意味を含意するものである。また，この用語は Spohrer 等[2008]の用いた「サービス・システム」という用語と代替可能であるとしている。

一方,「資源統合者」という用語は, 複数の資源を組み合わせる能力という意味だけでなく行為者が様々なネットワークによって結びついているというネットワーク志向あるいは相互作用志向をさす言葉として用いられている。すなわち, すべての行為者（企業, 顧客）は, 自身の持つ資源（ナレッジやスキル）を他者の持つ資源と組み合わせたり, 交換することによって価値創造を行っているという視点が引き出されたFPであるといえる。

FP10　価値は受益者によって常に独自に現象学的に判断される。

本FPは, 2008年になり, 新たに追加されたものである。このFPにある「現象学的」とは, 今日のマーケティングにおいて広く用いられている「経験(experience)」という用語と同じであると解釈してよい。すなわち, 価値の実現は, 消費者のサービスを利用するその現場において可能となるものであり, 消費者がそのスキルやナレッジを経験の場において価値あるものとして手にすることができるという意味である。たとえて言えば, 家庭電化製品がその価値を実現しえるのは, その製品を使用している現場である。つまり, その製品に内在しているスキルやナレッジを利用し, その顧客が求めている価値を手にしたときにこそ, 価値実現のプロセスが完成するというものである。

しかし, Vargo and Luschは経験という用語の持つ日常用語としての多様な意味とその結果としての不明確さを避けるために「現象学的」という用語を用いたとしている。すなわち, 彼らは次のように論じている（Vargo and Lusch [2008a] p.9）。

「多くの人々が「経験」という用語と出会うとき, しばしば「ディズニー・ワールドのイベント」のような意味を思い浮かべてしまうのも事実である。もちろん, 経験という用語は, それまでの相互作用を含めて, 多様な意味をも有している。しかし, 経験という用語が, 現象論的な考え方で用いられ, 互換的に用いられることには不満はない。」

第4節 おわりに

　本章では，S-DロジックのFPとして提示されたものを詳細に検討してきた。ここでは，2008年に提唱された10のFPをもとに，Vargo and Luschの唱えるS-Dロジックの意味するところを考察してきた。そこでは，おおむね，次のようなS-Dロジックの姿を描くことができたはずである。

　S-Dロジックの中心をなす考えは，サービスが交換の基本的な基盤であるということである（FP1）。つまり，サービスはサービスと交換される。S-Dロジック，他の当事者のためにその人の資産（ナレッジとスキル）を使うプロセスというサービスの定義を出発点としている。この際の，"サービス"（単数）のこの意味はより一般的に用いられる"サービシィーズ"（複数）と混同してはならない。そして，それは無形のベネフィット（アウトプット）を反映したものである。有形財は，S-Dロジックにおいても重要な役割を持っているが，それ自体が価値創造の中心ではなく，サービス供給の伝達手段とみなされる（FP3）。

　S-Dロジックの第2の重要な見解は，価値と価値創造のその概念化に見いだせる。G-Dロジックでは，価値は有形財に内在しており，それは企業によって作られ，消費者に運ばれ，消費者によって破壊される（消費される）と考えられている。S-Dロジックにおいては，企業は価値をつくることはできず，価値提供することができるだけであり（FP7），それから，受益者と共同で価値を創出していく（FP6）。

　このように，直接，または，財を通じて提供されるサービスは，顧客の価値創出活動へのインプットとなるだけである。価値が実現される前に，そのインプットは，他の資源と統合されなければならない，その幾つかは市場をとおして入手され，その他のものは個人的に（例えば個人，友人，家族），あるいは公的に（例えば政府）提供されることとなる（FP9）。

　このように，価値創造は常に，複数の交換リレーションシップのユニークなセットの文脈で起こる協力的・相互作用的なプロセスである（FP10）。そして，時には，それと気がつかないうちに有形財という形をまとって暗黙のうちに提

供されていることもある。

　さらに，価値創造は，共同的であり相互作用的である。さらに，サービスはサービスと交換されるのである。つまり，企業が顧客の価値創造活動のためのインプットを提供しているだけでなく，顧客も企業のために同じことを行っている。つまり，顧客も自身の資源（例えばナレッジとスキル）を創出するためにいろいろな源から資源を統合し（FP9），それが結果として，企業とともに価値創出プロセスに参画していることとなる。

　以下，第2部においては，さらにこれらのFPを構築する上で影響を受けたさまざまな関係諸領域の研究成果の影響について詳細に検討していきたい。

（井上　崇通）

第3章　S-Dロジックの基礎概念

第1節　はじめに

　サービス・ドミナント・ロジック（以下，S-Dロジック）は，マーケティングの理論枠組みを大きく再構築させる可能性を秘めており，約50年前に確立されたマーケティング・マネジメント論の再考を迫るきっかけを提供している。しかしながら，S-Dロジックが提案している「価値共創」というキーワードだけが先行してしまい，グッズを製造する企業も売上高全体に占めるサービシィーズの割合を高めることが重要であるとか，また，グッズとサービシィーズという産業分類上の2分法ではなく，グッズを製造する企業も含めてすべての企業がサービシィーズを重視すべきであるといった誤解も散見される。S-Dロジックはマーケティング理論の基盤を提供しているが，このようなS-Dロジックに対する誤解や上辺だけの解釈によってマーケティングの既存の理論枠組みにそれを援用してしまうことは大きな危険性を孕んでいる。

　本章では，S-Dロジックに対する正確な理解を促進させることを目的としている。本章は，以下のように構成される。まず，S-Dロジックの中核概念について概説する。具体的には，単数形のサービスの定義を紹介し，グッズ・ドミナント・ロジック（以下，G-Dロジック）とS-Dロジックの違いについて対比する。次に，S-Dロジック独特の概念について詳述する。オペラント資源，文脈価値，価値共創といった概念が紹介され，S-Dロジックが提案する交換と価値創造プロセスの全体像が図示される。最後に，S-Dロジックがマーケティングだけでなく，他の関連諸学問に対しても理論上の基盤を提供できる可能性を示すことによって，S-Dロジックはマーケティング理論でもなく，かつ，マー

ケティング固有のロジックでもないことを示して,まとめの言葉とする。

第2節　単数形のサービスとS-Dロジック

1．単数形のサービス

　S-Dロジックは,Vargo and Lusch［2004a］によって提案されたものである。このS-Dロジックとは,理論ではなく,マーケティング・マネジメント（4P's マーケティング）と無形財を扱うサービシィーズ・マーケティングを「交換プロセス」という包括的な概念によって1つの枠組みの中に包含する考え方である。より厳密に言えば,S-Dロジックとは,サービスを中心に据えて「交換」と「価値創造」という事象を捉える考え方（哲学,観点,マインドセット）およびレンズである（Lusch et al.［2006］p.267; Vargo and Lusch［2008a］p.9）。彼らは,この交換プロセスの中で交換されるものを"単数形"の「サービス（service）」という用語で表現した。S-Dロジックにおいて,この単数形のサービスとは,「他者あるいは自身のベネフィットのために,行為（deeds）,プロセス（processes）,パフォーマンス（performances）を通じて,専門化されたコンピタンス（ナレッジやスキルといったオペラント資源）を適用すること」であると定義される[1]（Vargo and Lusch［2004a］p.2）。ここで注意すべきことは,この単数形のサービスは,(1)余剰物（有形財でないもの）として限定的に扱われるサービシィーズという概念,(2)グッズの価値を高めるために提供されるもの,(3)保健医療,行政,教育のようなサービシィーズ産業として分類されるものとは異なるということである（Vargo and Lusch［2004a］）。単数形のサービスは,「他者あるいは自身のベネフィットのために何かを行うプロセス」を指しており,他方,複数形のサービシィーズは後述するG-Dロジックの中でのグッズに付随するもの,あるいは,無形財を指している[2]。

2. G-DロジックとS-Dロジック

Vargo and Lusch［2004a］は，それまでのマーケティング思想の発展過程をトレースし，ミクロ経済学からの遺産を受け継いだ従来のマーケティング・マネジメントのグッズ中心の考え方ではなく，サービスを中心とした考え方へとマーケティング思想が移行している様子を描写した。彼らは，1980年代以降に台頭してきた経済的および社会的プロセスというマーケティングの思想ラインに着目し，無形な資源，価値の共創，関係性に焦点を当てた新しいドミナント・ロジックが形成されつつあると主張し，それをS-Dロジックと名付けた。さらに彼らは，有形な資源，組み込まれた価値，取引に焦点を当てたミクロ経済学やマーケティング・マネジメント（4P's）に基礎を置いたグッズ中心の考え方をG-Dロジックと名付け，マーケティング思想における世界観をG-DロジックからS-Dロジックへと転換させることを提案した。

図表3-1　G-DロジックとS-Dロジックの対比

	G-Dロジック	S-Dロジック
交換されるもの	グッズ（財）	サービス（プロセス）
顧客に対する認識	オペランド資源（操作対象者）	オペラント資源（価値共創者）
価値尺度	交換価値	文脈価値
価値判断の主体	売り手	顧客およびユーザー
価値創造の方法	売り手がグッズに交換価値を付加する	売り手と顧客が一緒になって文脈価値を共創する
マーケティング・コンセプト	製品志向	顧客志向
交換プロセスの終点（企業の目標）	グッズの交換	顧客による文脈価値の知覚

（出所）筆者作成。

G-DロジックとS-Dロジックの関係は，図表3-1のように対比される。まず，G-Dロジックでは，交換されるものは財であると認識する。売り手側からみて，有形な財（グッズ）の交換を実現するための理論枠組みがマーケティング・マネジメントであり，無形な財（サービィーズ）の交換を実現するための理

論枠組みがサービシィーズ・マーケティングである。G-Dロジックの下では，企業は，顧客にグッズを販売すること（顧客との間でグッズを交換すること）を目標とし，自社が価値を付加した製品を顧客に販売しようと努力する。関心の重点は製品の価値に置かれ，その価値を高めることが顧客との交換に結び付くと認識する。したがって，G-Dロジックは製品志向である。

これに対して，S-Dロジックでは，交換されるものは（単数形の）サービスであると認識する。売り手側からみて，サービスを供給するための方法には，直接的な供給と間接的な供給の2通りがあり，前者はサービシィーズによって供給され，後者はグッズを介して供給される（Vargo and Lusch [2006]）。S-Dロジックの下では，企業は，この直接的および間接的なサービス供給を通じて，顧客と一緒になって後述する文脈価値を共創することを目標とし，顧客に対し

図表3-2　S-DロジックとG-Dロジックの包含関係

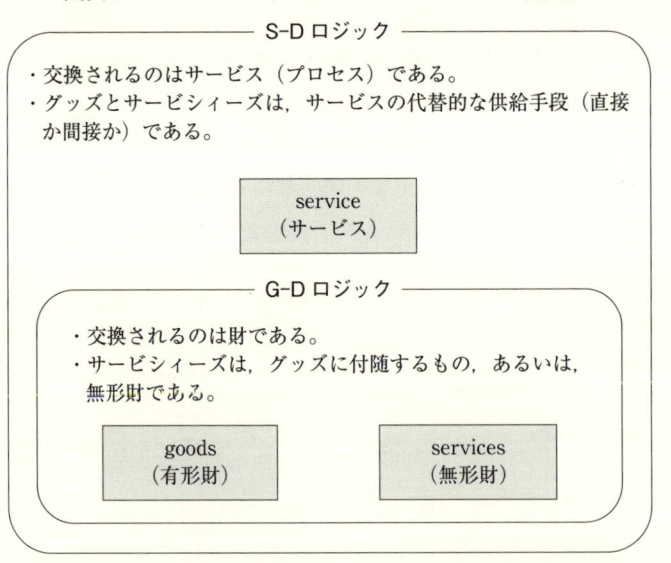

```
┌─ S-Dロジック ──────────────────────┐
│ ・交換されるのはサービス（プロセス）である。          │
│ ・グッズとサービシィーズは，サービスの代替的な供給手段（直接│
│   か間接か）である。                              │
│                                                    │
│              ┌──────────┐                         │
│              │  service   │                        │
│              │ （サービス）│                        │
│              └──────────┘                         │
│  ┌─ G-Dロジック ──────────────────┐ │
│  │ ・交換されるのは財である。                    │ │
│  │ ・サービシィーズは，グッズに付随するもの，あるいは，│ │
│  │   無形財である。                              │ │
│  │                                                │ │
│  │  ┌──────────┐    ┌──────────┐           │ │
│  │  │   goods    │    │  services  │           │ │
│  │  │ （有形財） │    │ （無形財） │           │ │
│  │  └──────────┘    └──────────┘           │ │
│  └────────────────────────────────┘ │
└────────────────────────────────────┘
```

サービスは，(1)余剰物（有形財でないもの）として限定的に扱われるサービシィーズという概念，(2)グッズの価値を高めるために提供されるもの，(3)保健医療，行政，教育のようなサービシィーズ産業として分類されるものとは異なる。

（出所）　Vargo and Lusch [2004a]；[2006] を基に作成。

て価値を提案し，顧客がその価値を知覚するように努力する。関心の重点は個々の顧客に置かれ，個々の顧客との互恵的なサービス交換が顧客の高い文脈価値に結び付くと認識する。したがって，S-D ロジックは顧客志向である[3]。このようなことから，図表3-2に示したように，S-D ロジックとG-D ロジックは包含関係をなしており，それらの関係の中で，S-D ロジックがG-D ロジックの共通分母（common denominator）あるいは上位概念（superordinate）として位置づけられる（Lusch and Vargo [2006b] pp.282-283）。念のため付記するが，サービスがグッズやサービシィーズの上位概念であり，サービシィーズがグッズの上位概念であると誤解してはならない。

第3節　独特な概念

　S-D ロジックでは，独特な概念を用いてサービスの交換と価値創造が体系化される。S-D ロジックの独特な概念は，図表3-1にも示されており，これらは，G-D ロジックとS-D ロジックを識別する際の鍵となる。

1．オペランド資源とオペラント資源

　S-D ロジックでは，資源をオペランド資源（operand resource）とオペラント資源（operant resource）に区分する。オペランド資源とは，効果を生み出すには操作が施される必要がある資源のことで，有形で，静的で，そして，有限な資源である（例えば，グッズ，機械設備，原材料，貨幣）。他方で，オペラント資源とは，オペランド資源（や他のオペラント資源）に操作を施す資源のことで，目に見えず触れることができず，動的で，そして，無限な資源である（例えば，ナレッジ，スキル，技術）（Constantin and Lusch [1994]；Vargo and Lusch [2004a]）。G-D ロジックはオペランド資源に主眼点を置き，原材料を調達し，製造プロセスにおいて製品に（交換）価値を付加し，顧客（市場）を細分化し，顧客に対して製品を販売することを目標としており，製品が販売された時点で交換プロセスが終結すると認識する。原材料，製品，顧客は，すべて，

オペランド資源と捉えられる。他方で，S-Dロジックはオペラント資源に主眼点を置き，他者あるいは自身のベネフィットのために自身のナレッジやスキルを適用するサービスというプロセスが交換の中心であり，顧客は価値の共創者としての役割を果たす。ナレッジやスキル，価値共創者としての顧客は，いずれもオペラント資源である。先ほどVargo and Lusch [2004a] が定義した単数形のサービスとは，言い換えれば，他者あるいは自身のベネフィットのために，このオペラント資源を適用することを意味している。

2．交換価値と文脈価値

G-Dロジックでは，価値を交換価値（value-in-exchange）[4]と捉える。この交換価値とは，生産プロセスで価値が付加されたグッズそれ自体の価値のことであり，そのグッズが交換される時の価値（すなわち価格）を意味している。G-Dロジックに基づいて経営する企業は，交換価値の実現（製品の販売による現金化）を意味するグッズの交換を目標としている。他方で，S-Dロジックでは，価値を文脈価値（value-in-context）と捉える。文脈価値とは，顧客とサービス供給者との間での相互作用や協働活動を通じて互いがサービスを供給し，その顧客の消費プロセスの過程で獲得したベネフィットについて，その顧客自身によって判断される知覚価値のことである。顧客がグッズおよびサービィーズを使用する時に知覚するこの価値について，Vargo and Lusch [2004a] は，当初，使用価値（value-in-use）[5]という用語を用いていたが，使用価値という表現は，グッズの使用を暗示させ，そのような解釈はG-Dロジックであるため，受益者が知覚する価値はサービスを使用する文脈の中で判断されるというニュアンスを表現するために，最近では，文脈価値（value-in-context）という用語を用いている（Vargo et al. [2008]）。なお，value-in-contextは，厳密には，「売り手が供給した（直接的および間接的な）サービスが使用される顧客特有の文脈において顧客が知覚する価値」を意味しているが，交換価値（value-in-exchange）や使用価値（value-in-use）と同様に，冗長性を避けるために，本書では文脈価値と表記している。

この文脈価値は，その受益者によって，常に，独自に，かつ，現象学的に判

断される (FP10)。ここで重要なことは，文脈価値の有無や大きさは，ある特定の文脈で顧客がグッズやサービシィーズを使用する時に，顧客の主観的な知覚によって判断されるということである。したがって，この文脈価値はマーケティング・マネジメントにおける製品のベネフィット（核）とは異なる。製品のベネフィットについて，Levitt[1974]は4分の1インチのドリルのベネフィットとはそのドリルが開けた穴であり，また，女性は化粧品を通じて希望を買うと主張している（Kotler and Armstrong [1989]）。しかしこれは，製品に価値が組み込まれていること（すなわち，機能的ベネフィット）を暗示している。これに対して，S-Dロジックは「（文脈）価値は工場あるいは流通プロセスのいずれにおいても組み込むことはできない。価値判断は消費者側にあり，……機能的ベネフィットよりも快楽的ベネフィットや自己顕示的なベネフィットの方が重要である」と主張する（Vargo and Lusch [2006] p.49）。（文脈）価値は顧客によって定義され，顧客と共に創造される（Vargo and Lusch [2004a] p.6）。それ故に，売り手である企業は，（文脈）価値を提供することはできず，（文脈）価値を提案することしかできない（FP7）。消費者は製品の基本機能以外のより高次なもの（所有,誇示,経験）に満足（すなわち,文脈価値）を見出すので，S-Dロジックにおいては，製品は機能的ベネフィットを提供するものではなく，より高次なニーズを充足するための手段あるいはプラットフォームと捉えられている（Vargo and Lusch [2004a] p.9 ; Vargo and Lusch [2004b] p.330）。したがって，文脈価値（S-Dロジックにおける価値尺度）は，交換価値（G-Dロジックにおける価値尺度）の上位概念である（Vargo and Lusch [2008b] p.86）。

3．価値共創

　Vargo and Lusch [2006]；[2008a] が示しているように，S-Dロジックでは，顧客は常に価値の共創者であると見なされる(FP6)。すなわち,（文脈)価値は，売り手がサービスを供給（オペラント資源を適用）し，買い手がサービスを供給（オペラント資源を適用）することによって共創されると認識する。この価値共創の方法には，直接的な共創と間接的な共創がある（Vargo and Lusch [2004a]）（図表3-3参照）。この図表3-3こそが，S-Dロジックというレンズを

通じて見た時の交換と価値創造の姿である。

図表3-3で明らかなように，S-Dロジックでは，サービシィーズだけに限らず，グッズの販売が行われる状況においても売り手と買い手によって（文脈）価値が共創されると捉える。上述した"顧客は常に価値の共創者である"という表現の中の「常に」とは，このことを意味している。ただし，グッズを介したサービス供給の場合，グッズはサービス供給の伝達手段であり（FP3），そのため，グッズそのものには（文脈）価値はない。よって，グッズを生産し販売しただけでは，（文脈）価値を生み出したとは言えない。最も重要なことは，S-Dロジックというレンズで交換を捉えた場合，1回の交換プロセスは売り手のサービス供給から買い手が文脈価値を判断するまでが範囲となるということである。S-Dロジックは，文脈価値の実現が交換の目標であると強調する。

図表3-3 S-Dロジックというレンズを通して見た交換と価値創造のプロセス

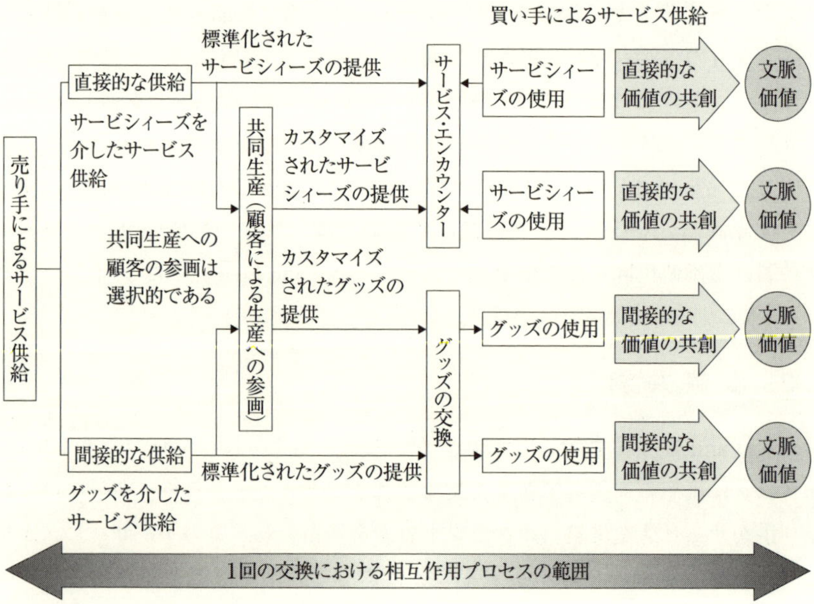

(出所) Lusch and Vargo [2006b]; Lusch et al. [2007]; Vargo and Lusch [2004a]; [2008a] を基に作成。

グッズを生産し販売（交換価値を実現）しただけでは文脈価値は具現化されず，交換プロセスは，そのグッズの使用を通じて顧客が文脈価値を知覚するまで継続する。

　また，Lusch and Vargo［2006b］によれば，価値共創（value co-creation）は，価値の共創（co-creation of value）と共同生産（co-production）という2つの構成要素からなっている。その中で最も包括的なものは，価値の共創である。ここでの価値は，もちろん，文脈価値を暗示しており，それは消費プロセスの中でユーザーと共に創造され，使用を通じて顧客（ユーザー）によって判断される（FP10）。2つ目の構成要素である共同生産とは，中核となる提供物（core offering）自体を創造することに顧客が参画することである。具体的には，共同生産とは，売り手と顧客との間でのサービスの中核となる提供物を共同で考案したり，共同でデザインしたり，あるいは，関連グッズを共同で製造したりすることである。Lusch et al.［2007］は，この共同生産の事例として，顧客がIKEAの家具を組み立てること，ヘア・スタイリングをする時に顧客が自分のヘア・スタイルについてスタイリストに助言すること，取引先小売店のマーケティング・プログラムをその小売店と共同で製造業者が立案することを挙げている[6]。なお，共同生産は，顧客にとって選択的なものであり，標準化されたグッズあるいはサービシィーズを購入するか，あるいは，企業との共同生産に取り組むかは，顧客の意志によって選択することができる（Varge and Lusch［2008a］）。このS-Dロジックの価値の共創と共同生産という概念は，G-Dロジックにおける生産（グッズに価値を組み込むこと）という概念の上位概念である（Lusch et al.［2007］p.11）（次ページ図表3-4参照）。

　図表3-3で示したS-Dロジックにおける直接的および間接的なサービス供給を通じた売り手と買い手との間の交換，そして，価値共創（価値の共創と共同生産）という概念の例として，愛娘の結婚式にタキシードを着用して参列する父親を連想せよ。この父親は，4通りの方法でタキシードを着て結婚式に参列することができる。第1の方法は，貸衣装業者からタキシードを借り（売り手によるサービス供給），それを着て結婚式に参列すること（顧客によるサービス供給）である。第2の方法は，貸衣装業者からタキシードを借りるが，貸衣装業者の標準化されたサービシィーズではなく，例えば，シャツ，タイ，ベ

図表 3-4　S-D ロジックの価値共創と G-D ロジックの生産との包含関係

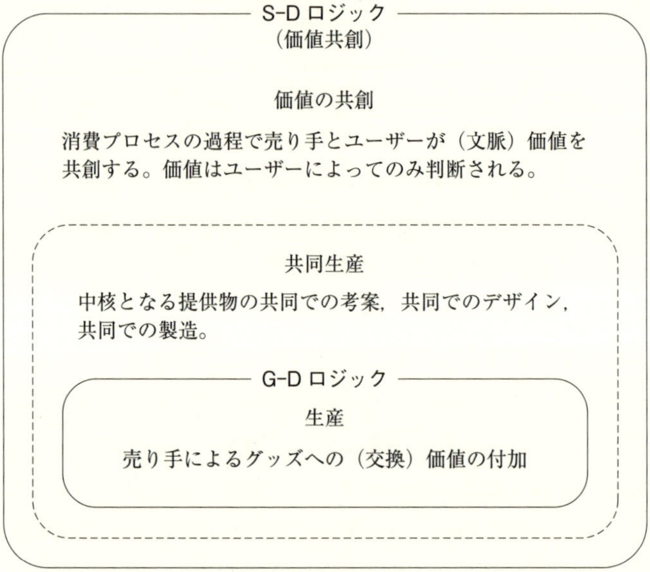

```
┌─────────── S-D ロジック ───────────┐
│              （価値共創）              │
│                                        │
│            価値の共創                  │
│  消費プロセスの過程で売り手とユーザーが（文脈）価値を  │
│  共創する。価値はユーザーによってのみ判断される。      │
│                                        │
│   ┌───────────────────────────┐   │
│   │          共同生産            │   │
│   │  中核となる提供物の共同での考案，共同でのデザイン， │
│   │  共同での製造。               │   │
│   │                              │   │
│   │   ┌──── G-D ロジック ────┐   │   │
│   │   │         生産          │   │   │
│   │   │  売り手によるグッズへの（交換）価値の付加 │   │
│   │   └───────────────────┘   │   │
│   └───────────────────────────┘   │
└─────────────────────────────────────┘
```

（出所）　Lusch and Vargo［2006b］；Lusch et al.［2007］を基に作成。

ストなどを自身の好みに合わせてカスタマイズし（サービィーズの共同生産），それを着て結婚式に参列すること（顧客によるサービス供給）である。第3の方法は，紳士服店で既製服（売り手によるサービス供給）を購入し，それを着て結婚式に参列すること（顧客によるサービス供給）である。第4の方法は，紳士服メーカーと一緒になってタキシードをオーダーメイドで創り（グッズの共同生産），それを着て結婚式に参列すること（顧客によるサービス供給）である。この4つの方法は，いずれも，売り手がオペラント資源を適用し（レンタル，カスタマイズしたレンタル，既製服の生産および販売，オーダーメイドによる生産および販売），顧客がオペラント資源を適用している（レンタル内容のカスタマイズへの参画，オーダーメイドへの参画，タキシードを着ての結婚式への参列）。その結果，この父親は，愛娘と一緒にヴァージンロードを歩くことで幸せ（文脈価値）を実感するだろう。このように，S-Dロジックに従えば，サービィーズだけでなく，グッズの販売が行われる状況にお

いても，常に，売り手と買い手は互いにサービスを供給する。さらに進めて，Vargo and Lusch［2008a］がFP10で示したように，「価値は，受益者によって常に独自にかつ現象学的に判断される」。上記の父親の場合，彼が知覚する文脈価値の内容や大きさは，その時々の父親の文脈によって変化する。例えば，レンタルを利用した父親は，結婚するのは一人娘で，タキシードを着るのは，その結婚式での一度きりかもしれない。この場合，その父親は「貸衣装にして経済的だった」と知覚するかもしれない。また，貸衣装のカスタマイズをした父親は，そのタキシード姿が新婦である娘がオーダーメイドで作ったウェディング・ドレスと上手くコーディネートできたことに満足するかもしれない。さらに，既製服のタキシードを購入した父親には3人の娘がおり，初めての長女の結婚式に参列した時，その父親は「後に2人の娘の結婚が控えているので，これを機会にタキシードを買ってよかった。大切に保管しておけば，後の2人の娘の結婚式の時にも役立つだろう」と知覚するかもしれない。最後に，オーダーメイドでタキシードを創った父親は，娘の結婚相手が大企業の社長の御曹司で玉の輿だったので「相手の家柄に合ったタキシードを用意できて面目が立って良かった」と満足するかもしれない。このように，価値共創の方法は4通りあり，いずれにおいても，顧客の文脈価値は売り手と買い手によって共創（相互にサービス供給）されるというだけでなく，各々，いずれの方法を取るかに関係なく，顧客が知覚する文脈価値の有無，価値を知覚する側面，さらには，価値の大きさは，その時々の顧客の文脈に依存する。

　さらに，とりわけ，間接的なサービス供給においては，グッズを販売した後でも依然として売り手と買い手の関係は継続しており，その関係は，買い手（顧客およびユーザー）が文脈価値を知覚するまで続くということを指摘しておくことは極めて重要なことである。これは，リレーションシップ・マーケティングという概念と互換性があるように思えるが，ここでのリレーションシップという概念は，アメリカでポピュラーな観点（取引や交換価値を中心に据えた反復購買実現のためのロイヤルティ獲得）ではなく，ノルディック学派の観点（文脈価値を実現するための相互作用やメニー・トゥ・メニー）を示唆している（Vargo and Lusch［2008d］p.86）。グッズが販売された時点で交換プロセスが終結すると考えるのはG-Dロジックであり（図表3-1参照），S-Dロジックではグッ

ズの販売はサービス供給の伝達手段でしかないので（FP3），グッズを販売した時点で交換プロセスが終結するのではなく，それはあくまで通過点でしかない。S-D ロジックにおける交換プロセスの終着点は交換されたグッズを顧客が使用し，その顧客が文脈価値を知覚する時である。その終着点である文脈価値を顧客が知覚するまで，企業と顧客の相互作用は継続したままである（図表3-3参照）。S-D ロジックにおけるグッズ販売後の相互作用は，企業側の視点からの再購買を目的としたものではなく，顧客側の視点からの文脈価値を具現化することを目的としたものでなければならない。

第4節　S-D ロジックの範囲

　本章の冒頭で示したように，Vargo and Lusch［2008a］は，S-D ロジックは交換と価値創造を捉える考え方（哲学，観点，マインドセット）およびレンズであり，マーケティングの一般理論でもパラダイムでもないと自認している。図表3-3で示しているように，S-D ロジックとは，交換という事象をサービスという観点から映し出すためのレンズであり，それらの事象を解釈する際の考え方である。S-D ロジックは，それ以上でもそれ以下でもなく，もちろん，マーケティング理論でもない。それ故に，S-D ロジックは，経営管理的な領域を対象としているだけでなく，マーケティング以外の他の学問領域に対しても含意を有している。実際，Vargo and Lusch［2008a］が，「S-D ロジックは，企業（さらには，他の資源統合活動）に関する理論の改訂，サービス・システム論，さらには，経済学や社会学の改訂のための基盤を提供できる」（p.3）と主張しているように，彼らは，マーケティングだけでなく，市場論，経済学，社会学，企業論，公共政策，経営学などに対しても S-D ロジックは新しい理論基盤を提供できると認識している（Vargo and Lusch［2006］；［2008a］；［2008b］）。図表3-5に示したように，レンズとしてのS-D ロジックから見た交換という事象には，経済的な交換だけでなく，社会的な交換も含まれる。また，売り手と買い手との間の経済的な取引だけでなく，組織内部における交換も含まれる。しかし，このことは，反語的にいえば，どの学問領域に対しても，交換という

図表3-5　諸学問の理論基盤としての交換

マーケティング	市場論	経済学	社会学	企業論	公共政策	経営学
		交		換		

（出所）Vargo and Lusch ［2006］；［2008a］；［2008b］を基に作成。

事象に対して新しい洞察を提供しているが，S-Dロジックによってすべてを説明できる学問領域はないことを示している。

第5節　おわりに

　本章の目的は，S-Dロジックの基礎概念に対する理解を促進させることであった。S-Dロジックは，単数形のサービスという独特な用語を用いているために，しばしば，実務家だけでなく，マーケティングの研究者たちの間にも誤解があるように思える。そこで，本章においては，S-Dロジックとはどのようなロジックなのか，そしてそれは何を対象としているのか，そして，どのような観点から物事を捉えるものなのかについて，Vargo and Lusch が提案した内容について概説した。したがって，本章では，Vargo and Lusch の提案や主張を忠実に説明することを心掛け，あえて，彼らの見解に対する肯定的な支持や批判的な態度を表明することを避けた。S-Dロジックに対する批判的考察や精緻化といった作業は，本章の範囲を超えている。

　また，本章で示されたS-Dロジックの枠組みに基づけば，研究者に対しては，S-Dロジックはサービシィーズ・マーケティングの研究者たちだけに課された研究テーマではなく，すべてのマーケティング研究者が検討するに値するテーマであることを暗示している。また，実務家に対しては，単数形のサービスを重視することは，グッズを販売した後の再購買を目的としたアフター・

サービスを充実させることではないということが強調されなければならない。グッズを扱う企業の実務家たちは，自社のグッズが顧客のどのような文脈に対応して企画され，開発されているのか自問すべきである。また，他社との終わりなき研究開発競争に明け暮れ，顧客が必要としていない，あるいは，必要以上の機能（すなわち，交換価値）までもグッズに付加している企業は，それらの機能が顧客の文脈価値にどれほど貢献しているのか再確認する必要がある。そのような戦略を何の疑問も持たずに追求しているとしたら，それらの企業は，知らぬ間にG-Dロジックに陥っていることを表している。

　S-Dロジックは，マーケティング思想や理論に対して多くの潜在性を有している。しかしながら，S-Dロジックは交換と価値創造のみを特異なレンズで見た姿を描写しているに過ぎず，マーケティング全体を包含する理論ではない。そのため，マーケティング研究者にとっては，交換と価値創造以外のマーケティング領域について，S-Dロジックを基盤とした理論枠組みを構築することが将来の研究課題となるだろう。そのようなS-Dロジックを中核にしたマーケティング理論の全体像が示された時に，Alderson [1957] が提起した「求められていることは，マーケティングによって創造される効用を解釈することではなく，マーケティングによって効用が創造されるプロセス全体を解釈することである」(p.69) という命題に回答することができ，それによって，マーケティング独自のマーケティング理論の確立が達成されるだろう。

（注）
1) 最初の定義（Vargo and Lusch [2004a]）では，複数形のサービシィーズ（services）を定義しているが，その後，Vargo and Lusch [2006] では 無形財を表す複数形のサービシィーズと，彼らが提案する他者および自身のベネフィットのために資源を適用することを表す単数形のサービスとを明確に区分し，単数形のサービスとして定義している。したがって，本章では，単数形のサービスと複数形のサービシィーズを厳格に区別する。
2) Vargo and Lusch [2004a]；[2006] が，複数形のサービシィーズとの混同を招きかねない単数形のサービスという用語を用いた理由として，彼らは，「他者および自身のベネフィットのために資源を用いること」を表現したかったが，これを一言で表現できる適切な用語が他に見当たらないし，それは，まさにサービスであると述べている（Lusch and Vargo [2006b] p.283; Vargo and Lusch [2006] p.26）。
3) G-Dロジックにおける製品志向とS-Dロジックにおける顧客志向の関係については，第6章を参照されたい。
4) 交換価値は exchange value とも表記されるが，Vargo and Lusch [2004a] は value-

in-exchange と表記しているので，本論文では彼らの表記方法に従った。また，value-in-exchange は，厳密には，「グッズが交換される時の価値」と訳されるが，本書では冗長性を避けるために「交換価値」と表記する。
5) 本来，使用価値の英語表記は use value であり，value-in-use は，厳密には，「グッズが使用される時の価値」を意味しているが，本書では冗長性を避けるために value-in-use を使用価値と表現する。
6) 共同生産はマス・カスタマイゼーションとは異なる。マス・カスタマイゼーションは，売り手が用意した選択オプションの中から買い手が好むものを選択し，それによって，主として，グッズの価値（交換価値）を高める手法である。例えば，デルのパーソナル・コンピュータやインテリアとエクステリアの組合せが 10 万通り以上といわれる BMW ミニは，他の選択オプションとの相対的な比較の中で顧客の好みに合致したグッズとして交換されるが，メモリーの容量やディスプレイの画面サイズ，シートの素材を変更したところで価値を知覚する文脈そのものは大きく変わらないだろう。また，Prahalad and Ramaswamy [2004] が述べているように，「マス・カスタマイゼーションは顧客のユニークなデザインや好みに適合させるというよりも，企業のサプライ・チェーンの都合に合わせて行われる傾向にある」(p.89)。よって，マス・カスタマイゼーションは，グッズ中心的でかつ企業中心的な発想のままであり，それ故に，G-D ロジックである。一方で，共同生産は顧客の好みに基づいてカスタマイズすることであり（マス（mass）という接頭語が付されていないことに注意せよ），それによって，文脈価値を高める手法である。したがって，交換価値を向上させるだけで文脈価値の向上に寄与しないマス・カスタマイゼーションは共同生産とはいえない。

(田口　尚史)

第4章　S-DロジックとG-Dロジック
――経済学からの写像――

第1節　はじめに

　今日，経済学において有形財とサービシィーズは効用の下に同位に扱われているにも関わらず，マーケティングは有形財の交換を中心とした考えに依拠し続けているといえるかもしれない。それは初期のマーケティングが商品の所有権と物的流通に学問的関心を置いたことで，サービシィーズについては殆ど議論されずあくまで補助的な活動として扱われてきた歴史から由来するものである。しかし，今日のマーケティングの関心は所有権や物的流通といった有形財の交換プロセスよりも，サービシィーズや専門的なスキルやナレッジの交換プロセスに移行している。このようにマーケティング研究の関心が変化しつつあるにも関わらず，依然として有形財とサービシィーズを分離する二分法は，交換プロセス（効用創造の全体的プロセス）の正確な理解を制限するものであるかもしれない。

　本章の目的は，S-Dロジックの視座からの分類を基礎にして，これまでのマーケティングが依拠するG-Dロジックが理論的基盤を置くAdam Smithから始まる有形財とサービシィーズを分離した上で有形財中心のモデルを採用する経済学と，Vargo and Lusch が提唱する S-Dロジックが理論的基盤を置く"効用"を提唱する経済学と Fredric Basitiat が提唱する革新的な経済学，すなわち有形財とサービシィーズを内包するサービス中心の経済学について検討を加えることを目的にしている。

第2節　G-Dロジックに理論基盤を置く経済学

　本節においては，S-Dロジックの提唱者であるVargo and Luschが指摘する，これまでG-Dロジックに理論的基盤を提供してきた根本となる経済学，すなわち有形財中心のモデルを採用した経済学について検討していく。

　古典派経済学の誕生以前において，サービシィーズは，明示的ではないにしてもGregory King（1648-1712），William Petty（1623-1687）らの重商主義者によって社会的に有用であるとして考えられてきた。重商主義者らの関心は，王室への貢献すなわち貿易などによって得られる財貨の獲得にあり，その獲得活動の過程で"王室の富（国富）"を増加させる活動と減少させる活動として国民勘定においていくつかのサービシィーズを分類している。そこで記されている分類が，以降の経済学に大きな影響を及ぼすことはなくともサービシィーズに対する認識が当時において存在していたことを示すものであったであろう。また同時期のSieur de Boisguillbert（1646-1714）は王室の富の観点から，農業や工業による生産に支払われる代価とサービシィーズの提供によって支払われる代価は，同質であるためサービシィーズは生産的な活動であるとして考えていた。すなわち，重商主義においては，サービシィーズは主要な関心事ではなかったとしても社会的に有用な活動であったと認識されていたといえよう。

　しかし，社会的に有用であったにも拘わらず，その後に出現する古典派経済学はサービシィーズを軽視した。古典派経済学の思想はAdam Smith（1723-1790）によって基礎付けられた。Smithの関心は，国富に向けられており，サービシィーズに対し直接的には関心を殆ど示さなかった。Smithによるサービシィーズへの視座は『国富論 *"An inquiry into the nature and causes of the wealth of nations"*』では，第二編第三章「資本の蓄積について，すなわち生産的労働と不生産的労働について」の中で読み取ることができる。その中で，Smithはサービシィーズを生産的労働と不生産的労働に分類してサービシィーズを取扱うことを試みている。

「労働には，それが投じられる対象の価値を増加する種類のものと，そのような効果を生じないもう一つの種類のものがある。前者は，価値を生産するものであるからこれを生産的労働と呼び，後者はこれを不生産的労働と呼んでさしつかえない（Smith［1776/1904, p. 314］）。」

Smith によれば，生産的労働として農業や製造業，卸売業，小売業を挙げている。卸売業や小売業といった労働は製品が，生産され売買する必要があったために生産的とされたのである。また不生産的労働とは，国家の役人，聖職者，法律家，医師，作家，芸術家，俳優，音楽家，歌手，踊り子，その他の個人サービシィーズ，家庭内使用人などが挙げられている。このような Smith による分類は，物質的な成果に起因するものであるといえよう。Smith は，家庭内使用人の労働を例に挙げ「彼のサービスは，通常，その作業を行った瞬間に消滅するのであって，等量のサービシィーズを後日購入できるような，価値の痕跡を殆ど残さない」としてサービシィーズから物質的な成果（労働価値）がないことを指摘した（Smith［1776/1904, p.314］）。このような洞察は，Adam Smith が重商主義を継承した上で国富の観点から価値に相当するものは貿易（輸出）することができる，すなわち交換価値が埋め込まれている有形の物質に限定していたからである。

Vargo and Lusch［2004a］は，当時の社会・政治的環境にあっては富とは国富に限定され，輸出可能なものであるとしており，また Smith によって規定される生産的活動は，交換価値をもった有形財（tangible goods）の創造に限定したものである，と指摘している。

しかし，Smith のサービシィーズを軽視する姿勢に対して，Jean Baptist Say（1767-1832）や John Stuart Mill（1806-1873）ら多くの古典派経済学の学者から批判が起こった。彼らの批判は，"効用"という概念を生み出し経済学における国富という制約を受容した有形財中心の理論基盤を変更させる契機になったといえよう。

マーケティングは経済学において萌芽した効用という概念を引き継ぎ，効用を生産による形態的効用，流通によってもたらされる時間的・場所的効用を明確に分類し，すなわちそこで生じる価値が"物に埋め込まれている"としてその理論を展開した。しかし，Vargo and Lusch［2006］は，価値は生産過程も

しくは流通過程で一方的に埋め込まれているとするこのようなマーケティングの効用の取扱いに対し，S-Dロジックは企業に対し価値提案を要請し，消費者は価値の共創者として扱われている。

　Smithによるサービィーズへの視座，すなわちサービィーズは富（国富）を生み出さない不生産的労働であるという考えに対しSayやMillの不同意を示し，サービィーズに対する幾つかの枠組みの構築を試みた。しかし，SayやMillらによって提起されたその議論は古典派経済学における中心的課題でなかったためにサービィーズに対する本格的な概念を構築するに至ることはなかったといえるかもしれない。ただし，このようなSmithによるサービィーズが不生産的労働であるという分類に対し多くの批判が起こったことで，その後の経済学において，有形財とサービィーズが効用の点から同位になったことを考えるならば経済学においてサービィーズを考える際の転換点となったといえよう。

　このような財とサービスの効用については同位としつつも有形財中心のモデルに傾斜した背景には，経済学は経済世界を数学化するために単純な前提が必要であった。Vargo and Morgan [2005] は，モデル化に必要であった分析単位は有形財であり，科学への地位を固執するために有形財中心のパラダイムが生き残ることが必要であったことから，これを継承した経済学の派生的な学問である経営学やマーケティングといった研究領域もまた有形財中心のロジックを反映するものとなったことを指摘している。

　一方で，理論上効用の観点から有形財とサービィーズが同位であることが容認されたことは，生産的労働と不生産的労働の区別が消滅したことを承認し，サービィーズの地位を向上せしめることになった。また，先進国における経済においてサービィーズ産業が相当の割合を占め始めた（すなわち，経済のサービィーズ化の進行）ことで，サービィーズに対する学問的要求が高まり"サービィーズ経済論（サービス経済論）"という経済理論の一派が出現した。このサービィーズ経済論の先鞭をつけたのは，Allan G. B. Fisher (1895-　　) やColin Clark (1905-1989) であった。

　Fisherは著作『進歩と保障の衝突 "*The Clash of Progress and Security*"』の中で，需要の構造変化に対応のための分析において，経済活動を第1次部門

（農業・鉱業），第2次部門（工業），第3次部門（運輸，商業等のサービィーズ）に分類し，経済活動が第1次部門から第3次部門に至る変化を示した。また，Colin Clark もまたこの3分類を提唱し，第3次部門として，建設，運輸や商業，その他すべての種類のサービィーズを含め，産業が発展するにつれ第1次部門から，第2次部門へ，第3次部門へとシフトする，いわゆるペティ＝クラークの法則とよばれるものを提唱した。また，サービィーズ経済論の先導者であった第3次分類は，後の Daniel Bell（1919-　　）が提唱したサービィーズ中心の社会の到来を予測した"脱工業化社会"の理論に繋がってくる。

しかし，Vargo and Lusch［2008a］は，このようなサービィーズが財以外のものであると規定する分類方法に対し，これは G-D ロジックに基づくものであり，S-D ロジックの FP5「すべての経済はサービス経済である」という考え方とは大きく異なるものであると指摘している。

第3節　S-D ロジックに理論基盤を置く経済学

Vargo and Morgan［2005］は，経済学におけるモデルの一つとして，財およびサービィーズを内包するサービス中心のモデルを挙げ，「これは，Say によって仄めかされ，Mill によって暗示され，Bastiat によって展開され，Walras によって承認された」と述べている。ここでは，彼らが主張する経済学者に焦点を当てて検討する。

国富への貢献という観念に基づく Smith によって展開された有形財中心の理論に基づいたサービィーズに対する扱いは，Say（1767-1832）や Mill（1806-1873）ら多くの同じ古典派経済学の学者から批判が起こった。その批判の理論的基盤となるものは，"効用（utility）"とういう概念であった。Say の著書である『政治経済概論"*A treatise on the political economy*"』において，サービィーズは"生産されると同時に消費される"ものであるが，"生産は有形の物質を作り出すことではなく，効用（utility）を産出するもの"であると考えた。そのため，Smith による"サービィーズが何らかの成果を与えるものではない"という考えに対し同意せず，サービィーズは非物質的なもの（す

なわち，"不生産的所産"）であるが，有形財と同様に効用を産出するものであるとしている。この視座は，Say が，その著書の中で「商業活動は生産であって，工業生産と全く同様である。生産物をある場所から別の場所へ運ぶことにより，それらの活動は生産物に価値を付け加える（Say［1821］p.45）」と述べていることからも推察することができる。この効用という概念は，Alfred Marshall らによる近代経済学に受け継がれることになり，Smith により規定されたサービシィーズへの取扱いを根本的に変更せしめる根拠となり，現在の経済学における財概念の基礎を提供したといえよう。

また Mill は，その著書『経済学原理 "*Principles of political economy*"』の中において Say と同様に Smith のサービシィーズに対する考えに同意せず，「サービシィーズは不生産的として汚辱されるべきではない（Mill［1885/1929, p.55］）」としており，サービシィーズは媒介的に生産的であるとしている。また Mill は，労働は有形物質を作り出すことではなく，効用を創造することであることを言及している。しかし，Mill は当時の富に対する支配的な思想（国富への貢献）と調整するという困難性に直面することとなり，「それゆえ，この本稿の中で富と言及するときは，（…途中略…）様々な努力のうち物質的対象に体現された効用を生産するもののみを理解することにする（Mill［1885/1929, p.106］）」として折り合いをつけようと試みたのであった。Vargo and Lusch［2004］は，Say と Mill は，Smith の有形財中心の理論を問題視し異議を唱えたが，結果として財とは埋め込まれた価値を持つ有形財であるという含意を黙認したことを指摘している。

Vargo and Lusch が提唱する S-D ロジックに理論的基盤を提供するのは，前述したように Mill が提唱した効用概念とサービスを中心に置く革新的な経済学であったという。この革新的な経済学を提唱した Frédéric Bastiat（1801-1850）は，S-D ロジックの提唱者である Vargo and Lusch らが最初のサービス研究者であると推察している人物で，経済学者というよりもむしろその著作で分かるように広汎な意味での社会政治学者であった。しかし，当時の経済学における潮流であった国富への貢献と全く異なる視座を持ち，革新的であったことから広く受け容れられることはなかった。

Bastiat は，Smith やその批判者である Say や Mill らと根底から異なる国富

への貢献を基礎に置いた有形財中心の経済理論ではなく有形財とサービィーズを内包するサービス中心の経済理論を展開したといえる。また，Bastiatは，それまで価値はその財を生産するのに必要とされた労働量により決定されるが，その価値を蓄積することができないためにサービスは不生産的であるというSmithにより展開された視座を大きく転換させる持論を展開している。その著書『政治経済選集 *"Selected essays on political economy"*』の中で，このようなSmithによって展開された有形財の中に価値が埋め込まれているという考えに対し，「純粋な形態でのサービスは遂行された労働だけから成り立つのではなかろうか」（Bastiat [1848/1964, p162]）として疑問を呈しており，さらに「偉大な経済学法則とは，サービスはサービスと交換されることである」と述べている（Bastiat [1848/1964, p162]）。また，Bastiatは有形財とサービスの関係について，著書『経済調和論 *"Economic Harmonies"*』のように言及している。

　「サービスは，物からその価値を引き出してくるのではなく，物がサービスからその価値を引き出してくる（Bastiat [1860/1997, p.150]）。」

　Bastiatによって示された有形財とサービィーズを内包したサービス中心の経済学の視座はSmithから始まる有形物中心の経済学の視座とは明らかに異なるものであるといえよう。またこのような商品はサービスを提供するための装置であるという考えは，S-Dロジックで示されているFP3（Vargo and Lusch [2008a]）にも見ることができる。

　Bastiatは，「人々の活動とは，物質を創造するものではなく，個々人が自らに，もしくは社会で人々が相互に行うサービスに過ぎない」と述べ，更に「経済学を構成するのは実際の，ある人が他人のために働くための能力であり，努力の移転であり，サービスの交換である」と言及している（Bastiat [1848/1964, p.162]）。これらの言及に対し，Vargo and Lusch [2004] は，価値は効用を得るために交換される互恵的なサービスの相対的評価であり，これは使用価値を意味しているとしている。このようなサービスに重点を置く根底には，前述したように社会がサービスを経由した関係の上に成り立つという思想の上にあったためである。

Bastiatによって示されたサービスへの示唆は，S-Dロジックにおいて色濃く反映されていると言える。例えば，Vargo and Lusch[2008a]が示すS-DロジックのFP1の説明部における"サービスはサービスと交換される"という文言は，Bastiatの著書『経済調和論』17章「私的・公的サービス」において，その文頭に置かれた"Services are exchanged for services"（Bastiat[1860/1997, p.443]）から由来しているものといえよう。しかし，Vargo and Morgan [2006] が述べているようにこのようなBastiatが先鞭をつけた財＝有形財とサービシィーズを内包するサービス中心のモデルは，それ以降の経済学者に受け容れられることはなかった。

Leon Walras（1834-1910）は，SayやMillによって提唱された効用が有形財に生み込まれているという概念を伝統的な価格決定法としての純粋経済学（pure economics）の点から一部修正を加えること（すなわち，有形財と無形財の区別をしないこと）で均衡理論を展開した。Walrasは先人たちが囚われていた有形財の国富の貢献に囚われることなく，効用の観点から有形財とサービシィーズを同位に捉えた。このことは著書『純粋経済学要論 *Element of the political economy*』から読みとることができる。

「有形であれ，無形であれ価格が設定されるすべての物事は，供給量が少ないので（すなわち，有用で数が限られている），それらは，社会的な富の一部を形成している（Walras [1894/1954, p.40]）。」

Vargo and Morgan[2005]によれば，Walrasによる均衡理論は①各々個人は，有形財とサービシィーズに対し一つの効用関数を有している，②各々個人は，交換によって効用を最大化する，③最新の購買に対し支払った金額と限界効用が等しくなる時に，最高の満足度が得られる，④各々の有形財とサービシィーズの供給は，需要と等しくなる，ことを前提として，有形財とサービスの価格は長期的なコストと等しくなる静的な均衡点に達するものであるとし，このような経済的思考は経済学を正当な科学へと進化させたとしている。

この効用概念を継承し展開したAlfred Marshall（1842-1924）は，その著書『経済学原理 *principles of Economics*"）』において，Walrasと同様にSmithによって展開された財を物質的なものに限定する考えを否定し，サービシィーズが効用の観点から有形財と同位として扱った。Marshallは，古典派経済学が財を

物資的なものに限定してきたことに対し次のことを『経済学原理』第2章「富」において述べている。

「富と呼ばれるに値するかどうかの問題は，原理上の問題であるかのようにさかんに議論されてきたが，これは実は便宜上の問題に過ぎない（Marshall [1890/1961, p.187]）。」

また，Marshall は便宜上，産業の能率を高めるものをすべて含め経済財としてみなすことが可能であることを示し，富を構成するものとして「物質的ならびに人的富」（すなわち"財およびサービシィーズ"）という表現が用いられることにその端緒を見ることができよう。さらに，Marshall は同書において「人間が物質的なものを生産するとき，かれは現実に効用を生産している」（いわゆる効用価値説）としており，サービシィーズもまた効用を生産していると考えている（Marshall [1890/1961, p.192]）。

こうした効用を生み出すことを根拠とした有形財とサービシィーズの同位とする取扱いは，John M.Keynes（1883-1946）が，"すべての経済活動が国民所得を生じる"という考えからも推察できるようにその考えは，その後の中心的な位置を占めるようになった経済学の潮流においても受け継がれるようになったといえよう。Vargo and Lusch [2004a] は，Walras と Marshall らによって効用概念が展開されたことで，理論上で有形財とサービスが共に効用を生産するという観点からその扱いを同位に取扱うことによって交換価値と使用価値との区別を消滅せしめることになった，と指摘している。

しかし，それは Vargo and Lusch [2006] が指摘しているように，マーケティングは経済学にその起源を持つこの効用概念を受け継ぐことになったが，それは経済学が想定していた有形財とサービシィーズが効用の観点から同位であるという理解というよりも，効用は「物に埋め込まれた属性（an embedded property of matter）」という形で発展した。Vargo and Morgan [2005] はこのような形で発展した背景を，有形財中心のモデルは利潤最大化，完全情報，完全合理性といった安定的で同質的な供給関数と需要関数を結合させることで，経済学者にとって多くの適合性を提供したからであるとしている。それは，経済学は経済世界を数学化するために単純な前提が必要であり，その前提となる

分析単位は同質的な有形財であったからであり，また，経済学は科学としての地位を維持するために有形財中心のパラダイムが生き残るために必要であったことを彼らは指摘している。このことから，経済学の派生的な学問である経営学やマーケティングといった研究領域もまた有形財中心のパラダイムを反映するものになったといえよう。

第4節　おわりに

　経済学の父と称される Smith による財（国富）とは有形財であり，またサービシィーズを不生産的であると取扱ったが，以後の経済学者はこのようなサービシィーズを軽視する取扱いに同意を示さなかった。この Smith により展開された"サービシィーズ＝不生産的"という理論への批判は Say らによって効用という概念が提唱され一般化し，この効用概念をマーケティングは受け継いだ。しかし，それは価値が物に埋め込まれているという形で理解したものであって，マーケティングが本来，焦点を当てるべき交換の全体的プロセスを解明するには今日においてそれは不十分なものとなっているのかもしれない。

　S-D ロジックを提唱した Vargo and Lusch が最初の本格的なサービス研究者であるとする Bastiat が先鞭をつけた有形財とサービシィーズを内包するサービス中心の経済理論は，有形財の観点から困難になっているマーケティングが焦点を当てるべき交換プロセスに新たな可能性を示すものであった。しかし，そのような先進的な概念は後の経済学者に殆ど影響を与えることはなかった。一方で，Mill や Say による Smith による有形財に偏重する理論への批判から生まれた効用概念は，Walras と Marshall によって展開され，有形財とサービシィーズが効用の観点から同じであることから，その扱いを同位にすることにより，経済学における交換価値と使用価値の議論を消滅させるに至ったといえる。効用概念に基づく，有形財とサービシィーズの同位の取扱いはその後の経済学のパラダイムとなったといえよう。しかし，Vargo and Lusch [2006]が指摘しているように，Walras らにより提唱された効用概念を受け継ぐことになったが，マーケティングにおける効用は有益性という点では結びついてい

るけれども，その用語は明示的ではないにしても「物に埋め込まれた属性（an embedded property of matter)」という含意に変形している。マーケティングという学問が生まれた当時において要求されていた有形財中心の交換プロセスの解明のために，サービシィーズは付随的なものという形で理解される要因となったといえよう。このような有形財中心のモデルを継承したことでマーケティングが現在直面している無形財や専門的なスキルやナレッジの交換プロセスの解明が困難になっている。しかし，S-DロジックのFP3「財はサービス供給のための流通手段である」（Vargo and Lusch [2008a]）であると示されているように，有形財とサービシィーズを内包するサービスであるとするS-Dロジックを採用することで，G-Dロジックでは解明することが困難になっている無形財や専門的なスキル・ナレッジの交換プロセス（効用創造の全体的プロセス）を正確に理解することに役立つ可能性を内包している。

　S-Dロジックは，マーケティングが理論的基盤を置いてきた"価値が有形財に埋め込まれている"というG-Dロジック中心の制約から離脱せしめ，新たにサービス中心の概念基盤へと転換（オペランド資源の交換からオペラント資源への交換へ）せしめることでマーケティングの新たな発展を促す可能性を有しているかもしれないし，終局的にはマーケティングのみならず経済学に対しても新たな価値基盤を提供する可能性を有しているのかもしれない。

（野木村　忠度）

第Ⅱ部

S-Dロジックの論理基盤
――プロセスとしてのマーケティングの台頭――

　第Ⅰ部でも解説したとおり，Vargo and Luschの提唱したS-Dロジックにおけるサービスとは「他者あるいは自身のベネフィットのために何かを行うプロセス」と定義されており，そのプロセスの中でスキルおよびナレッジを共有し，価値共創が行われるという論理が構築されている。ここに，かれら独自の「プロセス」を基軸とした論理枠組みが生まれてくることになる。第Ⅱ部では，S-Dロジックと密接に関連する分析フレームを提供しているさまざまな視点について検討を加えていく。第1章で指摘したようにVargo and Lusch自身も，S-Dロジックは多くの関連分野の研究成果に依拠したものであると指摘している。そこで第Ⅱ部の諸章では，S-Dロジックと強い関連をもつサービィーズ・マーケティング，リレーションシップ・マーケティング，市場志向，リソース・ベースト・ビュー，資源管理論，資源優位論，バリューチェーン／サプライチェーン・マネジメント，ネットワーク論などにつき，詳しく検討を加えていく。第5章では，S-Dロジックとサービィーズ・マーケティングの関係について検討する。これは，彼らの論理がサービィーズ・マーケティングから多くの示唆を受けているからである。第6章では，顧客との接点を強調している市場志向の視点との比較検討を行っている。続いて，第7章では，S-Dロジックで重要な概念として取り扱われているネットワーク概念について検討を加えている。さらに，第8章ではオペラント・オペランド資源について，詳しく論じていく。第9章と第10章では，S-Dロジックの枠組みの構築に深く影響を与えたリレーションシップ・マーケティングとバリューチェーン／サプライチェーンについて分析していく。

第5章
S-Dロジックとサービシィーズ・マーケティング[1]

第1節　はじめに

　Vargo and Lusch [2004a] によって提唱されたサービス・ドミナント・ロジック（以下，S-Dロジック）は多くのマーケティング研究者の間で注目を集める研究トピックになりつつある。その背景としてマーケティング研究潮流の動向に関する問題が挙げられるように思われる。Vargo, Lusch and Morgan [2006] は，これまでの研究潮流として，グッズとサービシィーズ，生産的な活動と非生産的な活動，交換価値と文脈価値，製品志向と消費者志向，取引とリレーションシップの分岐が含まれるとしているものの，「最近，それらの外見上は異なる考え方は，無視されていなかったとしても，これまで孤立していた同じ現象に注意を集中させた，1つのより包括的で統合的な交換ロジックに収束しているように思える (p.29)」として，分岐から収束の方向に研究潮流が向かっていることを示唆するのである。こうした研究潮流の変化を見据えつつ，Vargo and Lusch は S-D ロジックを構築するにあたって，主に1980年代以降に出現した多様な研究領域にその概念的基盤を置くのである。Vargo and Lusch [2004a] は以下のように述べている。

　　「主として，オペラント資源が最も優れているという継続的な社会プロセスと経済プロセスとしてマーケティングを捉えるドミナント・ロジックが出現し始める。この論理は，財務的成果を最終結果として捉えるのではなく，価値提案に関する市場仮説の検証として捉えている。市場は，市場仮説を立証でき，経済実体が彼らの行動について学んだり，顧客により良く対応する方法を発見したり，財務的成果を向上させることを可能にする。

このパラダイムは，顧客志向もしくは市場志向，サービシィーズ・マーケティング，リレーションシップ・マーケティング，品質管理，バリューチェーン・マネジメントやサプライチェーン・マネジメント，ネットワーク分析のような主要領域の中でのまったく異なる流れを統合し始めている (p.3)。」

　上記のことからもサービシィーズ・マーケティング研究は S-D ロジックを構築する際の貢献度の高い研究領域であることが読み取れるだろう。

第2節　S-D ロジックにおける「サービス」と「サービシィーズ」

　ここで Vargo and Lusch の単数形の「サービス (service)」と複数形の「サービシィーズ (services)」および「グッズ」の概念について検討していこう。Vargo and Lusch は交換価値を重視する G-D ロジックに対して，自らの S-D ロジックを提示する (Vargo and Lusch [2004a])。その後に Vargo and Lusch [2006]；[2008a] において S-D ロジックの FP の変更と追加を行っている。G-D ロジックと S-D ロジックにおける交換対象の比較をしてみると，まず G-D ロジックでは有形財はグッズ，無形財は複数形のサービシィーズとしてアウトプットと位置づけ，捉えている（[Vargo and Lusch [2006]；[2008a]）。他方で，S-D ロジックでは以下のように主張されることになる (Vargo and Lusch [2004a])。

　「サービスを中心とした考え方 (service-centered view) は，(1)しばしば，余剰物（有形財でないもの）としてサービシィーズを扱う限定的で伝統的な概念（例えば，Rathmell [1966]）や，(2)財の価値を高めるために提供される何か（付加価値サービシィーズ），あるいは，(3)保険医療，行政，教育のようなサービシィーズ産業として分類されるものと同じものではない。むしろ，私たちは，他の経済実体，あるいは，その実体自体の利益となる行為 (deeds)，プロセス (processes)，パフォーマンス (performances) を通じて，専門的なコンピタンス（ナレッジ・スキル）を応用することとしてサービシィーズ[2]を定義する。私たちの定義は，より狭く，より伝統的な定義と互換性があるが，私たちは，それがより多くのものを含んでおり，すべての企業の根本的な機能を捉えていることを主張する (p.2)。」

そして Vargo and Lusch [2006] では，上記の定義（Vargo and Lusch [2004a]）における複数形のサービシィーズでは誤解を生じさせることから単数形のサービスに整理，統一し，サービスに共通する定義を，行動やプロセスと踏まえつつ，以下のように定義している。

「（単数形の）サービスを他者あるいは自身のベネフィットのために，行為，プロセス，パフォーマンスを通じて，専門化されたコンピタンス（オペラント資源としてのナレッジ・スキル）を応用すること（p.43）。」

換言すれば，S-Dロジックでは交換されるものは単数形のサービスというプロセスである。そしてサービスの交換には2つの方法がある。まずグッズすなわち有形財を経由した間接的なサービス交換方法と，そしてサービシィーズによる直接的なサービス交換方法があるという。つまり，グッズはサービスの供給手段であり，サービシィーズもまたサービスの直接的な供給形態である（Vargo and Lusch [2004a]；[2006]；[2008a]）。そして S-Dロジックにおける単数形のサービスは，グッズとサービシィーズの共通分母になることを意味している。Vargo and Lusch [2004a] は，S-Dロジックを展開するにあたって以下のように述べている。

「徐々に，マーケティングは有形財（生産されたモノ）の交換から無形で専門的なスキル，ナレッジ，プロセスへと，そのドミナント・ロジックの大半が移行し，私たちは，より包括的で総括的なドミナント・ロジック，サービシィーズとグッズを統合し，マーケティングの理論と実践の開発のために豊かな基盤を提供する方向にマーケティングを方向付けると信じている（pp.1-2）」

また Vargo and Lusch [2004a] の FP6 における「顧客は常に共同生産者である」では，S-Dロジックは価値創造プロセスに消費者（受益者）を内包している。つまり消費者（受益者）は自己のナレッジ・ノウハウとしてのオペラント資源を用いることで，有形財を介してサービス供給を受け，ベネフィットを享受することになる[3]。それに加えて無形財としてのサービシィーズでは提供者と買い手のオペラント資源の供給によってサービス供給がなされることになる。こうした相互作用的なプロセスが重視され，それによって文脈価値が生

じることになる[4]。

第3節　サービシィーズ・マーケティング研究者によるS-Dロジックへの評価

　従来，マーケティング研究で副次的な領域として発展してきたサービシィーズ・マーケティング研究（Fisk, Brown and Bitner［1993］）において，その代表的論者であるBrown and Bitner［2006］は，S-Dロジックに対して高く評価し，賛同の意を表明している。そしてRust［2004］はS-Dロジックの出現をもって，マーケティング研究で生じている新たなパラダイム・シフトのプロセスと位置づけ，ナレッジと情報がサービスを駆動すると指摘している。Gummesson［2004］も，サービシィーズ・マーケティング研究における相互作用の意義やリレーションシップ・マーケティングとの関連性からS-DロジックのFPへの支持を表明している。こうした点からもS-Dロジックとサービシィーズ・マーケティングは親和性の高い領域であることが分かる。

　しかしながら，このことは既述のS-Dロジックにおける主張，つまり研究潮流の分岐から収束への方向において何を意味しているのであろうか。こうした問題意識をもとにして，本章ではVargo and LuschがS-Dロジックを構築する際に，その基底の1つをなすサービシィーズ・マーケティングの貢献を明らかにすることを目的とする。Vargo and Luschは，G-DロジックからS-Dロジックへのシフトを主張する際に，いくつかの研究潮流とその研究成果をS-Dロジック構築の基盤にしたわけであるが，鳥瞰図的にまとめてみると以下のようになるだろう（Vargo and Lusch［2004a］；［2004b］；［2006］；［2008a］）。したがって本章ではVargo and LuschのS-Dロジックに貢献したサービシィーズ・マーケティング研究で議論されている相互作用，知覚品質および組織内の協働とパートナーシップについての研究成果を取り上げていく。そしてグッズとサービシィーズを区別することについての不必要性について取り上げることとする（図表5-1）。

第5章 S-Dロジックとサービシィーズ・マーケティング　61

図表 5-1　本章の構図－G-DロジックからS-Dロジックへの転換の背景

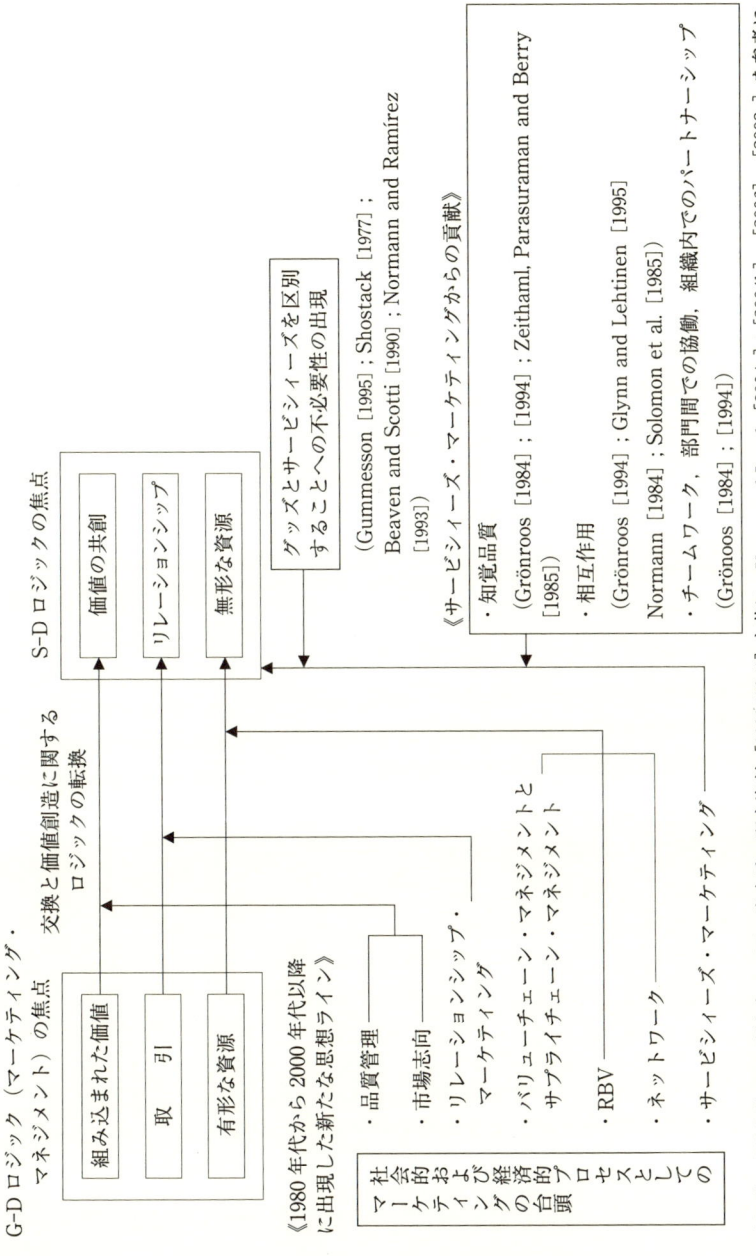

G-Dロジック（マーケティング・マネジメント）の焦点

- 組み込まれた価値
- 取引
- 有形な資源

交換と価値創造に関するロジックの転換

S-Dロジックの焦点

- 価値の共創
- リレーションシップ
- 無形な資源

《1980年代から2000年代以降に出現した新たな思想ライン》

- 品質管理
- 市場志向
- リレーションシップ・マーケティング
- バリューチェーン・マネジメントとサプライチェーン・マネジメント
- RBV
- ネットワーク
- サービシィーズ・マーケティング

マーケティングの台頭プロセスとしての社会的および経済的

《グッズとサービシィーズを区別することへの不必要性の出現》

(Gummesson [1995]; Shostack [1977]; Beaven and Scotti [1990]; Normann and Ramírez [1993]

《サービシィーズ・マーケティングからの貢献》

・知覚品質
　(Grönroos [1984]; [1994]; Zeithaml, Parasuraman and Berry [1985]
・相互作用
　(Grönroos [1994]; Glynn and Lehtinen [1995]; Normann [1984]; Solomon et al. [1985])
・チームワーク、部門間での協働、組織内でのパートナーシップ
　(Grönroos [1984]; [1994])

(出所)　明治大学SDL研究会での田口尚史氏の配布資料 [2009/12/1] を基に，Vargo and Lusch [2004a]；[2004b]；[2006]；[2008a] を参考に加筆・修正。

第4節　相互作用

　Grönroos [1994] は，従来の4P's を基盤にしたマネジリアル・マーケティングにおける売り手は能動的な部分であり，買い手は受身的な部分となるという想定を批判し，ノルディック学派の観点から社会的文脈での相互作用的プロセスを強調している。つまり，提供者も顧客も能動的な存在であることを認識することができる。

　また Glynn and Lehtinen [1995] は競争が激化する中で競争優位を追求するためには優れた品質を提供することが鍵になると指摘している。そこでサービシィーズ・マーケティングとリレーションシップ・マーケティングとの関わりを重視し（Berry [1983]），相互作用の意義を指摘している。顧客と提供者との間のコンタクト・ポイントは「真実の瞬間（Carlzon [1987]）」と称され，両者の側のあらゆる準備，サポート，期待および知覚が個人間に起こるコンタクトの個々の瞬間に直面されるとしている（Normann [1984]）。Glynn and Lehtinen [1995] は，こうした多数の相互作用的なリレーションシップが識別される領域を以下のようにまとめている（pp.96-97）。

① マーケティング組織内の内部的な相互作用
② 顧客の組織内の内部的な相互作用
③ 顧客と最前線の現場にいる従業員との間での相互作用
④ 買い手と売り手のシステム，機械および手順との間での相互作用
⑤ 顧客とサービス提供者の物的環境および／もしくは可視的な製品との間の相互作用
⑥ 顧客自身の中でサービスを生産する顧客間での相互作用
⑦ 当該組織，代理機関，および顧客の顧客との間での相互作用
⑧ 当該組織と競争相手との間での相互作用

　ここで組織の中のさまざまな階層で顧客との相互作用が行われることになるといえる。この点で顧客と従業員との間での相互作用が生じるエンカウンターを理解するために，役割理論を適用する考え方もある（Solomon et al. [1985]）。他方で，Gummesson [1998] は専任のマーケターだけではなくパートタイム・

マーケターも相互作用的プロセスに関係があることを強調して、マーケティング活動の実行に関しては機能横断的なプロセス志向をもつ重要性を指摘している。また Normann and Ramírez [1993] は価値創造において、顧客やパートナー企業との役割分担・相互関係を再設計する必要性を説いている。Gummesson [2002] は、リレーションシップ・マーケティングの重要性を主張し、供給業者と顧客は両者とも価値を創造するとして、製品中心性と顧客中心性の両方を備えた、バランスト・セントリシティ（Balanced Centricity）という概念を提唱している。このような相互作用の視点は S-D ロジックのリレーションシップの考え方において継承されることとなる。

第5節　知覚品質

ここでは知覚品質について検討していく。Garvin [1987] は、企業の競争力強化のために、戦略的品質管理の必要性を主張し、以下のように主張している。

　「筆者は、品質面での改善を達成するためには、管理者たちに新しい考え方、つまり消費者の評価の基準との橋渡しの役割を果たす概念が必要であると信じる。この文脈においては、競合企業の製品の注意深い精査の場合と同様に、明らかに市場研究が新たな重要性を帯びてくる。この場合、ひとつ確かなことは、高品質は消費者を厄介な問題から解放するだけではなく、彼らを楽しくさせるものだということである（Garvin [1987] p.104)。」

こうして Garvin [1987] は、これまで十分に取り上げられていなかった消費者の主観的な視点や使用状況を取り入れて、品質の8つの属性（性能、特性、信頼性、規格適合度、耐久性、サービス体制、審美性および知覚品質）を提示し、属性間の相互作用を重視するのである。つまり、知覚品質の視点を入れることで品質を向上させ、費用を削減することが全社的品質管理の取り組みとして重視された。こうした消費者のニーズを設計段階に反映させるためには、機能部門間での横断的な計画とコミュニケーションが求められる。この点で品質機能展開の基本的設計手法としてのハウス・オブ・クオリティが提唱されている（Hauser and Clausing [1988]）。

他方でサービシィーズ・マーケティング研究では知覚品質の研究は進展している。それは，サービシィーズの特性が一般的に探索属性というよりも経験的属性や信頼属性が高いからである。ここからグッズとは異なり，サービシィーズの無形性によって顧客はどのように品質を判断し，属性を評価するのであろうかという問題が生じることになる。サービシィーズ研究における品質の概念規定は研究者によって多様である。Parasuraman, Zeithaml and Berry［1988］は，品質を測定する尺度として SERVQUAL を開発している。そこでは信頼性，確実性，共感性，反応性および無形性という5つの次元で品質は測定されることになる。ここでは品質を顧客の期待と知覚のギャップとして捉えており，5つの主要なギャップから構成されている。また Grönroos［1984］は品質を技術的次元と機能的次元に分類することを提案した。そして相互作用的プロセスでは機能的次元が知覚品質に対して影響を及ぼすことになる。そのためマーケティング部門の専任のマーケターだけではなく，顧客とさまざまに接点を有して相互作用するパートタイム・マーケターの重要性を指摘するのである（Grönroos［1994］）。

このように知覚品質は，消費者の知覚からの提供物の品質評価を重視するものであり，G-D ロジックから S-D ロジックに移行する際に，交換価値から文脈価値へのシフトを主張する S-D ロジックに受け継がれることとなる。

第6節　組織内の協働とパートナーシップ

サービシィーズ・マーケティングの研究では，無形性や相互作用，サービシィーズ・マーケティングはオペレーション管理や人的資源管理とも大きく関わり合いをもつことになる。既述の知覚品質におけるパートタイム・マーケターの重要性や相互作用の意義について，Grönroos［1984］；［1994］の主張からも組織内の協働やパートナーシップの重要性が理解できる。この点で Brown and Bitner［2006］は「顧客に近づこうとする企業の戦略は，新しい思考方法においてすべての機能部門を横断して包含する，長期的でサービスに焦点を置いた視点を必要とする（p.394）」と主張している。つまり，マーケティングは

他の機能部門と別個に行われているわけではなく，他の機能部門の役割を理解し，コミュニケーションを相互に行うことが顧客ニーズに応える中核的な役割を果たすと考えるのである。また Lovelock [1991] は機能部門間プロセスを重視して，マーケティングと人的資源管理そしてオペレーションの相互依存性を示している。このためサービィーズ・マーケティング研究は学際的な性格をもつことになる（Berry [1993]；Brown and Bitner [2006]）。こうしたプロセス志向的なアプローチは，S-D ロジックにも継承されていくことになる。

　ここでサービィーズ・マーケティングのプロセス志向的な特性が，他の影響を与えた学問領域同様に S-D ロジックに反映されていることが理解できたように思われる。しかし新たに疑問が浮かぶ。それは，なぜ単数形のサービスをもって，グッズを包含したのかである。それについて検討していこう。

第 7 節　グッズとサービィーズを区別することについての不必要性について

　サービィーズの特性を議論する前提として，グッズで開発されたマーケティング手法をそのままサービィーズに適用してよいのかという問題意識から生じている（Shostack [1977]）。この議論ではいくつかの特性によってグッズとサービィーズを区別するという考え方である。その特性のうち顕著なものは有形な特性を有するグッズに対するサービィーズの無形性である。例えば，Judd [1964] はサービィーズを，「可視的な商品の所有権を伴わない企業もしくは企業家による市場取引の客体である（Judd [1964] p.59）」と定義し，①レンタル財に対するサービィーズ，②所有した製品に対するサービィーズ，③非有形財としてのサービィーズに分類した。Rathmell [1966] は，Judd [1964] のサービィーズの分類を基にしてグッズとサービィーズの違いを次のように導き出している。そして Rathmell [1966] は，グッズはモノ（a thing）であり，サービィーズは行為（an act），パフォーマンス（a performance）とするのである。そしてグッズとサービィーズを区分する基準として，消費者にとってその製品の効用の本質が製品の物理的特性に存在するのか，それとも行為ないしパフォーマンスの性質に存在するのかを挙げてい

る。しかしながら他方で，現実の製品は両方の性質を有しているので，純粋なグッズから純粋なサービィーズまでの連続体のある点と位置づけられるであろうと指摘している。

さらに Shostack［1977］は Rathmell［1966］の考え方を発展させて市場の実体（market entities）の連続体の概念として分子モデルを図示した。

他方で Beaven and Scotti［1990］は，有形財としてのグッズとの対比から導き出されたサービィーズの4つの特性については，認知的なバイアスであると批判的に主張した。Beaven and Scotti［1990］はサービィーズの特性をサービス志向の思考の視点から再構成している（図表5-2）。この見解はサービィーズの特性を肯定的に認識し，それを競争優位の視点から捉えているといえる。

図表 5-2　サービィーズの特性の対比

製造志向の思考	サービス志向の思考
1　サービィーズは抽象的で無形の製品である。	1　サービィーズは具体的な印象を残す，直接的，間接的に知覚されうる結果を伴うプロセスである。
2　サービィーズは標準化されず，異質なアウトプットである。	2　サービィーズは個人のニーズと期待を満たすように独特に合わせてつくられるパーソナルな経験である。
3　サービィーズはすぐに廃れてしまい，直接的に前もって生産できず，将来の販売のために在庫できない。	3　サービィーズは，しばしば明確で，直接的な結果を伴うように創造され，経験されるプロセスである。
4　サービィーズは生産と消費が同時になされる。すなわち，顧客の関与はオペレレーションを中断し，効率性を悪化させる。	4　サービィーズは参加，共有した責任，タイムリーなフィードバックを通じて，より大きな満足を追求するための機会を与えるエンカウンターである。

（出所）Beaven and Scotti［1990］p.7.

Gummesson［1995］は，グッズとサービィーズを区分することに異議を唱えている[5]。さらに Normann and Ramírez［1993］も価値を創造するという意味において，こうした区分は意味がないとしている。こうしたサービィーズの特性に関する批判的な研究潮流は，S-Dロジックに継承されることになる。

第8節　サービシィーズの4つの特性に対する Vargo and Lusch [2004b] の見解

　これまでグッズとサービシィーズを区別するための特性として，サービシィーズ・マーケティング研究分野で議論されてきたものがサービシィーズの特性である。サービシィーズの特性は無形性，不可分性，異質性および非貯蔵性であるとされる (Zeithaml, Prasuraman and Berry [1985])。これらのサービシィーズの特性を詳細に検討することは，マーケティング戦略上での示唆を提示するものであったといえる (Lovelock [1983])。しかしながら既述のように，Vargo and Lusch [2004b] は，Normann and Ramírez [1993] や Gummesson [1993]；[1995] 等の論者の主張に依拠しつつ，グッズとサービシィーズを区別するために用いられる特徴の違いに疑問を呈している。そして顧客を中心にしたマーケティングの観点からは両者の間には差がないことを主張するのである。そこで交換についてより統一された理解への基盤を提示するものである。Vargo and Lusch [2004b] では，サービシィーズの特性をもって有形なグッズに対するサービシィーズの劣位性を説くものであり，神話であるとして批判し，その含意を反転させている。まず無形性については，ブランド・イメージの重要性を指摘する。グッズやサービシィーズといった提供物とイメージを結びつけるためには，ベネフィットを認識し，消費者への提供物に対する個性を創出する必要性に基づくからである。有形の属性よりも無形のベネフィットを重視する立場にあるといえよう。

　次に異質性の問題である。これに対して Vargo and Lusch [2004b] は，消費者向けの銀行はかなり標準化されたサービシィーズを提供していると主張する。そして標準化は生産者の観点からはより効率的なものであり，それゆえ品質の基準となっている。他方で消費者の観点からは問題は異なるために知覚品質の問題を取り上げている。標準化は生産の効率性をもたらすが，その効率性はマーケティングの有効性を犠牲にする。それゆえカスタマイゼーションの概念は異質性の重要性を物語っているとするのである。

　不可分性はサービス供給を受けるには生産者と消費者が同時にやり取りしなければならないため消費者とはなれた場所で生産できないという特徴である。

この特徴に対してVargo and Lusch [2004b] は，有形財であるグッズの場合でも，顧客がその財とやり取りをしない限り，サービス供給ができないとしている。つまり，グッズは消費経験のためのプラットフォームなのである。さらに，Levisのデニムジーンズやデル・コンピュータのように，有形財の製造業者はサービス志向的な製造業者になる事例を挙げている。

　最後に非貯蔵性とは，サービシィーズは事前に生産したり，貯蔵したりできずに，需要が発生した際に販売されるというものである。しかしVargo and Lusch [2004b] は，価値共創は有形財あるいはサービシィーズが消費されるときにだけ可能になり，販売されていないグッズには価値はなく，顧客のいないサービシィーズの提供者は何も生産できないとして，S-Dロジックにおけるサービス供給の意義を主張する。つまり価値は常に顧客と共創され，企業は価値提案しかできないのである。それゆえ生産管理者も非貯蔵性を想定すべきであるという。つまり有形財であるグッズを扱う企業では，在庫水準の低減を追求するし，ジャスト・イン・タイム生産方式を実行することで在庫水準を低減させている。そのため非貯蔵性はサービシィーズの有する劣位な側面の特徴ではなく，すべての市場提供物の特徴であるとする。したがって，アウトプットの在庫とその範囲を最小化しつつ，顧客によって望まれるサービス・フローを最大化する方法を発見することにあるとする。

　このように，Vargo and Lusch [2004b] によるサービシィーズの特性の理解では，サービシィーズの特性をグッズの特性と比較して劣位と捉えるよりもむしろBeaven and Scotti [1990] 同様に，積極的，肯定的に捉えていることを確認できる。さらに単数形のサービスでグッズを括ったことについては，Vargo and Lusch [2004b] では，Gummesson [1995] の下記の意見に賛同していることからも理解できる[6]。

　「顧客は，グッズやサービシィーズを購入するのではない。すなわち，顧客は価値を生み出すサービシィーズを与える提供物（offering）を購入する。提供物はある部分は諸活動（サービシィーズ）からなり、ある部分はモノ（グッズ）から構成される。結果として，グッズとサービシィーズというこの伝統的な区分は，かなり時代遅れである。それは今日，サービシィーズを再定義したり，顧客の観点からサービシィーズを考えたりするという問題である；諸活動はサービシィーズを

与え，モノはサービィーズを与える。サービィーズへの焦点のシフトは，手段や生産者の観点から，利用や顧客の観点へのシフトである（Gummesson［1995］pp.250-251）。」

つまり，有形財としてのグッズと，無形財としてのサービィーズを区別するものではなく，プロセスとしての単数形のサービスで括れるものと認識するのである。これが S-D ロジックに反映されることになったといえよう。これに加えて Vargo［2005］の以下の発言からも伺うことができる。

「顧客志向の紹介とほぼ同時期に，サービス供給に基づいた，より新しく，かつ，より暗黙的に顧客中心的なロジックが出現し始めた。初期においてサービスは特別なタイプの製品（"サービィーズ" あるいは "無形財"）という観点から概念化された。しかしながら，時が経つにつれて，サービス供給に関する研究は，より顧客に焦点を当てた概念（例えば，"知覚品質"，"リレーションシップ・マーケティング"，"価値の共創"，"カスタマー・エクイティ" など）へと導いたが，各々は，"製造された品質"，"取引"，"付加価値"，"ブランド・エクイティ" のようなグッズ・ドミナントな対応概念を置き変えないにしても，それらの下位概念に置きはじめてしまった。さらに，"劇場としてのサービス"，"ドラマ"，"経験"，"サポート" のような顧客の観点から交換を理解する，より新しい概念が出現した（p.43）。」

つまり，近年のサービィーズ・マーケティングの研究成果を消費者志向，文脈価値，リレーションシップに関連するアプローチであると示唆している。ここに，Vargo and Lusch が S-D ロジックを構築する際にサービィーズ・マーケティングの研究成果を重視する背景があるように思われる。

第 9 節　お わ り に

S-D ロジックはマインドセットであり，ものの見方でもあるとされる（Lusch and Vargo［2008］）。サービィーズ・マーケティング研究は顧客に焦点を合わせたプロセス志向概念を基盤にしている点である。そして相互作用，知覚品質といったサービィーズ・マーケティングの主要な研究成果は，文脈価値を重視する S-D ロジックにおいて摂取されることになる。このことを鑑みれば，

サービシィーズ・マーケティングのプロセス志向的な考え方はS-Dロジック構築にとって，その影響力は大きいものがあるといえるだろう。他方でS-Dロジックの視点からすると，グッズとの比較からのサービシィーズの特性について一定の限界が指摘されるように思われる。

本章で検討したようにS-Dロジックで提唱される独自のサービス概念（単数形のサービス）は，S-Dロジックの影響力が研究者間で強くなるほど，従来の研究で議論をされているサービス概念，すなわちG-Dロジックとしての複数形のサービシィーズ概念を大きく覆す可能性を秘めていることを示唆している。それに加えて，受益者の文脈価値での知覚品質を基盤にすることは，販売後の受益者個々人の置かれている生活状況や知識を重視することを意味しているといえよう。そういった意味からすれば，従来，副次的な学問領域として位置づけられてきたサービシィーズ・マーケティングの研究成果がS-Dロジックのサービス概念の基に摂取され，グッズとサービシィーズの両方に解き放たれたといえよう。今後もさまざまな領域で展開するS-Dロジックの進展（Lusch and Vargo [2008]；Vargo and Lusch [2008c]）に注目することが望まれよう。

（注）
1) 通常，「サービス・マーケティング」，「サービス」と記載される用語に関して，本章では，Vargo and Lusch のS-Dロジックの立場から，複数形の「サービシィーズ」と単数形の「サービス」を意識的に用いることにする。ただし，原文に即した引用部分を除くこととする。
2) この定義で用いられた「サービシィーズ」はVargo and Lusch [2004b]；[2006]；[2008a] において単数形の「サービス」に修正されることになる。したがって，ここでは単数形の解釈をするべきであろう。
3) ナレッジ・スキルからなるオペラント資源とサービス供給について，Vargo and Lusch [2004a] は，Penrose [1959] が展開した，経営資源から機能としての生産的サービスが引き出される捉え方との親和性を強調している。
4) Vargo and Lusch [2006] ではFP6の変更にあたり，S-Dロジックはアウトプットの単位を生み出す生産ではなくむしろ価値創造にかかわっており，Vargo and Lusch [2004a] に用いた「共同生産者」という用語はG-Dロジック的な用語であり，生産志向的なロジックであるという認識から「価値の共創者」という用語に変更している（Vargo and Lusch [2006]）。さらに，共同生産と価値共創の関係については以下のように述べている（Vargo and Lusch [2008a]）。
「私たちは，共同生産が価値共創の1つの構成要素であり，"核となる提供物それ自体への参画，とりわけ財が価値創造プロセスの中で用いられた時に"捉えられると主張する（Vargo and Lusch [2008a] p.8)。」

ここから理解できるように，価値共創は共同生産を包含する概念である。また Vargo and Lusch [2004a] から Vargo and Lusch [2006] と Vargo and Lusch [2008a] にかけて共同生産の概念規定が変更されていることが分かる。Vargo and Lusch [2006] では，価値共創という考え方は，①価値の共創と，②共同生産という考え方に分けることができるという。前者の価値の共創とは，価値とは消費プロセスの中で受益者と共に創造され，使用を通じてもしくは文脈価値によってのみ判断されることになる。そのため既述のように，S-D ロジックでは，サービィーズの直接的なやり取りか，グッズを媒介にした間接的な方法によって価値の共創が行われることになる。他方で共同生産とは，核となる提供物自体を創造することへの参画を意味している。共同での考案，共同によるデザイン，共同による関連グッズの生産を通じて行われる。そして価値の共創は共同生産の上位概念として位置づけることができる。さらに Vargo [2008] は以下のように述べている。
　「共同生産とは企業のアウトプットの創造に向けた企業と顧客の共同活動を表しており，価値の共創とは協働的で顧客特殊的な価値の創造を表しているので，"使用価値 (value-in-use)" と密接に結びついている (Vargo [2008] p.211)。」
　したがって，従来のサービィーズ・マーケティング研究においては生産と消費が同時に発生するという特性によって，サービィーズの提供過程に参画する顧客を共同生産者と称することがある。しかしながら S-D ロジック流の「共同生産者 (Vargo and Lusch [2004a])」ないし「共同生産 (Vargo and Lusch [2006]；[2008a])」と概念的な関連付けをする場合，前者の「共同生産者」の場合には重複する側面と，重複しない場合（主としてグッズを経由した間接的なサービス供給）がある。後者の「共同生産」の場合には，主に文脈価値の向上に寄与するカスタマイゼーションを示唆するように思われる。
5)　この点で Grönroos [2000b] も，「顧客はグッズかサービスかを追求するのではない。すなわち，顧客はかなりの程度，ホリスティックな提供物を欲するのである ([2000b] p.100)。」として，リレーションシップ・マーケティングの観点では製品はプロセスの一部分であり，一群のサービスとともに存在することを示している。
6)　Gummesson [2002] では，提供物を製品，サービィーズさらに情報技術から構成されるとしている。

（菊池　一夫）

第6章　S-Dロジックと市場志向

第1節　はじめに

　本章では，サービス・ドミナント・ロジック（以下，S-Dロジック）と市場志向の関係について考察する。具体的には，1990年代初頭に台頭してきた顧客志向の実践としての市場志向という概念は，これまでのマーケティング・マネジメントやミクロ経済学パラダイムとは異なる思想ラインを経ており，それは，経済的および社会的プロセスとしてマーケティングを捉えるものだが，本章では，この市場志向概念がS-Dロジックの概念枠組みの構築にどのような貢献をしたのかについて検討する。本章は，以下のように構成されている。まず，第2節では，市場志向の台頭に至る前段階として，製品志向（生産志向，販売志向）と顧客志向というマーケティング・コンセプトについて簡潔にレビューする。その後，第3節において，G-Dロジックの下での顧客志向とS-Dロジックが暗示する顧客志向との違いを整理する。それによって，S-DロジックのFP8で提示されている「サービス中心の考え方は，元来，顧客志向的である」ということの本質を確認する。さらに，第4節では，サービィーズ・マーケティングの概念をグッズ・マーケティングにも取り込むことによってS-Dロジックには顧客志向という志向以外は存在しないと主張する根拠について検討する。第5節は，本章の中心をなす部分である。S-Dロジックと市場志向がどのように繋がっているのかについて，両者の接点を探索する。市場志向概念とS-Dロジックの間では，特に，FP6，FP7，そして，FP8との関係が深い。本節では，それらのFPが，市場志向，個客中心マーケティング（customer-centric marketing），組織学習からその基盤を受け継いでいることが明らかにされる。

そして最後に，市場志向による S-D ロジックの概念構築への貢献から導き出される含意について整理して本章のまとめとする。

第2節　G-D ロジックと製品志向

S-D ロジックが出現する以前は，グッズ中心の考え方（グッズ・ドミナント・ロジック，以下，G-D ロジック）がマーケティングを支配していた。企業は，グッズを販売することに主眼点を置いていた。G-D ロジックの下で顧客志向（あるいは，マーケティング・コンセプト）を強調することは，顧客をオペランド資源として見なす近視眼的な志向が根底にあることを暗示している（Vargo and Lusch [2006]；[2008a]）。実際，1950 年および 60 年代のマーケティング・コンセプトや顧客志向の必要性を強調する多くの文献には，このことを裏づける企業の状況が見受けられる。例えば，ゼネラル・エレクトリック社の McKitterick [1957] は，「経営コンセプトの中でのマーケティング職能の主要なタスクは，自社の利益に好都合なことを顧客にさせることにではなく，顧客の利益になることを考えたり行なったりすることに長けることである」と述べている。

また，当時の製品志向を理解するのに有用な文献としては，Pillsbury 社の事例を取り上げた Keith [1960] による"マーケティング革命（marketing revolution）"がある。Keith [1960] は，Pillsbury 社における生産志向から販売志向，マーケティング志向，さらには，マーケティング・コントロールへと至る 4 段階からなる時代の変化を紹介している。第 1 段階となる生産志向の時代は，1869 年の Pillsbury 社の設立から 1930 年代までの期間を表し，当時の同社における主要な関心は最高品質の小麦粉を製粉することに置かれていた。その後，1930 年代（第 2 段階）になると，同社は，ディーラー，卸売業者，食品雑貨小売店といった流通チェーンの重要性に気づき始めた。彼らの経営哲学上の重点は，製品を販売することに置かれるようになった。販売志向の時代である。さらに，マーケティング志向と名付けられた 1950 年代初頭（第 3 段階）には，同社の経営哲学は，顧客のための製品を生産し販売することへとシ

フトした。同社は，原材料の調達から，生産，広告，販売までのすべての職能を方向づけたり統制したりする新たなマネジメント職能を創設する必要性を認識し，それをマーケティング職能と位置づけた。この職能部門は，市場に導入する新製品を評価する判断基準の開発を担当した。もちろん，その判断基準は，消費者の視点から設定された。そして最後は，マーケティング志向を持つ企業から，それを実践し，さらには，それをマーケティング職能部門がコントロールする時代（第4段階）へのシフトだった。具体的には，消費者調査，技術調査，調達，生産，広告，販売といった活動をマーケティングという大きな傘の下で遂行することであった。他のどんな職能よりもマーケティング職能が上位に位置づけられ，それは，トップ・マネジメントと結び付けられた。

　この他にも，Levitt [1960] は，鉄道会社と映画会社が衰退した要因を製品中心の考え方にあると指摘し，顧客中心の企業となることの必要性を強調した。彼は，一時期は成長産業に属していた企業がその後衰退してしまった要因として，事業の定義の誤りを指摘している。彼は，鉄道会社は自社の事業を鉄道事業と考えてしまい，顧客を追いやってしまったと述べ，鉄道会社の事業の定義の誤りを指摘した。この誤りに対して，彼は，本来，鉄道会社は輸送事業と自社を定義すべきだったと主張した。また彼は，映画会社は映画を制作する産業として自社の事業を定義してしまったことが衰退の原因であり，本来は，エンターテイメント産業とすべきだったとも主張した。

　Levitt [1960] によるこのような主張の本質は，事業を定義する際には製品中心ではなく顧客中心で考えるべきだということだが，彼の主張もまた製品中心のままだった。Levitt [1960] の主張は，事業を定義するに当たっては，どのような製品を生産し販売するのかではなく，製品やサービシィーズがどのようなベネフィットを顧客に提供するのかによって定義されなければならないということである。しかし，この主張は，依然として，製品やサービシィーズに組み込まれたベネフィットに焦点を当てており，それはグッズを中心に事業を定義することを暗示している。また，先の Keith [1960] の事例も同様である。彼の論文は Pillsbury 社の経営哲学の変遷を示したものだが，彼が指摘するマーケティング志向やマーケティング・コントロールとは，自社の製品を販売するために，顧客の視点に立って原材料の調達から，生産，広告，販売までの他の

すべての職能を方向づけ，統制し，また，新製品導入の評価を行うことを意味している。このように，本質的には，思想の中心は製品を生産し販売すること（交換価値を実現すること）にあった。

第3節　S-Dロジックにおける顧客中心性

　S-Dロジックは，思想の中心を製品（グッズ）から顧客（あるいは，サービス）へとシフトさせることを強調している。しかしそれは，1950年代あるいは60年代の顧客志向の再声明ではない。Vargo and Lusch [2004a] が主張する顧客中心性は，以下の5つの点から特徴づけられる。

　①　交換の対象

　S-Dロジックでは，交換されるものはグッズではなくサービスであると認識する。これは，FP1（Vargo and Lusch [2004a]；[2006]；[2008a]）に規定されている。初期の顧客志向の時代では，交換されるものは有形および無形なグッズ（小麦粉や輸送および映画）であると認識していたが，S-Dロジックでは他者あるいは自身のために何かを行なうというプロセス（すなわち，サービス）が交換されると認識する。

　②　顧客に対する認識

　初期の顧客志向の下では，企業には，顧客を中心に事業を定義したり，あるいは，新製品を評価したりすることが要請されていた。しかし，このことは，製品を顧客に販売するためという暗黙的な前提に基づいており，それは，顧客をオペランド資源と捉えていることを示唆している。G-Dロジックでは，顧客は操作する対象であり，製品を販売する外生的な存在と捉えられていた。しかし，S-Dロジックでは，顧客は価値の共創者と見なされ（FP6），それは，顧客を価値創造プロセスの内生的な存在として捉えており，したがって，顧客は操作の対象ではなく，一緒にオペランド資源（さらには，他のオペラント資源）に操作を施す共創者であることを暗示している。S-Dロジックでは，顧客はオペラント資源と見なされる。

　③　価値尺度と価値判断の主体

生産志向あるいは初期の顧客志向の時代では，価値は，グッズの交換価値であると認識している。したがって，Pillsbury 社の事例にもあるように，生産志向とは最高品質の小麦粉を製粉することであった。品質がグッズの価値を決定づけるという点において，売り手側である企業からは，高品質なグッズは高い交換価値を有すると判断された。しかし，S-D ロジックでは，価値は文脈価値であると認識する（FP10）。つまり，価値は，顧客側において，その顧客が体験している文脈の中で顧客によって判断されるものである。したがって，S-D ロジックでは，価値の判断尺度の設定や価値の判断は，企業側ではなく顧客側で決定される。

④　価値創造

G-D ロジックでは，価値（交換価値）は売り手である企業側によって創造されると認識する。Pillsbury 社の生産志向の時代では，同社は，高品質な小麦を調達し，工場近隣で水力を確保し，優れた製粉機によって小麦粉を製粉することが（交換）価値の創造だった。さらに，前述の Levitt［1960］が指摘した輸送事業やエンターテイメント産業への志向の転換は，製品のベネフィットに基づいて事業を再定義することの必要性を示唆していた。しかしこれは，製品に価値が組み込まれること（すなわち，機能的ベネフィット）を暗示している。S-D ロジックでは，「（文脈）価値は工場あるいは流通プロセスのいずれにおいても組み込むことはできない。価値判断は消費者側にあり，……機能的ベネフィットよりも快楽的ベネフィットや自己顕示的ベネフィットの方が重要である」ことを強調している（Vargo and Lusch［2006］p.49; さらには，Vargo［2005］を参照せよ）。S-D ロジックの下では，（文脈）価値は，常に，企業と顧客との間で共創される（FP6）。

⑤　企業の役割

既述したように，S-D ロジックでは，（文脈）価値は顧客によって定義され，顧客と共に創造される（FP6, FP10）。また，製品そのものに（文脈）価値を事前に埋め込むことはできないため（価値は，消費プロセスにおいて具現化する），企業は（文脈）価値を提供することはできず，（文脈）価値を提案することしかできない（FP7）。

上記のような特徴から，S-Dロジックは，顧客志向の再声明ではないことは明らかである（Vargo and Lusch [2006]）。顧客志向を強調するということは，その企業は，元来，グッズ中心の考え方に支配されていたことを暗示している。グッズ中心の考え方を持つ企業は，元来，生産志向や販売志向であるからこそ，顧客志向へと転換しなければ製品の販売を実現すること（交換価値の実現）ができず，結果として，企業を発展させることができなかった。このように，G-Dロジックには，生産志向，販売志向，顧客志向といった様々な志向が存在している。これに対して，S-Dロジックには，元来，顧客志向しか存在しない。そのため，（交換）価値が製品に組み込まれていると認識するG-Dロジックとは異なり，（文脈）価値が顧客との間でのサービス交換を通じて共創されると認識するS-Dロジックにおいては，企業はあえて顧客志向となることを強調する必要はない（Vargo and Lusch [2008a]）。

第4節　製品中心から顧客中心への転換におけるサービィーズの役割

前節で説明したように，従来の顧客志向とS-Dロジックはまったく異なるものであるが，S-Dロジックは，元来，顧客志向的であるという認識に至った経緯としてサービィーズ・マーケティングという副次学問の登場を指摘することができる。Vargo and Lusch [2004a] は，1980年代以降に4P's（製品，価格，プロモーション，プレイス）やミクロ経済学パラダイムに基礎を置かない独立した多くの参照枠組みが登場したことを認識し，それらには7つの思想ライン[1]があることを紹介しているが，これらの中で最も顕著なものとしてサービィーズ・マーケティングを挙げている。

図表6-1　グッズとサービィーズのマーケティング用語の対比

グッズ・マーケティング	サービィーズ・マーケティング
製品，生産，価値を付加する，販売する，流通チャネル，サプライチェーン	知覚品質，リレーションシップ・マーケティング，価値の共創，カスタマー・エクイティ

（出所）Vargo [2005] を基に作成。

Vargo［2005］は，グッズに焦点を当てた顧客志向とサービシィーズ・マーケティングが登場して以降のサービスに焦点を当てた顧客志向との違いを比較し（図表6-1参照），後者の観点からS-Dロジックの顧客志向について説明している。

図表6-1で示したとおり，グッズとサービシィーズの各々のマーケティング用語を比較すれば明らかなように，サービシィーズ・マーケティングの方が，より顧客に焦点を当てている。1950年代から60年代にかけて顧客志向の重要性が認識され，重視されたが，本来の顧客志向は，G-Dロジックを放棄することであったにもかかわらず，当時の顧客志向はG-Dロジックを修正すること（生産志向あるいは販売志向から顧客志向へシフトすること）が意図され，根本的なロジックそれ自体の転換を促すものではなかった（Vargo［2005］）。初期の顧客志向の時代では，価値に対する判断基準が二重に存在していた。すなわち，本来，顧客志向の観点に立てば，価値は顧客によって判断されなければならない。よって，企業は文脈価値を高めることに努力しなければならなかった。しかし，初期の顧客志向の時代では，企業は，製品に価値を付加すること（交換価値を高めること）を放棄せずに顧客志向（文脈価値を高めること）を追求していた。Vargo［2005］によれば，「この二重の価値基準は，良くてもせいぜい冗長的となり，最悪の場合には支離滅裂となってしまう」(p.43)（さらには，Vargo and Lusch［2006］pp.46-47を参照せよ）。つまり，初期の顧客志向の時代では，企業は顧客志向（文脈価値の向上）を標榜しながら，グッズに価値を付加していた（交換価値の向上）ということである。これを正当化するには，交換価値の向上が文脈価値の実現あるいは向上に寄与するものでなければならない。しかし，（文脈）価値は顧客によって独自にかつ現象学的に判断されるので（FP10），必ずしも，交換価値の向上が文脈価値の実現や向上に直接的に寄与するとは限らない。したがって，交換価値の向上が文脈価値の実現や向上に結び付くことを説明しようとすると，Vargo［2005］が指摘しているように冗長的になってしまう。また，交換価値向上のための取組み（グッズに価値を付加すること）が文脈価値の実現や向上に結び付かない場合，つまり最悪の場合には，G-Dロジックの下で顧客志向を追及するということは支離滅裂な主張である。これに対して，サービシィーズ・マーケティングの参照枠組みに基づ

いて顧客志向を主張あるいは追及する場合には、そのような二重の価値基準問題は発生しない。サービィシーズ・マーケティングにおける顧客志向は、顧客の知覚品質（すなわち、文脈価値）を高めることでしかない。

さらに、Vargo [2005] は、経済が発展し、より複雑になるにつれて、顧客は必ずしも製品それ自体を求めるのではなく、問題解決のための援助、夢の実現、もてなしを受けること、そして、自己概念を強化させることを求めるようになり、それによって、グッズの交換が目的ではなくなり、問題解決などのような目的を実現するための手段になると述べている。このように、サービィシーズ・マーケティングの登場とそれに付随する顧客中心性は、従来のG-Dロジックの下での顧客志向とはまったく異なるものである。S-Dロジックは、製品志向への事後的な対応として顧客中心的となることを追加するものではなく、元来、顧客中心的であり、顧客対応的なものである（Vargo [2005]）。

第5節　S-Dロジックと市場志向の接点

前節までで、S-Dロジックにおける顧客志向（FP8）と1950年代および60年代におけるG-Dロジックに基づいた初期の顧客志向との違いについて検討した。また、前節で紹介したとおり、S-Dロジックは1980年代以降に登場した4P'sやミクロ経済学パラダイムに基づかないプロセスに焦点を当てたマーケティングの思想ラインに基礎を置いている。そのうちの一つとして、市場志向という思想ラインがあり、S-Dロジックは、この市場志向を基礎として枠組みが構築されている。このようなことから、本節では、S-Dロジックと市場志向との間にどのような接点があるのかについて探索する。

Vargo and Lusch [2004a] は、「サービスを中心に据えた考え方（すなわち、S-Dロジック）は、顧客中心的であり、かつ、顧客駆動型である」(p.6) と説明している。さらに、彼らによれば、この説明は、単に顧客志向となること以上のことを意味しており、それは、顧客と協働すること、顧客から学習すること、そして、個々の動的な顧客ニーズに適応することを意味している（Vargo and Lusch [2004a] p.6）。

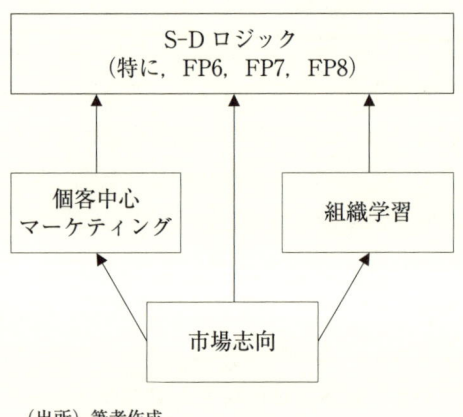

図表 6-2　S-D ロジックと市場志向の関係

```
        ┌─────────────────────┐
        │    S-D ロジック       │
        │ （特に，FP6，FP7，FP8） │
        └─────────────────────┘
          ↑         ↑        ↑
   ┌──────────┐         ┌──────────┐
   │ 個客中心   │         │ 組織学習  │
   │ マーケティング │       │          │
   └──────────┘         └──────────┘
          ↑                  ↑
            ┌──────────┐
            │  市場志向  │
            └──────────┘
```

（出所）筆者作成。

　上記のような Vargo and Lusch [2004a] による主張は，主に，FP6，FP7，そして，FP8 に反映されており，これらの FP の考え方は，1990 年代以降に出現した市場志向，個客中心マーケティング，さらには，市場志向の観点からの組織学習に基礎を置いている（Vargo and Lusch [2004a] p.6）。この関係は，図表 6-2 に示されている。

1．市場志向

　1950 年代あるいは 60 年代に強調された初期の顧客志向（あるいは，マーケティング・コンセプト）は，実際には，1970 年代まで懐疑的な態度で捉えられていた（Day and Wensley [1983]；Webster [1981]）。1970 年代前半の石油危機の影響により，ほとんどの企業は，短期的な財務成果や生産効率，販売志向といった他の志向によって支配されていた。

　しかし，1980 年代に入ると，再び，マーケティング・コンセプトに対して経営者や研究者たちからの注目が向けられるようになった。市場志向は，これら初期の顧客志向からの思想ラインを受け継いだものであるが，市場志向に

対するアプローチには2つのラインがある。この2つのラインは，Kohli and Jaworski [1990] と Narver and Slater [1990] の2篇の論文を起源とするものであり，後に，彼らの研究は，マーケティングの研究者たちの間において，市場志向研究の出発点と見なされるようになっている。前者のラインは，顧客に密着するという価値観および企業文化への注目とそれの実践に関するものである。そして後者のラインは，競争優位の源泉の探求に関するものである。

(1) 顧客志向の実践としての市場志向

上述の通り，1970年代は，短期的な財務志向や生産および販売志向が追及されていたが，1980年代における組織文化[2]への関心の高まりによって再び注目を受けることになった[3]。また，Webster [1988] は，1980年代に，多くの経営者たちがマーケティング・コンセプトの重要性を再確認していることを紹介し，顧客志向型企業を開発するための基本的な必要条件を示している。別の研究者たちは，マーケティングの分野において企業文化の研究に着手することの必要性を提案したり（Deshpandé and Webster [1989]），実際に市場志向型文化と事業パフォーマンスとの間のプラスの関係を経験的に証明したりした（Dunn et al. [1985]）。

このような状況の中で，Kohli and Jaworski [1990] は，マーケティング・コンセプトがマーケティング研究の土台であるにもかかわらず，その実践に関してはほとんど注意が向けられてこなかった点に着目し，それまでの過去35年間の文献レビューと62人のマネジャーに対するフィールド調査（インタビュー）を行ない，それを基に，マーケティング・コンセプトの実践を意味する市場志向という用語を用いて，その構成概念と命題一覧を提案した。彼らは，行動的側面から，市場志向とは「組織全体による現在および将来の顧客ニーズに付随する市場情報（market intelligence）を生成すること（generation），その市場情報を部門を越えて普及させること（dissemination），そして，その市場情報に対して組織全体で反応すること（responsiveness）」(p.6)であると定義した。このように，彼らは，経営哲学的な観点ではなく，具体的な行動に焦点を当てた。さらに，この市場志向は，二者択一的なもの（市場志向であるか否か）ではなく，その度合いに基づく連続体であると提案している。その後，彼らは，これ

らの構成概念と命題を用いて，市場志向と事業パフォーマンスとの間にプラスの関係があることを実証した（Jaworski and Kohli [1993]）。

(2) 競争優位の源泉としての市場志向

もう一方の市場志向へのアプローチは，企業の競争優位の源泉を探求する過程から生じたものである。実際に，戦略論においては，市場志向という概念が出現する以前に，企業文化が競争優位の源泉であるかもしれないという研究が進められていた（例えば，Biggadike [1981]；Barney [1986]）。

マーケティング研究の分野において，Day and Wensley [1983]；[1988] は，マーケティングにおける伝統的なパラダイムは競争力に対して明確な注意をほとんど向けてこなかったことを指摘し，競争上のポジションを評価するに当たっては，顧客に焦点を当てるだけでなく，競争業者にも焦点を当て，その両者をバランスさせることの必要性を強調した。また，Webster [1988] は，1970年代から80年代にかけて，企業の戦略計画の中では市場は競争業者の集合体であると定義されてしまい，顧客の存在が忘れ去られてしまったことを重大な問題として指摘した。

これらの状況の下で，Narver and Slater [1990] は，市場志向という企業文化が競争優位の源泉であるかもしれないと仮定した。彼らは，市場志向とは「買い手に対する優れた価値を創造し，それによって，自社に対して優れたパフォーマンスを持続させるために必要な行動をより効果的かつ効率的に生み出す組織文化」(p.21) として定義し，市場志向という組織文化と持続的競争優位，さらには，事業パフォーマンスとの間の関係について経験的に検証した。さらに，彼らは，前述の Day and Wensley [1988] や Webster [1988] の議論を踏まえて，市場志向は，顧客志向，競争業者志向，部門間調整という構成要素からなると提案した。Narver and Slater [1990] は，これら3つの市場志向の構成要素は，市場情報を生成して普及させる活動と，顧客価値の創造を調整する活動と関連があり，そのため，Kohli and Jaworski [1990] による定義とも一貫性があると主張した。彼らの実証研究の結果は，コモディティ品を扱う企業であれ，非コモディティ品を扱う企業であれ，市場志向は事業の収益性と強い関係があることを示していた。

2．個客中心マーケティング

個客中心マーケティングは，Sheth et al.［2000］によって提案された[4]。彼らによれば，個客中心マーケティングは，20世紀の製品志向，市場志向（Kohli and Jaworski［1990］；Narver and Slater［1990］）に次ぐ，21世紀における第3の志向であり（図表6-3参照），その背景として，彼らは，マーケティングの生産性問題，市場の多様化，新技術の適用可能性の増大を挙げている。彼らは，競争業者よりも早期に，かつ，積極的に個客中心マーケティングを採用する企業は，持続可能な競争優位を享受できると推察している。

Sheth et al.［2000］によれば，個客中心マーケティングは，個々の顧客や消費者のニーズ，欲求，資源を理解し，充足させることに主眼点を置いているが，ワン・トゥ・ワン・マーケティングやリレーションシップ・マーケティングとは区別される。ワン・トゥ・ワン・マーケティングは，製品あるいは提供物を個客に順応させることに焦点を当てているため，それらは，製品中心のアプローチであるが，個客中心マーケティングは，計画立案プロセスの出発点として，個客のニーズや欲求，あるいは，資源に焦点を当てている。また，リレーションシップ・マーケティングでは，効果的な実践のために個客を中心に据えた焦点が必要になるが，個客中心マーケティングは顧客の参画や相互作用のレベルが相対的に低いダイレクト・マーケティングによっても実現可能なので，個客中心マーケティングはリレーションシップ・マーケティングなしでも実践できる（Sheth et al.［2000］p.57）。

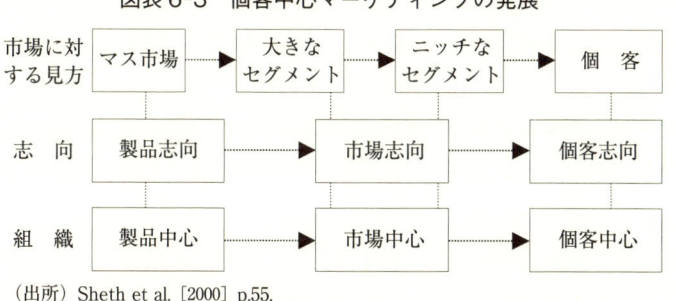

図表6-3　個客中心マーケティングの発展

市場に対する見方	マス市場 →	大きなセグメント →	ニッチなセグメント →	個客
志　向	製品志向 →		市場志向 →	個客志向
組　織	製品中心 →		市場中心 →	個客中心

（出所）Sheth et al.［2000］p.55.

個客中心マーケティングの目的は，個客レベルでのマーケティングの効率性と有効性の両方を同時に最大化することにある。この目的を達成するために，マネジャーには，以下の2点について意思決定することが要請される（Sheth et al. [2000]）。

▶各々の顧客を個別に評価し，その顧客に個別に対応するのか，あるいは，第三者を通じて対応するのか。

▶製品またあるいは他のマーケティング・ミックス要素をカスタマイズした提供物を創造するのか，あるいは，標準化された提供物を創造するのか。

　また，Sheth et al. [2000] は，個客中心マーケティングを導入することによる結果をいくつか挙げているが，その中で，特に，Vargo and Lusch [2004a] が参考にしたと想定されるものとして，以下の3項目が指摘できる。

　① 供給管理（supply management）としてのマーケティング職能

　伝統的なマーケティング・マネジメントにおけるマーケティング職能は，需要管理（demand management）と捉えられており，それは，主として，製品の売上高目標を達成するために，宣伝販売，クーポンの提供，価格変更を通じて需要を安定化させることにあった。これに対して，個客中心マーケティングでは，顧客が交換プロセスを駆動するようになり，そのため，顧客がマーケティング活動の出発点となることから，企業は，その需要に適合させるために，需要主導型の供給管理（例えば，ECR（効率的消費者対応）の活用）を行うことが中心的な職能となる。

　② 共創マーケティング（cocreation marketing）

　個客中心マーケティングでは，企業の職務遂行プロセス内で顧客が大きな役割を占めることになる。個客中心マーケティングにおいては，製品あるいはサービシィーズのデザイン，生産，消費といった諸側面について企業のマーケターとの相互作用に顧客が参画することになる。このことは，サービシィーズという無形財の交換だけに留まらず，有形なグッズの交換にも見られるようになる。したがって，共創マーケティングでは，協働，協力，コミュニケーションという概念がかなり重要となる。

　③ 個客中心組織（customer-centric organization）

個客中心マーケティングを実践する組織では，顧客が価値を付加する活動の周りにすべての企業活動を上手く配列することによって，すべての顧客接点活動を完全に統合することが重視される。個客を中心に据えた組織では，販売，マーケティング，顧客サービスといった職能を統合するだけでなく，マーケティング以外の職能までも統合することになる。

3．組 織 学 習

組織学習の研究は，マーケティング以外の学問分野において，市場志向の研究よりもかなり以前から行われているが（例えば，Argyris and Schön [1978]；Cyert and March [1963]；Fiol and Lyles [1985]；Senge [1990]），Hughes [2008] によれば，組織学習は3つの学派によって研究が進められてきた。経済学派（economic school）は，経験や継続的生産によって生じる学習に焦点を当てている。経営管理学派（managerial school）は，組織文化の変革を浸透させるという目的のために従うべき規範的ガイドラインを指し示している。そして，プロセス学派（process school）は，符号化や記憶の検索だけでなく，情報の収集，情報の普及，情報の活用という観点から組織学習を概念化している。Hughes [2008] によるこのような類型に基づけば，Narver and Slater [1990] は市場志向を文化として捉えており，他方で，Kohli and Jaworski [1990] は市場情報の生成，普及，反応として市場志向を捉えているので，マーケティングにおける市場志向の研究は，前者が経営管理学派，後者はプロセス学派に属するのかもしれない。

市場志向という観点からの組織学習に関する初期の研究には，Day [1994]；[1999]，Slater and Narver [1994]；[1995] が挙げられ，また，市場情報処理活動と組織学習という観点からは，Moorman [1995]，Sinkula [1994]，Sinkula et al. [1997] などの研究がある。とりわけ，Vargo and Lusch [2004a] は，Day [1999] と Slater and Narver [1995] の研究成果に着目している。Day [1999] は，「価値ある顧客について理解し，彼らを惹き付け，かつ，維持することに優れたケイパビリティを有する企業」（p.5）を市場駆動型企業（market-driven firm）として定義し，その具体的なケイパビリティとして，市場理解ケイパビ

リティ（market sensing capabilities），市場との関係構築ケイパビリティ（market relating capabilities），先見的戦略思考ケイパビリティ（anticipatory strategic thinking capabilities）を挙げている。そして，Day［1999］は，伝統的な階層組織の中での垂直的な機能管理ではなく，受注処理プロセスなどの水平的なプロセス管理で独自のケイパビリティを有することが競争優位につながると主張している。彼は，市場駆動型企業では，この水平的なプロセスが，顧客に価値を提供するための顧客との相互作用として確立されていると述べている。

図表6-4では，Day［1999］が提案した相互作用型の自己強化プロセスが価値サイクルとして示されている。まず，価値が定義され，次に，それに基づいて価値が開発され，そして，顧客に提供され，サイクルの最後には，提供した価値に対する顧客からの反応があり，その反応に基づいて，提供した価値を維持したり，あるいは，強化する活動へとフィードバックしたりする。その後は，そのフィードバックを反映させた価値が再定義され，再び価値が開発され，顧客に提供されることになる（Day［1999］pp.70-71）。Vargo and Lusch［2004a］は，これを基にFP7を規定した。

図表6-4　価値サイクル

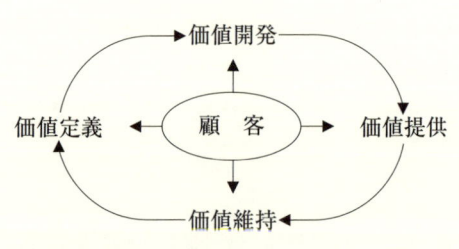

（出所）Day［1999］p.71.

他方，Slater and Narver［1995］は，企業が新たなナレッジを開発して行動を変革させるプロセスについて説明している。彼らは，「市場志向型文化は，企業家精神と適切な組織風土，すなわち，組織文化を操作するための組織構造，プロセス，インセンティブによって補完される場合にのみ，最大の有効性を達成できる。したがって，どのような企業であれ，最大の課題は，動的で混乱している市場において，優れた顧客価値をどのように創造するのかに関す

る組織学習を最大化するための文化および風土の組合せを創造することである」(p.63) と主張している。さらに，彼らは，この組織学習を「行動に影響を及ぼす可能性を持つ新しいナレッジと洞察を開発すること」(Slater and Narver [1995] p.63) と定義している。

彼らは，組織学習を2つのタイプに類型化し，さらに，その組織学習のプロセスを提案した。組織学習のタイプには，適応学習（adoptive learning）と創出学習（generative learning）があり（Senge [1990] p.14)，前者の適応学習とは，認識または認識されていない制約（図表6-5に示した学習境界線）の範囲内で行われる学習のことで（Argyris [1977] のシングル・ループ学習に該当する），後者の創出学習とは，自社のミッション，顧客，ケイパビリティ，あるいは，戦略について長期間保持されてきた前提に疑問を呈する時に行われる学習のことである（Argyris[1977]のダブル・ループ学習に該当する）(Slater and Narver[1995])。また，組織学習のプロセスについては，Sinkula [1994] の3段階からなる情報の収集，情報の普及，解釈の共有というプロセスを支持している（図表6-5参照）。

図表6-5　組織学習のプロセス

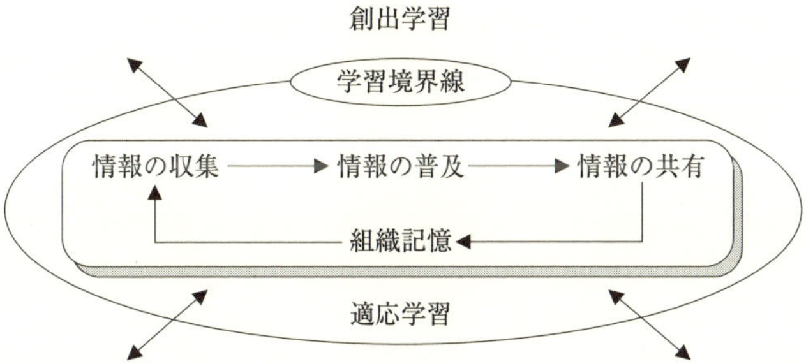

創出学習

学習境界線

情報の収集 → 情報の普及 → 情報の共有

組織記憶

適応学習

（出所）Slater and Narver [1995] p.66.

Slater and Narver [1995] は，新しい製品やサービィシーズを開発するということは，顕在的および潜在的なニーズを理解し，そして，効果的にそれらを充足することに焦点を当てることになるので，企業にとって，組織学習は価値のある活動であると述べている。そして，その組織学習を促進させる要素として市場志向型文化を提案している。彼らによれば，市場志向は組織学習の主要

な文化的基盤とされる。

　最後に，Vargo and Lusch[2004a]は，S-D ロジックは Teece and Pisano[1994]のダイナミック・ケイパビリティ論とも互換性があると述べている。その理由として，Vargo and Lusch [2004a] は，「新たに出現したサービスを中心としたドミナント・ロジックは，動的で，かつ，学習によって得られるコア・コンピタンスに中心的な焦点を置いているので，新たに台頭している企業論とも互換性がある」(p.6) と述べ，その企業論の例として，Teece and Pisano [1994] のダイナミック・ケイパビリティ概念を紹介している。Teece and Pisano[1994]は，「グローバル市場で勝者となっているのは，社内外のコンピタンスを効果的に調整かつ再配置させる経営ケイパビリティを有し，市場に対するタイムリーな反応と迅速かつ柔軟な製品イノベーションを市場に示すことができる企業であった」(p.538) と主張し，それらの能力をダイナミック・ケイパビリティと捉えている。Teece and Pisano [1994] は，このダイナミック・ケイパビリティは市場を通じて調達できないので，競争優位の源泉となり得ると主張している。ここで，ダイナミックという用語は「変化する環境特性」を表しており，また，ケイパビリティという用語は「変化する環境に対して社内外の組織的なスキル，資源，職能上のコンピタンスを適切に順応させたり，統合したり，さらには，再編成したりする戦略的経営という重要な役割」を強調している(Teece and Pisano [1994] p.538)。簡潔にいえば，ダイナミック・ケイパビリティとは「変化する環境に迅速に対応するために社内外のコンピタンスを統合したり，構築したり，さらには，再構成したりする能力」のことであり (Teece et al. [1997] p.516)，それは「コンピタンスやケイパビリティの副次集合であり，企業が新たな製品やプロセスを創造したり，変化する市場環境に反応したりすることを可能にするものである」(Teece and Pisano [1994] p.541)。

　このダイナミック・ケイパビリティは，企業の組織および管理のプロセス，競争上のポジション，そして，企業が将来について利用可能な経路 (path) の中に発見することができる (Teece and Pisano [1994])。このうち，S-D ロジックと関連の深いものとして，企業の組織および管理のプロセスが挙げられる。S-D ロジックとダイナミック・ケイパビリティとの関連性について Vargo and Lusch [2004a] も指摘しているように，学習プロセスを通じて獲得した新たな

行動パターン，ルーティン，あるいは，組織内の新しいロジックは，基本的には，市場を通じて獲得することが不可能なために他社に模倣されることがなく，競争優位としての役割を果たすダイナミック・ケイパビリティとなり得る。

第6節　おわりに

　本章では，S-Dロジックの概念枠組みの構築に当たって，市場志向がどのような基盤を提供しているのかについて考察した。市場志向は，G-Dロジックの時代の初期の顧客志向（あるいは，マーケティング・コンセプト）の実践を意味していたが，サービィシーズ・マーケティングの概念をグッズ・マーケティングにも組み入れることで，S-Dロジックに対してこの市場志向概念が適用され，すべての企業が「顧客志向になることの必要性を強調することを取り除くこと」（Vargo and Lusch［2008b］p.33）に至らしめた。本章のまとめとして，以下では，市場志向によるS-Dロジックの概念構築への貢献から導き出される含意について整理する。

1．顧客志向への完全移行

　S-Dロジックは，サービスを交換の中心に据えることによって，知覚品質，リレーションシップ・マーケティング，価値の共創，カスタマー・エクイティといった概念に重点を置いている。この発想は，1950年代から60年代（G-Dロジックの時代）に最初に出現した顧客志向と互換性があるが，G-Dロジックでは，製品志向（生産志向，販売志向）が残されたまま顧客志向が重視され，製品志向と顧客志向という両方の志向が併存していたのに対し，S-Dロジックには顧客志向という志向しか存在しない。Vargo and Lusch［2006］は，これについて，「消費者志向を強調することは，本来，G-Dロジックの近視眼的な志向がずっと続いてきた証拠である」(p.46)と皮肉交じりに述べている。サービィシーズ・マーケティングのこれらの概念に重点を置くことによって，グッズを交換の中心に据える製品志向とは異なり，S-Dロジックは，元来，顧客

中心的な発想であることを示唆している（FP8）。「S-Dロジックでは，すべての企業がサービス業である」（Vargo and Lusch［2006］p.47）。また，S-Dロジックでは，この顧客志向を実践するという点において，1990年代に出現した市場志向との間に接点を有している。

2．パーソナル化された価値の共創

S-Dロジックにおける価値共創（価値の共創と共同生産）という概念は，消費者が価値創造プロセスに取り込まれるという点において，消費者を内生的なものと見なしている（Lusch and Vargo［2006b］；Vargo and Lusch［2008b］）。これは，Sheth et al.［2000］が「サービシィーズだけでなく，有形なグッズの交換においても買い手側が交換プロセスを駆動し，売り手である企業との間で，デザイン，生産，消費の相互作用が行なわれる」（p.62）と主張する共創マーケティングと互換性がある。それは，Vargo and Lusch［2008a］の「顧客は常に価値共創者である（FP6）」という言葉に表れている。

さらに，Sheth et al.［2000］との接点という観点からは，個客中心マーケティングという発想はFP10とも親和性がある。S-Dロジックにおける文脈価値は，必然的に，顧客1人ひとり異なることを意味している。

3．仮説立案と検証のサイクル

S-Dロジックが想定している交換プロセスは顧客が文脈価値を知覚するまで継続するという点を強調するのは重要なことである。組織学習の観点からは，S-Dロジックでは，売り手と買い手との間での交換の相互作用は，売り手から見れば，顧客から情報を収集し，組織全体にその情報を普及させ，その情報に基づいて顧客の文脈価値を実現するような価値を提案して，その提案を顧客に受け容れてもらい，そして，その価値を顧客と共に創造するまでが1回の交換プロセスと捉えている。この交換プロセスに関して，Vargo and Lusch［2004a］が述べているように，「サービスを中心としたマーケティングの考え方においては，企業は，絶え間ない仮説立案と検証のプロセスの中にある」（p.6）。こ

の考え方は，Day [1999] や Slater and Narver [1995], さらには，Teece and Pisano [1994] の組織学習に基づいた価値提案と，それによる競争優位の獲得という発想と親和性がある。こうした点において，S-Dロジックは市場志向や学習する組織とも互換性がある（Vargo and Lusch [2004a] p.6)。しかしながら，企業は（文脈）価値を提供することはできず，（文脈）価値を提案することしかできない（FP7）（Vargo and Lusch [2008a]）ため，企業には，顧客が納得するまで繰り返し（文脈）価値を提案することが要請される。

本章では，主として，顧客志向の実践を意味する市場志向という経済的および社会的プロセスがS-Dロジックの概念枠組みの構築にどのように寄与しているのかについての考察を試みた。1990年代初頭に登場した市場志向概念は，その後，個客中心マーケティングへと発展し，また，他方では，組織学習との統合が試みられ，それらのエッセンスがS-Dロジックの基本的前提（FP)，とりわけ，FP6, FP7, そして，FP8の中に取り込まれている。これらの概念は，すべて，伝統的なマーケティング・マネジメント（4P's）やミクロ経済学パラダイムとは別の思想ラインであり，マーケティングの思想ラインが徐々にG-Dロジックから逸脱している様子を示している。

（注）
1) 7つの思想ラインとは，リレーションシップ・マーケティング，品質管理，市場志向，サプライチェーンおよびバリューチェーン・マネジメント，資源管理，ネットワーク分析，サービシィーズ・マーケティングである。
2) 本章では，組織文化と企業文化を同義として扱う。
3) Deshpandé and Parasuraman [1984] は，注目された組織文化の文献として，Deal and Kennedy[1982], Ouchi[1981], Pascale and Athos[1982], Peters and Waterman[1982] を挙げている。
4) Sheth et al. [2000] は，「customer-centric marketing は，マス市場や市場セグメントのニーズ，欲求，資源ではなく，個々の（individual）消費者や顧客のニーズ，欲求，資源を理解し，充足させることに主眼点を置いている」(pp.56-57) と主張しているので，本稿では，この観点を強調するために，顧客ではなく「個客」という用語を用いて，customer-centric marketing を個客中心マーケティングと表現する。これに伴い，個々の顧客を指し示す場合には，顧客ではなく個客という用語を用いることとする。

（田口　尚史）

第7章　S-Dロジックとネットワーク

第1節　はじめに

　ネットワークは，サービス・ドミナント・ロジック（以下S-Dロジックと略称）に影響を及ぼしたマーケティング論における7つの研究分野のうちの1つとされる。これらの研究は，1980年代以降4Pを基礎とせず，またミクロ経済学パラダイムに依拠しない準拠枠を持つという特質を共通して持っている。そこで本稿では，このネットワーク研究がどのようにS-Dロジックに影響を及ぼしたのかについて考察することが目的である。

　議論に入る前に確認すべきことがある。それはS-Dロジックにおける「ネットワーク」概念の意味する内容である。Vargo and Luschは，議論が進展するにつれてその意味内容を微妙に変えて用いているのである。Vargo and Lusch [2004] の議論では本人たちも認めるように，マネジリアルな視点に立脚しており（Vargo and Lusch [2006]），「ネットワーク」的な組織構造，つまり「ネットワーク組織」について主に言及していると考えられる（p.51）[1]。

　しかしながら，Vargo and Lusch [2006]；[2008a] は，Achrol and Kotler [2006], Arnould, Price, and Malshe [2006], Grönroos [2006], Gummesson [2006] の指摘を受けて，S-Dロジックにおけるネットワークおよびそれに付随する相互作用の影響力の範囲を修正し，さらに拡張を行っている。とりわけこの修正および拡張に強く影響を及ぼしたのは，ノルディック学派に属するGummesson [2006] の議論だと考えられる。

　Gummesson [2006] は，現代マーケティングにおける核となる変数として，「リレーションシップ」，「ネットワーク」，「相互作用」という概念をあげている。「リ

レーションシップ」とは，前提としてどのような形であれ，必ず存在するものとして考えている。そのため一時的に，もしくは長期間，時には生涯にわたって，人を結び付けるものとして必ずリレーションシップは存在している。そしてそのリレーションシップが，2人以上もしくは2つ以上の組織と関わる時，複雑なパターンが登場する。つまり，それこそがリレーションシップの「ネットワーク」であり，彼らはリレーションシップのネットワークを獲得するのである。さらに「相互作用」とは，リレーションシップのネットワークの中で発生するものとしている。

この様に Vargo and Lusch は，ネットワーク組織（2004年）における議論からノルディック学派（2006, 2008年）の議論へと「ネットワーク」概念の意味内容を修正および変更しているといえるのである。したがってこの点に注意しつつ彼らの議論を読み進めていく必要がある。

本稿では，Vargo and Lusch [2004a] が影響を受けたと明言する企業サイドの研究，すなわち Achrol [1991]，Webster [1992]，Achrol and Kotler [1999] を中心として，ネットワーク組織研究が S-D ロジックにどのようにインパクトを与えたかについて考察を行う。

そこでまず，最初にネットワーク組織の基礎的特質について考察を行う。次に，マーケティング論におけるネットワーク組織と S-D ロジックの共通点について考察し，そしてネットワーク組織研究が最も影響を及ぼしたと思われる FP4 との関係について考察を行う。最後に，2006年以降，S-D ロジックにおいてネットワークの影響力の範囲が拡張されている点について議論する。

第2節　ネットワーク組織の特徴

1．市場と内部組織

通常，経済学の理念型としての市場取引というものは，財・サービスのその時点での機能・性質に即した単発の取引という性質を持つものとされている。

そしてその選択は,「価格メカニズム」に基づいているといえる。そこでは,取引される財の同質性,多数の需要者・供給者の存在,情報の完全性,参入・退出の自由という条件の下,完全競争が繰り広げられているのである。

しかしながら,Coase [1991] は,そのような完全競争が繰り広げられるのであれば,「なぜ企業が存在するのか」という疑問を提唱し,市場を利用するに際しても何らかの費用がかかるのではないかという疑問に到達したのである。つまり,「交渉をしようとする相手が誰であるかを見つけ出すこと,交渉をすること,および,どのような条件で取引しようとしているのかを人々に伝えること,成約に至るまでに様々な駆引きを行うこと,契約を結ぶこと,契約の条項が守られているかを確かめるための点検を行うこと」(pp.8-9) といった「取引コスト」の存在である。その後,Williamson らによって取引コスト理論は,精緻化されることになるが,Willamson [1975] は,不確実性や外部性といった環境的条件だけではなく,「人間的要素」にも注目した。すなわち「限定合理性」と「機会主義」である。このような状況下で市場取引を進行させると,当事者は,双方の機会主義的行動に対処するために,情報収集活動や相互の監視活動のためにより費用がかさむ。そのため,さらに取引コストが増大し,それを回避するために市場取引に変わって内部組織が選択されるのである。

ただし,内部組織を選択する際にも,メリット・デメリットの双方が存在するために,市場と内部組織の選択は相対比較となる。Buzzell [1983] によると,内部組織のメリット・デメリットとは,以下の通りである (pp.93-94)。まず,メリットとして,①取引コストが削減可能となり,②仕入・販売活動における機会損失が減少し,確実な供給が保証される,③在庫・保管業務を中心とする物流業務のスムーズな調整が可能となる,④生産部門・研究開発部門と販売およびその他の部門との調整が進み,技術開発能力が高まる,⑤高いコスト・パフォーマンスにより,高い参入障壁が築ける,ということがあげられている。次にデメリットとして,①高い設備投資が必要性となり,②組織・設備の規模に応じた管理費用が発生し,③企業規模の肥大化による柔軟性が欠如し,そして④専門性の欠如があげられている。

2. 中間組織

今井［1982］らは，企業が拡張していく際には，必ずしも市場取引か，内部取引かの二者択一ではなく，両者の中間に位置するグレーゾーンの存在を考えることが有用であると述べており，そのグレーゾーンに位置し，緩やかな企業間関係を「中間組織」とよんでいる（pp.126-127）。また，「中間組織」が登場する理由として，市場と内部組織のどちらにも失敗する要因があるために，それを回避しつつ両者の長所を生かす手段として「中間組織」が選択されるのである。中間組織の具体例として，企業間の協調，連合，業務提携，系列，集団化などの緩やかな企業間結合をあげている。

Webster［1992］はそのグレーゾーンを企業間の結びつきの強度に着目し，その強度に応じて表出する組織構造，すなわち提携の種類を5つに分類した（図表7-1参照）。

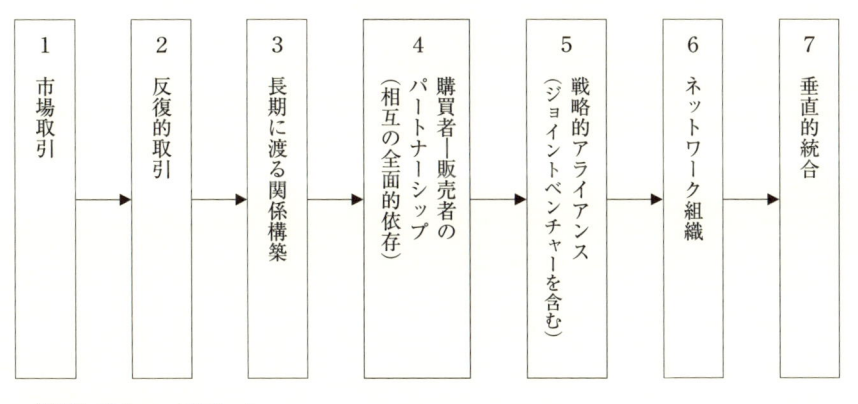

図表7-1　企業間の結びつきの強さ

1	2	3	4	5	6	7
市場取引	反復的取引	長期に渡る関係構築	購買者―販売者のパートナーシップ（相互の全面的依存）	戦略的アライアンス（ジョイントベンチャーを含む）	ネットワーク組織	垂直的統合

（出所）Webster［1992］p.5.

3. ネットワーク組織

Webster［1992］は，図表7-1において示されているように，中間組織の中

でも極めて垂直的統合に近くに位置するとされるネットワーク組織の特質について以下のように述べている（p.4）。階層性が「ピラミッド」であるのに対し，ネットワークは「ホイール」がその視覚的イメージとして最適であると述べている（図表7-2参照）。そのホイールは，ハブ（核となる企業）とリム（戦略的パートナー）をナレッジリンクとしてのスポークが両者を結び付けているのである。

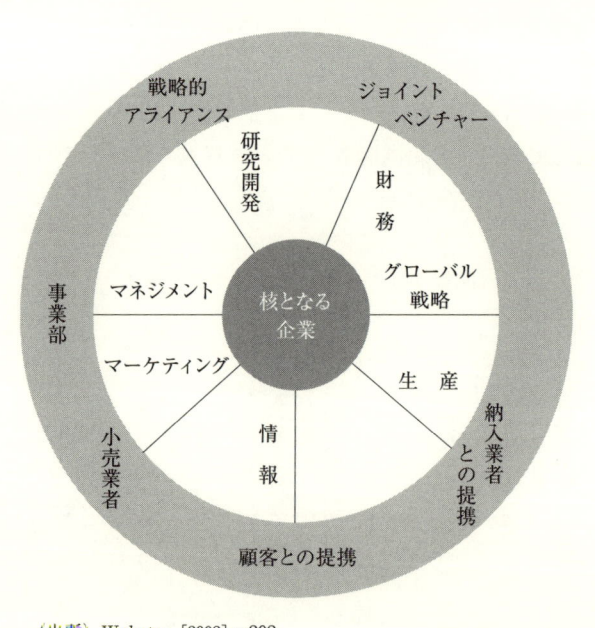

図表7-2　ネットワーク組織

（戦略的アライアンス／研究開発／ジョイントベンチャー／財務／グローバル戦略／生産／納入業者との提携／顧客との提携／情報／小売業者／マーケティング／マネジメント／事業部／核となる企業）

（出所）Webster [2002] p.202.

また朴［2003］は，ネットワーク組織の中心的性質として，「自律性」，「目的・価値の共有」，「分権性」をあげている（pp.15-20）。まず垂直的統合された階層的組織と識別されるネットワーク組織の特質として，自主的ユニットの自律的な繋がりがあげられる。ネットワークへの参加は，自主的で自律的に参加するのであって，強制や義務ではない。また，ネットワークでは多様な価値や個性を尊重し，常に可変的なプロセスを重視しているために，ネットワークでは，

多くの見解と観点の存在が認められる。そのため，動態的な関係構築が可能というメリットを持つが，同時にコンフリクトの原因ともなりうるのである。

　第2に，垂直統合された組織は，与えられた目的を達成するための管理されるシステムである一方，ネットワークは，一定の目的・価値を共有し，もしくは共感する自主的な人々が自律的にコミットメントし，協働するシステムである。そのためネットワークには，公式的な統制および調整システムではなく，政治的および準司法的なシステムによって管理されるのである。

　第3に，ネットワークも，階層性組織のようにいくつかのレベルをもち，部分と全体から構成されるのであるが，水平的な構造を有し，分権化を志向するシステムである。このことが意味するのは，構成員の誰でもリーダーになりうるし，また複数のリーダーが同時に存在しうるのである。リーダーは固定的ではなく，その状況下で最も適任者がリーダーとなる。これは同時に，構成員は誰もがネットワーク全体に対し責任を有することを意味するのである。ここで述べるリーダーとは，コーディネーターやファシリテーターとしての役割を果たすために，ネットワークでは，支配・服従関係ではなく，パートナーシップ関係が存在するのである。

　上記のような特質を持つネットワーク組織について，Achrol and Kotler [1999] は，以下のように定義している (p.148)。「ネットワーク組織とは，タスクもしくはスキルに特化した経済主体（独立した企業もしくは自治のある組織された単位）の相互依存の提携であり，それは，階層的コントロールなしに運営されるが，『メンバーシップ』の役割や責任を定義した共有された価値システムの中で，密集，水平的関係，相互依存，互恵性によって組み込まれる」。

第3節　ネットワーク組織研究とS-Dロジックの接点

　Vargo and Lusch [2004a] は，1980年代以降プロセスを重視し，経済学に依拠しない研究の特質は次の3点に要約できるとしている (p.1)。すなわち，①リレーションシップ，②価値の共創，そして③無形資源である。そこで本節では，ネットワーク組織研究もその1つとして位置づけられているため，これ

ら3つの特質からネットワーク組織研究を考察し，S-Dロジックとの接点について考察を行う。結論から先に述べれば，G-DロジックからS-Dロジックへの焦点の移行を特徴づけるこれら3つの特質（すなわち，取引からリレーションシップへ，組み込まれた価値から価値の共創へ，有形資源から無形資源へ）について，ネットワーク組織研究は，相対的には，有形資源から無形資源へと焦点を移転させることに大きな貢献をしている。以下，本節では，これら3つの特質とネットワーク組織研究との間の関係を検討することとする。

1. リレーションシップ

S-Dロジックにおけるリレーションシップとは，売り手の観点からの反復購買を目的とした長期的なリレーションシップの維持というアメリカでポピュラーな観点ではなく，ノルディック学派が主張する相互作用やメニー・トゥ・メニーという観点に近い（Vargo and Lusch[2008d]；さらに，S-Dロジックとリレーションシップの関係については第9章を参照されたい）。つまり，S-Dロジックにおけるリレーションシップとは，Gummesson[2004]が主張する現代マーケティングにおける中核変数（ネットワーク，相互作用，リレーションシップ）の内の1つと見なすことができるだろう（p.16）。

他方で，前節で考察したように，これまでのネットワーク組織研究では，主として，市場と階層性組織の中間，すなわち，中間組織形態でのネットワークに焦点が当てられていた。例えば，Webster[1991]は，この議論におけるリレーションシップとは端的に中間組織を指していると述べている（p.34）。つまり，ネットワーク組織研究においては，リレーションシップという概念は，市場取引や組織ではない取引関係の中で行われるものと捉えられていた。

2. 価値の共創

Vargo and Lusch[2004a]は，売り手（企業）と買い手（顧客）とが共に文脈価値を創造することを「価値の共創」と呼んでいる。彼らは，顧客もオペラント資源であると捉え，それらの顧客を価値創造プロセスに内生的なもの

と見なしている。この価値創造プロセスについて，Vargo and Lusch [2004a] は，Porter [1985] が提案するバリューチェーンにではなく，Normann and Ramírez [1993 ; 1994] が提案する価値星座（value constellation：価値群とも言う）という概念に依拠している（S-Dロジックとバリューチェーンおよびサプライチェーン・マネジメントの関係については第10章を参照されたい）。一方向的かつ逐次的なプロセスであるバリューチェーンとは異なり，S-Dロジックにおける価値創造プロセスでは，自社のほかに，まさしく星座の如く，供給業者，事業パートナー，顧客（あるいは，ユーザー）などが配置されることになる。S-Dロジックでは，これらのメンバーがネットワークのメンバーと見なされ，顧客も含めたこの価値創造ネットワークという文脈の中で，売り手（企業）と買い手（顧客）の両者によって文脈価値が共創されると捉えている（FP6；さらには，Lusch and Vargo [2006b]）。

他方で，マーケティングにおけるネットワーク組織研究では，主として，変化する外部環境に企業が柔軟に対応するにはどのような組織形態が適切なのかということに関心が置かれていた。そして，そのような変化する環境下では，階層性組織よりも柔軟なネットワーク組織の方が有効であるということを提案している。

3．無形資源

最後に「無形資源」である。コア・コンピタンスは通常無形資源の1つとして考えられている。そしてVargo and Lusch [2004a] は，S-Dロジックは，コア・コンピタンスの議論に依拠していると明言しており（p.5），この点にこそ，S-Dロジックとネットワーク組織研究との接点があると考えられる。

Achrol and Kotler [1999] は，ネットワーク組織は，今日の情報が氾濫し激烈なグローバル競争という環境に最も適した組織構造であると述べている（pp.146-147）。このような環境下では，イノベーションや柔軟性を重視することが求められる。そのために企業はコア・コンピタンスに関する資源に焦点を当てて，余分な活動をアウトソーシングすることで対処しようとする。ネットワーク組織とは，各企業の専門化が進展し，それらの企業どうしで相互依存す

ることによって，このような環境により良く対処しようとする組織形態であるといえるのである。

　専門化する際の中核として存在するコア・コンピタンスとは，Hamel and Praharad [1994] によると「顧客に対して，他社にはまねのできない自社ならではの価値を提供する，企業の中核的な力」と定義している（邦訳，10頁）。ここでの中核的な力とは，スキルやテクノロジーを指すのである。またPraharad and Hamel [1990] は,コア・コンピタンスの獲得と育成について「組織的な集団学習であり，とりわけ様々な製造スキルをいかに調節し，いかに技術の流れに融合していくかを学習すること」（p.82）であると述べており，プロセスを強く意識していることが分かる。

　既述したようにS-Dロジックは社会的・経済的プロセスであるのだが，Vargo and Lusch [2004a] は以下のようにも述べている。そのプロセスとは「主としてオペラント資源に焦点を当てており，当該企業はオペラント資源を用いて競争業者よりもよりよい価値提案をしようと励む」（p.5）ものであり，さらにS-Dロジックは，マーケティングを（オペラント資源を改善することを目指した）持続的な学習プロセスとして位置づけている。

　このように，S-Dロジックはコア・コンピタンスの議論に依拠していることが分かる。同時にコア・コンピタンスの議論が，S-Dロジックとネットワーク組織研究との媒介物となっていることも分かるだろう。そこで，次節では無形資源と関係が深いと考えられるFP4とネットワーク組織研究との関係について考察を行う。

第4節　S-Dロジックに対するネットワーク組織研究の影響

　ネットワーク組織研究が，明示的にS-Dロジックに影響を及ぼしたものの1つに，FP4の形成があげられるだろう。このFP4は，2008年に変更され，「オペラント資源は，競争優位の基礎的基盤である」となった。Vargo and Luschは，オペラント資源の中でも，特にナレッジを重視している。それは2008年の変更理由が，「オペラント資源」と「オペランド資源」を識別するコンセンサス

が十分に得られたためであり，「ナレッジ」を「オペラント資源」へと変更している(Vargo and Lusch[2008a])ことからも，容易にくみ取れるのである(p.6)。そこで，まずFP4の内容から吟味してみよう。

1．FP4の特質

　Vargo and Lusch [2004a] は，Mokyr [2002] の所説に依拠し，ナレッジについて以下のように述べている。ナレッジは，命題的ナレッジと規範的ナレッジから構成されている。前者は，抽象概念として一般化される一方，後者は，技術（techniques）と呼ばれる。そしてこの技術は，競争優位を獲得するために，存在物に使用されるスキルやコンピタンスである。そしてこの見解は，企業の生産における変化が，ナレッジやテクノロジーに依存しているという経済学的思想と一致すると述べているのである（p.9）。
　Quinn, Doorley, and Paquette[1990]は，「物理的設備（より優れた製品を含む）は，持続可能な競争優位をほとんど提供しない」(p.60) と述べており，持続可能な優位性は，通常，人間のスキル，ロジスティックス・ケイパビリティ，ナレッジ基盤，もしくは競争業者が再生産できないような他のサービス力に特化することから獲得されるのである。同時にその優位性は顧客に対してより多くの実現可能な価値を届けるということを意味するのである。
　またNormann and Ramírez [1993] は，「競争優位の唯一の真の源泉とは，全体的な価値創造システムを創造し，そしてそれを稼働させるための能力である」(p.69) と述べている。
　さらにDay [1994] は，市場感知 (sensing)，顧客関係性構築 (linking)，そしてチャネル構築 (bonding) といったようなケイパビリティもしくはスキルの観点から競争優位について議論をしている。
　Barabba [1996] は，以下のように述べている。マーケティングに基づいたナレッジや意思決定は，コア・コンピタンスを提供し，「そしてそれによって，当該企業は競争優位を獲得する」(p.48) のである。
　これらの研究を鑑みて，Vargo and Lusch [2004a] は，「オペラント資源，とりわけナレッジおよび知的コンピテンスの使用が，競争優位とパフォーマン

スの中心部に位置している」(p.9) と主張しているのである。

2．ネットワーク組織におけるコア・コンピタンスとしてのマーケティング

(1) ネットワーク組織におけるマーケティングの役割

　ネットワーク組織の基本的特徴は，図表7-2で示したように連合組織であり，ハブから方向を示された緩くて柔軟な提携構造を持つ。そのような新しい組織形態においては，Webster [1992] は，マーケティングを3つに区分して考える重要性について述べている (pp.10-12)。すなわち企業レベル，事業レベル，業務レベルである。各レベルでのマーケティングの役割を見てみると，企業レベルでは，①市場の評価，②顧客志向の推進，③企業全体におよぶ価値命題の構築および市場に対する表明があげられる。次に事業レベルでは，①市場細分化，ターゲティングおよびポジショニングの実行，②当該事業に対する価値命題の構築，③事業単位のためのパートナー戦略の構築である。そして業務レベルでは，①マーケティング・ミックスや，②顧客および再販売業者とのリレーションシップ管理である。

　さらにWebster [1992] は，ネットワーク組織において企業レベルと事業レベルのマーケティングの役割を特に重視している (pp.10-12)。同時にそれらのレベルでの管理者の果たす役割の重要性も強調している。企業レベルのマーケティング管理者は，顧客および企業の意思決定において，顧客を最重要視する価値や信念の支持者として行動し，組織文化の一部として価値命題を社内やネットワークパートナーに伝達することである。事業レベルでのマーケティング管理者は，市場において獲得されるべきマーケティング機能と活動の決定，そして戦略的パートナーと自社内で行う役割の振り分けに対し責任を持つのである。

(2) オペラント資源としてのマーケティング

　S-Dロジックは，オペラント資源，特に競争優位を得る鍵として，より序列の高いコア・コンピタンスを明確にすると，Vargo and Lusch [2004a] は述

べている (p.12)。この言明が示唆するのは，製品を媒介するかしないかは問わず，資源とは，消費者に望まれた便益を提供するために開発され，そして調節されなければならないということを示すのである。これは，Praharad and Hammel [1990] が述べるコア・コンピタンスを特定する第2条件の「最終製品は顧客にもたらす価値に貢献するものでなければならない」(p.84) と一致する。

また，Praharad and Hammel [1990] は，コア・コンピタンスが，スキルやノウハウの融合の中に存在するのであれば，同時に組織内部の諸機能の調整を図り，その価値観を組織全体に浸透させ，さらに社会にも発信することが重要であると述べている (pp.80-82)。

これらのことを実現するためには，Webster [1992] が述べたように，マーケティングが従来議論されてきたような業務レベルだけではなく，企業および事業レベルの役割を実行し，また各レベルの人員のスキルを活用することが非常に重要である。

さらにネットワーク組織の文脈では，どのような大規模の企業であったとしても自らの核となる活動により焦点を当て，そして専門化するようになる。このことによって企業は，自社のコア・コンピタンスとは何かについて注意深く考えることを要求されるのである。そして企業の専門化が進展するにつれて，コア・コンピタンスではない機能は徐々にアウトソーシングされるようになる。すると高度に専門化した個々の企業を取りまとめるためにネットワークのハブの役割を遂行する企業が必要となる。Achrol [1991] は，このハブとなる企業を「組織横断企業」と述べている (pp.87-88)。この組織横断企業は，ネットワークの形態に応じて「マーケティング交換企業」か，もしくは「マーケティング提携企業」がその役割を果たすのであるが，特筆すべき点としてどちらの場合であっても，マーケティングの全機能を有しているというのである。さらに Achrol and Kotler [1999] は，ネットワークは機能的に専門化され，非公式な権威構造によって関係づけられた企業間で事業機能を分配しているので，ネゴシエーション，組織間調整，そしてコンフリクト管理におけるマーケティング能力が強調されると述べている (p.147)。つまり，ネットワークのハブとなる企業は，マーケティングをコア・コンピタンスとする企業であるといえるので

ある。

　Day［1994］が述べたように，ネットワーク組織において最も成功する企業とは，マーケティングをコア・コンピタンスとする企業である。このようにネットワーク組織研究においてマーケティングは無形資源として最重要視されており，これらの議論がFP4に及ぼした影響は多大なるものと考えられる。

第5節　おわりに

　本稿ではVargo and Lusch［2004a］がネットワーク組織研究から影響を強く受けたと考えられる「無形資源」，特にFP4「オペラント資源は競争優位の源泉である」を中心として考察を行ってきた。ネットワーク組織研究では，マーケティングをコア・コンピタンスと考えており，S-Dロジックに多大なる影響を及ぼしたと考えられるのである。

　本稿ではこれまで企業サイドの「ネットワーク」について議論してきたのだが，冒頭でも述べたように，ノルディック学派における「ネットワーク」の議論もS-Dロジックには多大なる影響を及ぼしていると考えられる。そこでノルディック学派が「ネットワーク」に影響を及ぼしたと考えられる点について言及することで，おわりのかわりとしたい。

　既述したようにGummesson［2006］を中心とする様々な研究者からの指摘を受けて，Vargo and Lusch［2006］；［2008a］は「ネットワーク」の取り扱いを変更している。2008年の修正後では，これらの影響を受けネットワークおよび相互作用はS-Dロジックの中心的な役割を果たすと結論付けているのである（Lusch and Vargo［2006］p.285; Vargo and Lusch［2008a］p.3）。従来，S-Dロジックにおけるネットワークや相互作用は，考慮の対象外に存在するのではなく，暗示的な取り扱いに限定されていたと結論付けている（Vargo and Lusch［2008a］p.3）。

　そこで特にネットワークを暗示的に取り扱っていたとするFP2，9の取り扱いの変化について考察をしてみよう。ネットワークの拡張された対象として，まずFP2「間接的交換は交換の基礎的基盤を見えなくする」があげられる。こ

のFP2は間接的な交換によって，専門化されたスキルを1対1で行われる交換の本質が隠されてしてしまうことを述べているものである。長い年月を経て市場ではなく内部取引，すなわち垂直統合された階層性を用いて専門化されたスキルを交換するようになったのであるが，その階層組織内では，さらにミクロ的な分業化が進展したために，その専門家達は顧客と相互作用せず，また彼ら自身だけでは製品を完成に至らないといった状態になる（Vargo and Lusch [2004a] p.8）。

しかし前述したように，近年の激烈な競争環境下では階層性では十分に対処できないために，ネットワークへとその組織形態を発展することによって対処しようとするのである。つまり近年における「間接的交換」とは階層性ではなくより複雑なネットワークを経由して行われると考えられるのであり，ネットワークによって交換の特質が覆い隠されていると考えられるのである。この点でノルディック学派の影響があったと考えられるであろう。

次にFP9である。修正前（2006年）のFP9「組織は，ミクロに専門化されたコンピタンスを市場で求められた複雑なサービスに統合したり変換するために存在する」においては，「ネットワーク」は暗示的にしか示されていないと，Vargo and Lusch [2008a] は主張している（p.3）。しかしながら，修正後（2008年）のFP9「全ての社会的行為者と経済的行為者は資源統合者である」においては，すべての社会的および経済的行為者として，個人，家庭，企業，国家などにまで拡張され，彼らの持つネットワークにも着目しているのである。つまり実際にはどの様な社会的および経済的行為者にもネットワークが存在するものと想定し，それを全面に打ち出されたものへと変更されている。

そしてS-Dロジックはマーケティングを社会的および経済的プロセスとみなしており，そのプロセスこそ，相互作用が中心的概念として存在すると，Vargo and Lusch [2006] は述べている（p.285）。さらにそのプロセスでは上記FP9の定義のように，価値創造は資源を統合し変形するプロセスであるいう概念を包含している。つまりそのプロセスの持つ特質こそ，Vargo and Lusch [2006] が相互作用とネットワークを示唆するものであると主張する根拠になっているのである（p.285）。

このようにネットワーク組織研究だけではなくノルディック学派流のネット

ワーク研究もS-Dロジックに対し多大なる影響を及ぼしているといえるのである。

(注)
1) 企業サイドの「ネットワーク」であることには違いないのだが,Vargo and Lusch [2004a] においても,「ネットワーク分析」[p.3] や「ネットワーク管理プロセス」[p.4] というように,対象については多少ブレがある。しかしながら,彼らが社会的・経済的プロセスとして多大なる影響を受けたとする「ネットワーク」研究(Achrol [1991] ; Webster [1992] ; Achrol and Kotler [1999]) は,どれもネットワーク組織を対象としている。そこでVargo and Lusch [2004a] における「ネットワーク」は本稿では一括して「ネットワーク組織」研究とする。

(平安山　英成)

第8章　S-Dロジックと資源管理

第1節　はじめに

　Lusch and Vargo [2006a] が主張するように，サービス・ドミナント・ロジック（以下 S-D ロジック）において資源の概念は重要な役割を果たす。彼らによると資源はオペランド資源とオペラント資源に分類され，特に S-D ロジックにおいては，オペラント資源の重要性を強調する。特に，彼らが，サービスを「他者あるいは自身のベネフィットのために，行為，プロセス，パフォーマンスを通じて，専門化されたコンピタンスを応用することである」(Vargo and Lusch [2004a] p.2) と定義する際に，このプロセスで交換されるものこそ，ナレッジやスキルといったオペラント資源であると主張する。

　本章では，はじめに，S-D ロジックにおける資源の概念に強く影響を与えたと思われる Constantin and Lusch [1994] によって主張される資源管理の議論に焦点を当て，そもそも，彼らがなぜ資源をオペランド資源とオペラント資源に分類したのかを考察する。次に，S-D ロジックにおいてオペランド資源とオペラント資源の分類がどのような役割を果たすのかを議論する。S-D ロジックは，交換におけるレンズを提案すると主張するため，S-D ロジックにおけるオペラント資源を中心とした見方はどのように交換を見るレンズを変えるのかを議論する。最後に，「オペラント資源は競争優位の基本的源泉である」という S-D ロジックの基本的前提 (FP4) に基づいて，リソース・ベースト・ビューそして組織の資源を競争優位の源泉に求めるマーケティングの議論と S-D ロジックとの類似性を考察する。

第2節　S-Dロジックにおける資源の概念

　Vargo and Lusch［2004a］は，資源の分析において，Thomas Malthus［1798］の研究にまで遡る。Malthusにおいて『資源』は，人間が生活の手段のために利用する天然資源を意味しているために，静態的な物質であると主張する。しかし，過去50年にわたって，資源の概念は変化しており，『資源』とは物質だけではなく，人間の発明の才能や評価についての無形で動態的な効用としてもみなされるようになり，それは，マーケティングの新しい支配理論を見るためのフレームワークを提供するのを促すと主張した（Vargo and Lusch［2008］p.2）。

　Vargo and Luschが，このように資源を捉える背景には，資源に対して物的資源だけでなく，より幅広い概念で捉えようとするものであるが，この考え方に強く影響を与えたと考えられるのが，Constantin and Lusch［1994］によって展開された資源管理の考え方である。彼らは，資源管理の基礎となる前提として図表8-1に示される前提を提唱した。彼らは，資源管理を「内外の環境に直接的に関連する可視的，不可視的な資源によって組織を駆動するマネジリアルな資源システムである」（p.34）と主張する。

図表8-1　資源管理の基礎となる前提

前提1	組織の資源は，人々やアイデアを中心に据える，一括の可視物，不可視物である。
前提2	環境的な資源システムの効果的な管理は，組織の目標を達成するための手段を提供するために，物的資源と文化的資源の束の2種類の管理が必要となる。
前提3	経営管理的な要因と文化的な要因は，資源の利用可能性に影響を与える。
前提4	需要の状況とノートの状況は，資源管理を駆動する。
前提5	資源管理は，機能の管理である。
前提6	資源管理は，環境の管理である。
前提7	比較優位は，競争劣位を導くかもしれない。

（出所）Constantin and Lusch［1994］の基本的前提を基に筆者作成（pp.34-57）。

1. 資源管理の基本的前提

　以下では，資源管理の前提を概略[1]し，S-D ロジックとの関連を考察する。特に，資源管理の概略を説明することで，S-D ロジックにおいて重要な概念である「オペランド資源」と「オペラント資源」をなぜ分類する必要があるのかを考察する。

　前提1は，資源に対する狭い見識に対して，「社会の目的を達成しようとするすべての要素」として捉えられるべきであると主張するものである。つまり，彼らは資源を可視物だけでなく，不可視物も含むものと捉えることで，単一の資産としてではなく，資源を創造する相互作用システムとして捉えることができると主張する。この相互作用は，ヒトが個別の欲求を満たすことや，社会的な目的を達成することのような与えられた目標を達成しようとするときに存在する。

　前提2は，環境的な資源システムの効果的な管理は，組織の目的を達成するために提供される資源における2種類の管理が必要とされるということを主張する。彼らによると，資源は物的資源と文化的資源から構成される。これら2種類の資源は，相互依存的である。この区別の基礎には，物的資源が，操作される，あるいは使用される物的な可視物であり，文化的資源が，物的資源を操作，使用するために応用される文化的で不可視的なスキルである。この区別は，まさにオペランド資源とオペラント資源の区別であり，このように資源を区別することで，それぞれの資源の目標の違いが明確になる。

　物的資産によって達成させられる目的とは，獲得のプロセスを通して用いられる。文化的資源は，入手，あるいは，獲得可能でなければならない一方で，それらの目的は，組織の目標を達成するために物的資源の使用と統制をすることである。つまり，「一方の目的が，効率的，そして効果的に資源を獲得することであり，もう一方の目的は，それらを効率的，そして効果的に使用することである」(p.38) と主張する。

　このように資源を分類する理由として，彼らは2つの理由を述べる。1つは，資源の2つの側面における性質の違いを強調するものである。そしてもう1つは，文化的資源は競争する2つの組織のパフォーマンスの違いを導くというこ

とを強調する。

　前提 3 は，組織における資源は，静態的ではなく，むしろ動態的であるということを主張する。彼らによると，資源は，動態的で機能的な概念であり，資源が「中立の材料」と妨害を需要を満たす資源へと変えることができる。つまり資源は需要と人間の文化に適応するまで拡張，そして，縮小するということを意味する。そのため，資源は，ヒトがそれらを経済的，そして社会的に使用する直前まで，資源ではないということになる。

　前提 4 は，需要の状況とアートの状況[2]は，資源管理を駆動すると主張する。需要の状況は，衣食住に対する基本的な人間のニーズの表現から，最新の財やサービスを生み出すことに帰着する個別的な需要によるニーズへの拡張へと多岐にわたる。アートの状況は，技術的，そして社会的組織を扱う人間の能力の達成のレベルを意味する。

　マーケティング資源は，需要を識別，創造し，満たす中で，需要の状況と深く関連する。さらに，マーケティング資源は，需要と供給が調和するようにアートの状況の当該の要素を仕立て上げる以上のことをする。したがって，マーケティング資源は，市場と組織の目標を達成するために枢要な位置を占有している。それらの資源が市場に満足を提供した時（ユーザーの目的を達成した時），それらは，その組織の目標を達成するのに貢献する主要な要因となる。マーケティングの枢要な位置づけの理由で，マーケティング資源管理コンセプトは，組織における資源ベース戦略の基盤を拡大し，強化すると彼らは主張する。

　前提 5 は，資源管理における主要なミッションは，与えられた目標を達成するために，機能や資源パッケージ，あるいはシステムを管理することであると主張する。そのため活動，タスク，あるいは「ヒト，カネ，機械」のマネジメントは，よくてもこの主要なミッションに副次的である。

　前提 6 は，経営管理的な責任は，環境を管理することにおいて，以下の 3 つの基本的な活動が中心となると主張する。①製品それ自体と同様に，その製品が顧客に届けられるために必要となるプロセスも同様に関連付けられる，②それらは，顧客サービスと関連付けられる，③それらは，マネジリアルなイノベーションに関連付けられる（p.50）。これらの活動は，文化の環境への適応，組織の環境への適合，そして環境と組織ニーズの適合を含む。この前提は，その役

割を果たす管理機能は，機会を発見し活用するために問題を発見し，解決するために，そして，変化を管理するために資源を獲得し管理することであるという信念に基づいている。

　前提7は，他の6つの前提の概念的な，そしてオペレーショナルな特徴から起因し，統合する。それに加えて，絶対優位と比較優位の原理を用いられる方法を選択するための基盤を提供する前提である。前提7は，総合的な前提であると彼らは主張する。

　この前提は，絶対優位，あるいは，比較優位は，逆効果をもたらすか，もしくは，破壊的であるということを基礎に資源の配分に優先順位を設定する。絶対優位と比較優位は，make or buy の意思決定に関する有用な手助けとなる。コア・コンピタンスは，この種の意思決定にとって重要である。コア・コンピタンスは，まだ具現化されていないものも同様に，現在生産されている幅広い製品を生み出す，技術と高度な専門知識の源流となる。コア・コンピタンスは，組織の異なる部門の異なる人々の様々なスキルの調整を可能にする組織における集団的な学習であるとみなされる。

　このことは，コア・コンピタンスは，組織の資源であり，1つの部門，製品グループ，そして，SBU に所有されないということを意味する。次に，それらのすべての企業は，その考え方，努力，そしてロイヤリティにおける伝統的な組織の境界を超越する事が要求される。様々なレベルの人々，機能，あるいは活動が巻き込まれるので，効率的な組織に広がるコミュニケーションは，活動の調整を保証することと，コア・コンピタンスを高める必要がある。

2. 資源管理とオペラント資源

　以上に示されたのが Constantin and Lusch [1994] によって提案された資源管理の基礎的な前提である。前提2に見られるように，彼らは，すでに資源をオペランド資源とオペラント資源に分類している。前提1において，彼らは資源をより幅広い視野で考えることを提案している，そして，前提2において，これらの資源を物的資源（オペランド資源）と文化的資源（オペラント資源）に分類している。前述したように，この分類は，それぞれの資源における目的

と役割の違いを明確にする。この目的における違いを明確にすることこそ，資源管理において，彼らがオペランド資源とオペラント資源を分類した理由であると思われる。

　さらにこのような区別は，品質の違い，コストの違いを説明する際に重要になると彼らは主張する。例えば，ある機械の品質は，より良い品質の原材料やより良い品質の機械を含む様々な要因によって説明されるかもしれない。より低いコストもまた，一般的により良い労働者，より良い工場のレイアウトやデザイン，効率的な在庫管理，従業員のより効率的な管理などを含むいくつかの要因によって説明されるかもしれない。

　同品質の物的資源（オペランド）を与して，文化的資源（オペラント）の品質とそれらの使用，そして資源を用いるための本質的な妨害は，パフォーマンスにおける品質の差異を説明する。2つの組織が競争する中で，劣った品質の物的資源を有し，そして優れた文化的資源を有する企業は，もう一方の企業より効率的，あるいは，有効的に活動する。それ故，「少なくとも資源における3つのタイプの品質，つまり，物的（オペランド），文化的（オペラント），そして文化的資源の応用（オペレーション）が評価されなくてはならない」(Constantin and Lusch [1994] p.38) と彼らは主張する。

　以上のように，彼らがオペランド資源とオペラント資源を区別するとき，資源に対する狭い見識への否定から始まり，資源をオペランド資源とオペラント資源に分類することで，それぞれの資源の役割を識別し，この役割の識別が，資源に対するより広範な考え方と，ある企業の財務成果の差を明確にすると主張する。

　次節では，Vargo and Lusch [2004a] によって分類された，オペランド資源とオペラント資源について議論し，競争優位の源泉としてのオペラント資源について議論する。

第3節　S-Dロジックとオペラント資源

　S-Dロジックは，マーケティングにおいて支配的なモノ中心の視点は，サー

ビスの役割の完全な理解を妨げるだけでなく,一般的なマーケティングの完全な理解をも妨げるとし,マーケティングは,有形の生産物と不連続な取引が中心であるモノ支配的な視点から,無形,取引プロセス,そしてリレーションシップが中心であるサービス支配的な視点へと移行している(Vargo and Lusch [2004a] p.2)と主張する。

Vargo and Luschによると,マーケティングをS-Dロジックへと向けて前進させるためには,競争優位とパフォーマンスに影響を与える不可視的で動態的なオペラント資源をマーケティングの中心に据えることを必要とする。つまり,オペランド資源とオペラント資源を区別し,マーケティングは,競争優位をもたらすオペラント資源のような専門化されたスキルとナレッジに焦点を当てなければならない。

Constantin and Lusch [1994] において,オペランド資源は,「効率を生み出すために操作が施される資源」であると定義づけられる。それらは,基本的に「ハード」資源であり,人々,お金,機械,そして原材料のような物的資源であり,あるいは,製品を流通させる卸売業者のような機関である。オペランド資源として,人々は製品を生産するために原材料に操作を施す機械を操作する。

さらに,オペラント資源について,「効率を生み出すために他の資源を操作する資源」であると定義づける。それらは,基本的に「ソフト」資源であり,ナレッジ,スキル,技術のような文化的な資源,あるいは,人々,お金,機械,そして原材料を使用するためのコンセプト,あるいは,小売業者のような機関に関連するスキルやコンセプト,そして情報などを含む。Vargo and Lusch [2004a] は,オペランド資源からオペラント資源への視点の移行を次のように表わしている。

文明化の多くの間,人間の活動は,土地,動物の生命,植物の生命,鉱物,そして,天然資源に作用することに主として関心があった。それらの資源は,有限であるために,天然資源を所有する国家,クラン,種族は,裕福であると考えられた時代に,グッズ・ドミナント・ロジック(以下G-Dロジック)が開発され,オペランド資源が主要であると考えられていた。企業は,生産(主にオペランド資源)やテクノロジー(オペラント資源)の諸要素を所有しており,

そしてそれらは，当該企業が低コストでオペランド資源を生産物へと変化させる点で価値を有する（Vargo and Lusch［2004a］p.6）。

以上のように分類されるオペランド資源とオペラント資源であるが，それらの違いは，①意思決定や政策に関する分析におけるそれぞれの資源の違い，②定義，特徴，そして，使用における違い，そして，企業の選択の違いを明示的にする。

ところで，S-Dロジックは，交換における新たなレンズを提案すると主張するが，上記のようにオペランド資源とオペラント資源を区別し，特にオペラント資源の重要性を強調することで，S-Dロジックにおいて交換されるもの，財の役割，消費者の役割，価値の定義と意味，企業と消費者の相互作用，そして，経済成長の源泉などの見方がG-DロジックとはA異なって見えてくる。図表8-2は，オペランド資源とオペラント資源を区別することで，G-DロジックとS-Dロジックの違いを示すものである。

はじめに，S-Dロジックにおいて交換されるものは，財ではなく，専門化されたコンピテンス，つまりオペラント資源である。つまり，S-Dロジックにおいて，マーケティングは，継続した一連の社会的，および経済的プロセスであり，そのプロセスは，当該企業が競争業者よりもより良い価値提案をするために，絶えず努力しているオペラント資源に焦点を当てている（Vargo and Lusch［2004a］p.6）ため，交換されるものが財ではなく，オペラント資源ということになる。この考え方は，FP1と一致する。

交換されるものがオペラント資源であるという見方では，財の役割も変わってくる。S-Dロジックにおいて，財とは，最終製品ではなく，むしろオペラント資源を伝達するものとして捉えられる。そして，価値創造プロセスにおける道具としての他のオペラント資源に使用される中間製品である（FP3）。顧客の役割は，財の受益者ではなく，サービスの共創者であり，マーケティングは，顧客との相互作用を扱う（FP6）。そのため，消費者は，価値創造プロセスにおいて重要な役割を果たす。つまり，価値は生産者によってではなく，消費者の文脈における価値によって知覚され，決定される（FP10）。そして，顧客は主にオペラント資源とみなされ，顧客は関係的な交換と共同生産に関係する行動をとる（FP8）。

図表 8-2　G-D ロジックと S-D ロジックの違い

	G-D ロジック	S-D ロジック
交換の主な基盤	人々は財を交換する。それらの商品は，主にオペランド資源になる。	人々は，専門化されたコンピテンス（ナレッジとスキル），またサービスのベネフィットを得るために交換をする。ナレッジとスキルはオペラント資源である。
財の役割	財は，オペランド資源であり，最終製品である。マーケターは，その形態，場所，時間，そして，所有を問題とする，あるいは交換する。	財は，オペラント資源を伝達するものである（埋め込まれたナレッジ）；財は，価値創造プロセスにおける道具として他のオペラント資源（顧客）に使用される中間製品である。
顧客の役割	顧客は財の受益者である。マーケターが消費者に対して行うことは，セグメント，浸透させること，流通させること，促進することである。消費者はオペランド資源である。	顧客はサービスの共同生産者である。マーケティングは顧客と相互作用するプロセスである。顧客は主にオペラント資源である，時々オペランド資源として機能する。
価値の定義と意味	価値は生産者によって決定される。それはオペランド資源（財）を具体化する，そして『交換価値』として定義される。	価値は，消費者の文脈価値に基づいて知覚され，決定される。価値は，オペランド資源を通して変形させられるオペラント資源の有効的な応用に起因する。
企業と消費者の相互作用	顧客はオペランド資源である。顧客は資源に関する取引を創造することに影響する。	顧客は主に，オペラント資源である。顧客は関係的な交換と共同生産に関係する行動をとる。
経済成長の源泉	富は過剰な有形資源と有形財から得られる。富はオペランド資源の所有，統制，そして生産から構成される。	富は専門化されたナレッジとスキルの応用と交換を通して得られる。それはオペラント資源の将来の適正な使用を表す。

（出所）Vargo and Lusch [2004a] p.7.

　以上のように，オペランド資源とオペラント資源の分類は，意思決定や政策に関する分析におけるそれぞれの資源の違い，そして，定義，特徴，そして，使用における違いを明示するだけでなく，S-D ロジックにおける様々な概念

の特徴を理解するのに貢献する。オペラント資源に着目することで，交換されるものや，財の役割など，S-Dロジックのレンズで見た交換を示すことができる。

第4節　競争優位の源泉としてのオペラント資源

　S-DロジックのFP4が主張するように，オペラント資源は競争優位の源泉となる。この考え方は，「企業の生産性の変化は，主にナレッジ，あるいは，テクノロジーに依存しているという最近の経済学の考え方と一致する（Vargo and Lusch [2004a] p.9)」。このように，企業の資源が競争優位の源泉となるという考え方は，周知のとおり，Edith Penrose [1959] の研究にまで遡ることができる。しかし，Wernerfelt [1984] によると，この考え方はあまり注目を集めなかった。その理由は，鍵となる技術的なスキルというような資源は，モデルを構築するにあたって不向きな性質であったから (Wernerfelt [1984] p.171) である。

　経営学において，資源の議論が活発に行われたのは1980年代後半以降である。Barney [1991] に代表されるようなリソース・ベースト・ビューの基本的な命題は，資源は程度の差こそあれ，企業間で大いに異質的であり，不完全流動的であるということである。資源の異質性とは，すべての企業は，少なくともある意味で独自の資源を有しているということを意味している。不完全流動性とは，企業の資源は，程度の差こそあれ，要素市場において一般的に，あるいは，容易に売買されないということを意味する。資源の不完全流動性の理由で，資源の異質性は，特に成功している競合他社と同じような資源を獲得しようとする企業の試みにもかかわらず長期間持続することができる。

　リソース・ベースト・ビューの研究は，競争優位の源泉をその企業が持つ資源に求め，その優位性が持続するための要素を研究する。特に，これまでの競争戦略論であまり注目を集めてこなかった資源の入手困難性にその持続性を求める。さらに，Barney [2002] による資源のもつ4つの特性，つまり①価値（その企業の所有する経営資源や能力は，その企業が外部環境における脅威や機会

に適応することを可能にするか），②希少性（その資源をコントロールしているのはごく少数の競合企業だろうか），③模倣困難性（その経営資源を保有していない企業は，その資源を開発，あるいは開発する際に，コスト上の不利益に直面するだろうか），④組織（企業が保有する，価値があり，希少で，模倣困難な経営資源を活用するために，組織的な方針や，手続きが整っているのだろうか）が持続的な競争優位の源泉であると議論される。

　Quinn, Doorley and Paquette［1990］は，「物理的な設備は—優れた製品も含む—は，ほとんど持続的な競争優位性を提供しない」(p.60) と主張した。持続可能な優位性は，大抵，競争者が再現することの出来ない，顧客にとって明白な価値を導く選択された人間の技能，ロジスティクス・ケイパビリティ，知識基盤，あるいは，ほかのサービス力における深度に由来する。Norman and Ramírez［1993］は，「競争優位の唯一の真の源泉は，全体の価値創造システムを達成する能力，あるいは，それを運営させる能力である」(p.69) と主張した。Barabba［1996］は，マーケティングに基づいた知識と意思決定は，企業を競争優位にするコア・コンピタンスを提供すると議論した。

　マーケティングにおいて，組織の資源に焦点を当てる研究が盛んに行われるのもまた，1980年代後半以降である。以下では，S-Dロジックが起因する幾つかの研究を取り上げ，競争優位の源泉を何に求めているのかを概観し，どのようにS-Dロジックに影響を与えているのかを議論する。

　Day and Wensley［1988］は，競争優位の源泉を「スキルと資源の相対的な優位性を意味する独自の能力」あるいは，「市場において我々が観察するもの，つまり，優れた顧客価値の提供，相対的に低コストの達成，そして，収益の成果に基づくポジションにおける優位性」(p.3) に求めることができると主張する。そして，Day［1994］は，特に，市場感知，顧客関係性構築，そして，チャネル構築に関連するケイパビリティと技能に関する競争優位性を議論した。

　Day and Wensleyは，優位性を獲得するための各要素の一貫性と調整を競争優位を維持するための継続的な投資と学習に依存する循環的なプロセスを提唱する。彼らは「競争優位の源泉→市場での競争上のポジション→パフォーマンス」という枠組みに従って資源を区分し，競争優位性の源泉，その結果として得られる競争ポジション上の優位性，相対的なパフォーマンス成果という区

分を提示している。

　Day and Wensley［1988］のこの枠組みに基づいて競争における一般理論の構築を試みるのが，Hunt［2000b］が提唱する資源優位性理論（以下 R-A 理論）である。R-A 理論は，①市場セグメント，②異質的な企業の資源，③資源における比較優位，あるいは比較劣位，そして④競争優位，あるいは，競争劣位の市場ポジションの重要性を強調する（Hunt and Madvaharam［2006］p.69）。つまり，R-A 理論において，資源における比較優位が市場ポジションの競争優位を導き，それゆえ，企業は優れた財務成果を得ることができると主張する。

　このように，1980 年代以降の資源を中心とした企業の見方は，知識やコア・コンピタンスのような不可視的な資源，つまりオペラント資源に競争優位の源泉を求める。資源におけるこのような捉え方は，S-D ロジックにも受け継がれ，「オペラント資源は競争優位の源泉である」という FP4 が主張された。

第 5 節　お わ り に

　本章は，S-D ロジックが起因する資源管理の議論を中心に，S-D ロジックとの関連を議論してきた。資源への狭い見識に対する批判から生まれた資源管理の議論は，資源の概念をより広く捉えることを促し，資源を競争優位の源泉に求める議論は，物的資源というよりも，ナレッジやスキル，コア・コンピタンスというオペラント資源が競争優位にとって重要であると捉える。このことが，S-D ロジックにおけるオペランド資源とオペラント資源の分類を促し，競争有意の源泉をオペラント資源に求める FP4 が主張される。

　競争優位の源泉をナレッジやスキルに求めるリソース・ベースト・ビューの考え方と，S-D ロジックにおける資源の考え方の違いは，オペランド資源とオペラント資源を分類したことにあるように思われる。資源管理の議論では，オペランド資源とオペラント資源の役割の違いを認識することで，つまり，操作される資源と操作を施す資源の役割の違いを認識することで，それぞれに適した管理と，それに対する評価をする必要があると主張される。

　S-D ロジックにおいては，オペラント資源に焦点を当てることで，交換さ

れるものの認識を変え，交換における様々な視点を変化させる視点を提供している。

最後に，S-Dロジックにおいて，オペラント資源はとても広い概念である。S-Dロジックにおいて，顧客もオペラント資源であると議論されるが，本稿では触れることができなかった。本来的に，顧客志向であるS-Dロジックを理解するために，またマーケティングの理論としてのS-Dロジックを考えるために，顧客とオペラント資源を理解することが重要であると思われる。

(注)
1) 以下の資源管理の基本的前提は，Constantin and Lusch [1994] pp.34-57 を概観している。オペランド資源とオペラント資源の分類に最も影響を与える前提は前提2であるが，その他の前提もS-Dロジックに影響を与えていると思われる。
2) この場合のアートの表現は，「技術的，そして，社会的組織を扱う人間の能力の達成のレベルを象徴する」という言葉が示すとおり，経営管理的な能力というような意味合いが強いと思われる。

(斉藤　典晃)

第9章
S-Dロジックとリレーションシップ・マーケティング

第1節　はじめに

　既に述べられているように，S-Dロジックは，Vargo and Luschによって、これまでのマーケティングにおける製品を中心としたG-Dロジックから，サービスを中心とした見方，考え方へのシフトとして提唱されている。しかし，彼ら自身も述べているように，彼らの提唱しているS-Dロジックは，さまざまな研究の流れに影響を受けて構築されたものであるといえる。Vargo and Luschはこれらを市場志向，サービシィーズ・マーケティング，リレーションシップ・マーケティング，品質管理，バリューチェーンおよびサプライチェーン・マネジメント，資源管理，ネットワーク分析の7つの思想ラインとして紹介している。

　本章では，この7つの思想ラインのなかから，「リレーションシップ」をキーワードとしてS-Dロジックの特徴を浮かび上がらせていきたい。リレーションシップについてVargo and Luschは，S-Dロジックの中心概念である10の基本的前提のうちの第8番目（FP8）で，「サービスを中心とした考え方は元来，顧客志向であり関係的である（relational）」（Vargo and Lusch [2008a] p.8）と述べている。

　リレーションシップ・マーケティングについては，すでに伝統的なマーケティングの流れの中で、1980年代に登場している。しかし，このリレーションシップ・マーケティングの流れに見るリレーショナルの概念とVargo and LuschがFP8に表現したリレーショナルとは必ずしも同一ではない。そこで，本章では，彼らの「リレーショナル」の意味するところを検討する中で，S-Dロジッ

クにおけるリレーションシップ・マーケティングの概念を考察し，S-Dロジックの本質にアプローチすることを目的とする。

　本章の構成は以下の通りである。第2節では，リレーションシップ・マーケティングの思想ラインをレビューする。その中から，第3節では，Vargo and Lusch が S-D ロジックの見方を構築する上で影響を受けているノルディック学派（Nordic School）と呼ばれる人々と，その他のいわゆるアメリカン学派（American School，ここでは，ノルディック学派と対比的にこのように呼称することとする）の考え方を説明する。そして第4節では，ノルディック学派のどの部分が Vargo and Lusch の S-D ロジックに取り込まれているのかを説明する。第5節では，S-D ロジックにおける企業と顧客のリレーションシップの概念について考察する。そして最後に，S-D ロジックにおけるリレーションシップ概念についての課題を提示し，まとめとする。

第2節　リレーションシップ・マーケティングの思想ラインのレビュー

　20世紀初期に誕生したマーケティングの研究は，1980年代以降これまでになかった潮流の変化が起こった。Vargo and Lusch [2004a] は，このことを，「50年間にわたってマーケティングは，製品や製造への焦点から，消費の焦点に移行し，より最近では，取引（transaction）からリレーションシップ（relationship）へ，焦点が移行している」と指摘している (p.12)。このことは，2004年8月に19年ぶりに改訂された AMA（アメリカ・マーケティング協会）のマーケティングの定義[1]のなかに，マーケティングの 4Ps に替わって，「顧客とのリレーションシップの管理」という目的が明示されたことによっても明らかである。

　リレーションシップにおける重点は，Levitt [1983] の，「リレーションシップ・マネジメントは，売り手と買い手の夫婦間の関係に似ている」(p.87)，というメタファーにあるように，販売そのものより，販売後の顧客満足をいかに維持するかというための建設的な相互作用にある。この Levitt の提起から後に，CRM（カスタマー・リレーションシップ・マネジメント）やワン・トゥ・ワン・マーケティングなど，顧客満足を実現するさまざまな戦略展開が行われ，

顧客中心,顧客満足を越えた顧客ロイヤルティという概念,LTV（顧客生涯価値：life time value）などの副次的な学問分野へと拡大している。

リレーションシップという視点での研究は産業財を対象としたものと消費者,それも主としてサービスを対象としたものがある。

1. 産業財マーケティングとリレーションシップ

産業財を対象としたリレーションシップの研究では,Arndt［1979］による,「市場での交換を前提とした取引でなく,継続的なリレーションシップでの取引の志向がヨーロッパや日本の企業などに見られる」という指摘やDwyer et al.［1987］の「市場での離散的取引と対比する形で指摘されたリレーショナルな交換について」の指摘などがある。いずれも市場交換を想定するアメリカ流マーケティングへのアンチテーゼ的な意味合いを持つ,継続的な企業間のリレーションシップへの注目である（南［2005］pp.7-8）。

産業財マーケティングの長期的かつ包括的取引関係という点に注目した研究は,1980年代頃から登場し,スウェーデンのH. Håkanssonをはじめとした北欧諸国の研究者が中心となって構成する,IMP（Industrial Marketing and Purchasing）と呼ばれる研究グループが中心となって展開された。IMPグループは,産業財市場における売り手と買い手のリレーションシップについて,1976年から1982年まで大規模な調査研究を行っており（Håkansson and Snehota［2000］）,その結果,売り手と買い手の相互作用の重要性について発見したことから,S-Dロジックの構築に大きな影響を与えている。また,一方で,IMPグループの研究は,産業財マーケティングにおける企業間のネットワークやリレーションシップの構築にも大きな影響を与えた（南［2005］p.11）。

2. サービシィーズ・マーケティングとリレーションシップ

一方,消費者を対象としたサービシィーズ・マーケティングは,1980年代に大きな進展を見た。Fisk, et al.［1993］は,その研究の発展段階について,人間の成長,自立になぞらえて,①1980年代以前の「這い這い（crawing out）期」,

1980年から1985年の「よちよち歩き（scurrying about）期」，1986年以後の「直立歩行（walking erect）期」の3期に分類している。この「よちよち歩き期」に提唱された「リレーションシップ・マーケティング」という用語は，1982年にAMAが主催したサービシィーズ・マーケティング会議において，Berry [1983] がサービスにおける顧客とのリレーションシップ維持の重要性について述べたのが最初と言われている（堀越 [2007] p.93）。同じ時期にLevitt [1983] も，サービス化が進行している社会においては，顧客を満足させ続けることが重要であり，その基盤としてリレーションシップが重要であることを説いている。このように，サービシィーズにおける顧客関係という切り口でリレーションシップについて考察されたのが，消費者に対するリレーションシップ概念の始まりである。

　このサービシィーズ・マーケティング会議の影響は大きく，Cristian Grönroos を中心とする北欧の研究者や Adrian Payne を中心とするイギリスの研究者達に影響を与え，北欧とイギリスの研究者達，特にノルディック学派の研究者達がその後のサービシィーズにおけるリレーションシップ・マーケティングの中心となった（南 [2005] p.9）。

　このサービシィーズ・マーケティングは，当時の生産志向，販売志向から脱却できない消費者志向に比べてはるかに顧客中心の考え方である。サービシィーズ・マーケティングにおいては価値は顧客の知覚品質によって決定されるものであり，それゆえに価値の共創を顧客とのリレーションシップによって実現していくべきものとしているのである。また，ノルディック学派のGrönroos [2000a, 2000b] は，サービシィーズがプロセスであるとの立場から，サービシィーズの売り手と買い手との継続的かつ直接的な接触のためにリレーションシップが重要になると主張している。

　このような焦点はS-Dロジックにおける，価値共創のための顧客とのリレーションシップの概念と一致し，Vargo and LuschによるS-Dロジックの研究は，これらのノルディック学派の影響を強く受けていることが明らかである。

3．マーケティング・マネジメント論における個別顧客とリレーションシップ

　アメリカン学派によるリレーションシップの研究は，進展する情報技術を活用し，顧客とのリレーションシップを強化し，収益性を高めて発展していく発想であり，学術的研究以上に，企業の実践がその発展を促した（南［2005］p.18; 堀越［2007］pp.95-96）。これらの背景となっているのは，市場の成熟化による市場シェア拡大の限界にある。Peppers and Rogers［1993］は，このような閉塞的な市場に対して，高いロイヤルティを持つ顧客を収益につなげるために，市場シェア拡大から顧客内シェアの拡大へと目標をシフトすべきであり，顧客の信頼を得て，長期的に安定した取引を確保すべく，個別顧客との強いリレーションシップの構築を図るべきであると指摘している。この代表的な動きが，Peppers and Rogers［1993］のワン・トゥ・ワン・マーケティング，Pine Ⅱ［1993］のマス・カスタマイゼーションなどのB to C次元のリレーションシップ研究である。前者は情報技術を活用し，顧客一人ひとりを把握し，一対一で対話し，個別の仕様に従ってカスタマイズした製品，サービシィーズを提供することを目的としており，後者は，顧客ごとにカスタマイズした製品やサービシィーズを，低コストで大量生産することを目的としている。しかしこれらに共通するのは，企業から顧客への一方的な働きかけであるということである。

　また，リレーションシップの手段としてSchultzは，1960年代および1970年代に製品が多様化し，情報ソースやチャネルが拡大するにつれて，マス媒体を通じて行われるワンウエイ・コミュニケーション手段では，消費者に影響を与えることができなくなっているとして，リレーションシップ・マーケティングにおけるツーウエイ・コミュニケーションの必要性を強調しており（Schultz et.al.［1993］p.39），IMC（Integrated Marketing Communication）こそがリレーションシップ・マーケティングを可能にするとしている（p.52）。

　以上のように，リレーションシップ・マーケティングという新たな研究領域は，企業の統制的リレーションシップから顧客との相互作用的リレーションシップへの焦点のシフトが見られるのである。

第3節　ノルディック学派の考え方

　前節のノルディック学派と称される研究者の中で，Vargo and Lusch は，FP8 を説明する重要な学説として，Gummesson [1994, 2002] と Grönroos [1994] を取り上げて引用している。これらの論文が S-D ロジックにどのように反映されているかを考察するために，このノルディック学派 2 人の研究について整理してみる。

1．Evert Gummesson [1994, 2002] の主張についての検討

　Gummesson はスェーデンのストックホルム大学のサービシィーズ・マネジメントとサービシィーズ・マーケティングの教授である。Gummesson は，1993 年，オーストリアのメルボルン大学で夏季に初めて開催されたリレーションシップ・マーケティングの国際学会での提言と，リレーションシップ・マーケティングのテキストを基礎においた，"*Broadening and Specifying Relationship Marketing*" [1994]，および，*Journal of Services Marketing* [2002] に掲載された，"Relationship Marketing and a New Economy : it's time for de-programming" の中で，Vargo and Lusch の S-D ロジックに関わる「リレーションシップ」について，次のように述べている。

(1) Gummesson [1994]

　本論文で Gummesson は，リレーションシップ・マーケティングを幅広い観点で捉え，顧客との直接的なリレーションシップのみでなく，間接的，支援的リレーションシップ，および，その他の範囲についても言及している。また，このなかで，マーケティング・ミックス理論（4Ps）とアメリカのマーケティング思想の支配的な機能の批判もして，これらのマーケティング・ミックスを通じた顧客の操作から，顧客との協働のリレーションシップ，ネットワークと相互作用へのパラダイムシフトが求められている，と指摘している。

　そのことを前提として，Gummesson は，次のようにリレーションシップ・

マーケティングの特徴を説明している。リレーションシップには①相互に関係している2つの当事者が必要である，②それは供給者と顧客のリレーションシップであり，ネットワークはリレーションシップが多くなったり，複雑性が増したときに生じる，③当事者は相互作用と呼ばれる相互の活動にはいる，④リレーションシップは，長期間の顧客リレーションシップと供給者へのロイヤルティを促進する。

　さらにGummessonは，これらのリレーションシップは，ナノ・リレーションシップ，個人リレーションシップ，マス・マーケティング・リレーションシップ，内部組織リレーションシップ，メガ・リレーションシップまであるとして，その範囲を示す一連の同心円（a series of concentric circles）で示した考え方で，リレーションシップ・マーケティングの拡大概念を示している。このことは，リレーションシップが，マーケティング領域のみならず多様なネットワークの相互作用を表すことを示唆しているだろう。しかも，Gummessonは，アメーバのような柔軟なネット組織を取り上げているが，そのネットワークを結びつける接着剤は社会的な相関関係であるとしている。さらに，供給者，顧客，競争者などとの間のコラボレーションがないマーケットはなく，リレーションシップ及びネットワークとの相互作用を通じたコラボレーションは，リレーションシップ・マーケティングのコアであると強調している。

　Gummessonは，マーケティングの根本的な領域は，リレーションシップが発現したサービシィーズ・マーケティングと，産業財マーケティングへのネットワークアプローチにあるとして，このサービシィーズ・マーケティングの進化[2]は，1980年代にサービシィーズのノルディック学派やヨーロッパの貢献によると述べている。一方，ネットワークアプローチは，ヨーロッパのビジネスネススクールにルーツを持つIMPグループの実験研究を基礎としている，と述べている。同時に，リレーションシップ・マーケティングは，1980年代のマーケティングの実践に相当な影響を与えたTQM（total quality management）から出現しているとも説明している。

(2) Gummesson [2002]
　Gummessonは，本論文の中で，現代は，絶えずニューエコノミーが進行中

郵便はがき

料金受取人払郵便

神田支店
承　認
8946

差出有効期間
平成23年1月
31日まで

1018796

511

（受取人）
東京都千代田区
神田神保町1—41

同文舘出版株式会社
愛読者係行

||||||||||||||||||||

毎度ご愛読をいただき厚く御礼申し上げます。お客様より収集させていただいた個人情報は、出版企画の参考にさせていただきます。厳重に管理し、お客様の承諾を得た範囲を超えて使用いたしません。

図書目録希望　　有　　　無

フリガナ		性　別	年　齢
お名前		男・女	才
ご住所	〒 TEL　　（　　　）　　　　　Eメール		
ご職業	1.会社員　2.団体職員　3.公務員　4.自営　5.自由業　6.教師　7.学生 8.主婦　9.その他（　　　　　　　　　　　　　　　　　　　　）		
勤務先 分　類	1.建設　2.製造　3.小売　4.銀行・各種金融　5.証券　6.保険　7.不動産　8.運輸・倉庫 9.情報・通信　10.サービス　11.官公庁　12.農林水産　13.その他（　　　　　）		
職　種	1.労務　2.人事　3.庶務　4.秘書　5.経理　6.調査　7.企画　8.技術 9.生産管理　10.製造　11.宣伝　12.営業販売　13.その他（　　　　　）		

| 愛読者カード |

書名

- ◆ お買上げいただいた日　　　　年　　　月　　　日頃
- ◆ お買上げいただいた書店名　（　　　　　　　　　　　　　　）
- ◆ よく読まれる新聞・雑誌　　（　　　　　　　　　　　　　　）
- ◆ 本書をなにでお知りになりましたか。
 1．新聞・雑誌の広告・書評で　（紙・誌名　　　　　　　　　　）
 2．書店で見て　3．会社・学校のテキスト　4．人のすすめで
 5．図書目録を見て　6．その他（　　　　　　　　　　　　　）
- ◆ 本書に対するご意見

- ◆ ご感想
 - ●内容　　　　　良い　　普通　　不満　　その他（　　　　　）
 - ●価格　　　　　安い　　普通　　高い　　その他（　　　　　）
 - ●装丁　　　　　良い　　普通　　悪い　　その他（　　　　　）
- ◆ どんなテーマの出版をご希望ですか

＜書籍のご注文について＞
直接小社にご注文の方はお電話にてお申し込みください。 宅急便の代金着払いにて発送いたします。書籍代金が、税込1,500円以上の場合は書籍代と送料210円、税込1,500円未満の場合はさらに手数料300円をあわせて商品到着時に宅配業者へお支払いください。
同文舘出版　営業部　TEL：03-3294-1801

である，と述べている。そして，1960年代の遺物としてのマーケティングは，サービシィーズ，リレーションシップやe-ビジネスのような装飾物でつぎはぎされている，と指摘している。これに対して，新しいマーケティング理論は，全提供物の価値に焦点を合わすべきであり，生産中心と顧客中心の両面のバランスに焦点を合わすべきであり，リレーションシップ，ネットワークと相互作用をコアの変数と認識すべきであると指摘している。

　Gummessonは，消費者は，受動的な受け手でも価値の破壊者でもなく，共同生産者，使用者そして価値の創造者であるとして，価値は提供物が何かのために使われ，誰かのニーズを満たす体験として使用されるまで現れない，と述べるとともに，顧客中心と生産中心の見方の両方が必要であり，生産と消費のバランスの中で手を握り，親交すべきであると結論的に述べている。このことは，企業と顧客のリレーションシップの中では，顧客は，主体的，能動的で，企業と共同生産，価値共創を行い，互いのベネフィット，価値が認識されるまでリレーションシップが続くことを暗示している。

　これらの概念を踏まえて，Lusch and Vargo［2006a］は，Gummessonによる，将来のマーケティングの包括的なコアとなる概念がネットワーク，リレーションシップ，相互作用であることを示唆しながら，フロー，プロセス，ダイナミクスへ焦点を当てることを強く主張している，とS-Dロジックの柱となる用語を用いて評価している（p.419）。

2．Christian Grönroos［1994］の主張についての検討

　Grönroosも"From Marketing Mix to Relationship Marketing : Toward a Paradigm Shift in Marketing"［1994］の論文のなかで，Gummessonと同様に，マーケティング・ミックスを中心とした概念から，リレーションシップ・マーケティングへのパラダイムシフトの必要性を示唆している。

　Grönroosは，今日の支配的なマーケティングパラダイムであるマーケティングミックス・マネジメントの特性とそのネガティブな影響について指摘し，それとは別のアプローチが必要であるカスタマー・リレーションシップ・エコノミックス，および産業財マーケティング，サービシィーズ・マーケティング

など，マーケティングにおける今日的研究の焦点について考察している。そして，これらのマーケティングの新しい進化は，戦略的パートナーシップ，アライアンスとネットワークのようなビジネスにおける発展に支持されている，と指摘している。これに加えて，リレーションシップ・ビルディングとマネジメントアプローチを基盤としたリレーションシップ・マーケティングを，将来の新しいマーケティングパラダイムの一つとして提唱するとしている。

上記のテーマを具体的に説明する中で，Grönroos は，マーケティング戦略の連続[3]（a marketing strategy continuum）という考え方を使って，マーケティング，価格設定，品質管理，インターナル・マーケティングと内部組織的進化などに焦点を当てて，リレーションシップ・タイプのマーケティング戦略のさまざまな成り行きを議論している。

Grönroos は，「マーケティングの基礎としてのリレーションシップ・ビルディング」の中で，産業財マーケティングと現代のサービシィーズ・マーケティングアプローチの相互作用とネットワークは，ノルディック学派によって，リレーションシップ・ビルディングとリレーションシップ・マネジメンとを礎石とする社会的文脈のなかでの相互プロセスとして明確に考えられている，と指摘している。この中で，Grönroos は，リレーションシップ・マーケティングのあり方について，「マーケティングは，顧客と他の当事者，リレーションシップに関与する当事者がプロフィットの点で目的に合致するように，リレーションシップを確立し，維持し，そして高めるプロセスである」と定義している。

そして，「マーケティング戦略の連続」という概念では，リレーションシップ・マーケティングと製品志向の取引マーケティングを比較すると，①マーケティングの焦点では，リレーションシップ・マーケティングでは相互作用があり，知識や技術でしっかり顧客と結びついており，顧客の価格志向への意識を少なくする，②顧客の品質を知覚する機会が，取引マーケティングでは顧客とのコンタクトは非常に限られているのに対し，リレーションシップ・マーケティングでは，顧客との共有する領域が広く，企業は顧客に多様なタイプの付加価値を提供する機会がある，と述べている。そして③顧客満足の観察に関しては，リレーションシップ・タイプの戦略を提供する企業は，顧客と日常的にコンタクトする多くの従業員などを通じて得られる多様なデータに基づいた顧客ベー

スでの直接管理によって，顧客満足を観察できる，④内部組織的なコラボレーションの戦略的重要性については，マーケティング，オペレーション，パーソネルとその他の機能との間における戦略的なインターナル・インタフェイスが重要である，と述べている。したがって⑤プロセスとしてのインターナル・マーケティングは，全体のマーケティング機能と統合されなければならない，⑥リレーションシップ・マーケティングでは，取引タイプの戦略をとる企業以上に，サービシィーズの競争をより深く管理する必要がある，としている。

そしてリレーションシップは，相互的な交換と約束を遂行する，即ち信用をつくる，ということによって果たされるものであるとしている。前述の定義に元来備わっているものは，顧客，供給者，媒介業者，そして外部の行為者とネットワーク内で相互作用する供給者とサービス供給者の見方である，としている。

以上のように，ノルディック学派のGrönroosは，顧客と関与する当事者のプロフィットを目的として，Lusch and Vargo [2006a] が注記で指摘するように，新しいマーケティングのパラダイムを提唱しながら，中心的な現象としての相互作用やリレーションシップの概念を具体的に説明している。

第4節 リレーションシップに関するノルディック学派との接点

本節では，前節を前提として，S-DロジックのFP8の「サービス中心の見方は，元来，顧客志向でありリレーショナルである」という前提条件が，ノルディック学派のリレーションシップの考え方と接点があることを述べる。

Vargo and Lusch [2004a] は，S-Dロジックのキータームである，価値の共創，相互作用，リレーションシップに関わって，Gummesson [1998] の「もし消費者がマーケティングの焦点だとすれば，価値創造は，財やサービスが，消費されたときのみに起こり得る。まだ販売されていない財は，価値が全くないのであり，消費者の存在していないサービスの提供者は，何も生産することができない」(p.247) という特徴的な価値の概念やGrönroos [2000] の「顧客のための価値は，顧客と，部分的には顧客と供給者，あるいはサービス供給者との間の相互作用の中でリレーションシップを通じて創られる。その焦点は，製品

にではなく，価値が顧客に対して出現し，彼らによって知覚される価値創造プロセスにある。―中略―マーケティングの焦点は，価値の伝達より価値創造にあり，単に既成の価値を顧客に伝えることより，むしろ価値創造のプロセスの促進と支援にある」(pp.24-25) という価値共創と顧客志向，相互作用を内包するリレーションシップの概念を取り上げ，Gummesson と Grönroos の意見に同意する（Vargo and Lusch [2004a] p.11），と明確に述べている。そして，価値の決定は消費者にあるということと，共同生産のプロセスを通じて価値を創造することに消費者は参加しなければならない，ということに言及し，この2人のロジックを拡張してきた，と証言している（Vargo and Lusch [2004a] p.11）。

このような考えは，第2節で紹介したアメリカン学派の企業側に立ったカスタマー・リレーションシップ・マネジメント，ワン・トゥ・ワン・マーケティングとは全く異なるもので，S-D ロジックは，企業と顧客が相互作用するというプロセスを通じて価値共創し，顧客も能動的であり主体性を持った存在として捉えるノルディック学派のリレーションシップ・マーケティング・コンセプトの影響を強く受けているといえよう。

第5節　S-D ロジックにおけるリレーションシップ概念

S-D ロジックにおけるリレーションシップの意味するところは，FP8 に示された「サービスを中心とした考え方は，元来，顧客志向であり関係的（リレーショナル）である」という S-D ロジックの基本的前提の中に示されている。

Vargo and Lusch [2004a] は，この FP8 の説明にあたって，「相互作用，統合，カスタマイゼーション，そして共同生産はサービス中心の見方についての顕著な特質であり，その本来の焦点は顧客とのリレーションシップに当てられている」(p.11) と述べている。そこで，本節では，これらのキーワードから S-D ロジックにおけるリレーションシップ概念を考察する。

1．顧客との相互作用プロセスとリレーションシップ

Vargo and Lusch［2004a］は，FP8において，企業と顧客のリレーションシップを，相互作用プロセスという視点から考察している。

S-Dロジックにおいては，FP6で示されたように，企業と顧客が互いに作用し合って価値を創りあげるプロセスを辿るため，生産から，生産されたものの価値を顧客が知覚するまでの，企業と顧客が相互作用を繰り返すプロセス全体をロジックの対象としている。従って，S-Dロジックにおけるリレーションシップは，グッズを流すために一方的に行われるのではなく，自ずから有形，無形に関わらず顧客との相互作用的なリレーションシップに焦点が合わされているところが，その特徴である。

2．カスタマイゼーションとリレーションシップ

前項で示したように，S-Dロジックにおけるリレーションシップの概念には，相互作用プロセスが既に織り込まれている。この相互作用プロセスを辿る意味合いについてVargo and Luschは，Davis and Manrodt［1996］（p.6）の考えを取り上げ，企業という組織は，特定の顧客のニーズに合わせた問題解決（ソリューション）を行うために，対象とする顧客の問題解決を進める製品，あるいは商品・サービシィーズ作りを行うのであり，そのためには，企業は個々の顧客との相互作用というリレーショナルなプロセスをとらなければならない，と主張しているのである。したがって，S-Dロジックにおける企業にとっての顧客との相互作用は，個々の顧客に合わせてカスタマイズされたソリューションの結果，つまりカスタマイゼーションを帰着点とすることになる。

3．価値共創のリレーションシップ

S-Dロジックにおいては，FP6に示されるように顧客は常に価値の共創者である。これは，文脈価値を創造することに顧客が（常に）参画することを意味している。即ち，顧客との相互作用におけるプロセスでは，顧客のために企

業が何かを行うというのでなく，顧客と協力して物事を行うという見方である（Vargo and Lusch [2004a] p.11）。顧客のために物事を行うということは，G-Dロジックにおいては顧客に商品を提供するという行為を意味しているのに対して，S-Dロジックの見方では，企業は顧客のために価値を提案し，リレーションシップというプロセスを通じて顧客がサービスを使用する現場において，その価値が現れることを意味している。例えば家電メーカーが自社のスキルやナレッジを適用した家電製品を購入した顧客が，自身のスキルやナレッジを適用し，自ら求めていた価値を知覚する時に，価値創造プロセスは完結する。このように，企業が製品を提供した後も，顧客とのリレーションシップは，暗黙の内に続いていることを意味している。

　Vargo and Luschは，S-Dロジックにおける企業と顧客の価値共創のリレーションシップについてさらに説明している。例え企業が長期間にわたる相互作用やリピート愛顧を欲していなくても，顧客とのリレーショナルから解放されることはないと指摘している。つまり企業と顧客の取引は，例えば自動車の販売，薬品の販売などに典型的に見るように，暗黙の保証を具えている。したがって長期に渡る有益なサービスは，企業のブランド・エクイティとして，バランス・シートには記載されない資産的価値を蓄積させる（Vargo and Lusch [2004a] p.12）。

　また，顧客は，多様な離散的な取引を望んでいない場合であっても，車の例であれば，保険の更新や法的整備など，顧客自身が日常生活の中で意識しない状態であっても，企業と顧客が積極的に関係を持とう，参加しようという意識がなくても，相互のリレーションシップは存在している，という見方である。つまり，顧客のどのような反応であっても企業と顧客の価値共創のリレーションシップの範囲内にあるのである。

4．相互作用的統合とリレーションシップ

　Barabba [1995] は，顧客中心の考え方を，「市場の声と企業の声との統合」（p.14）ということにまで拡張しており，Gummesson [2002] はサービスとサービス（service for service）の交換の観点と互換性がある「バランスト・セント

リシティ (Balanced centricity)」[4]という用語を提唱していることを取り上げている (Vargo and Lusch [2004a] p.11)。これに関連して，Vargo and Lusch は，S-Dロジックにおける交換の相互作用的で統合的な見方は，他の規範的なマーケティングの要素と一致しているとし，「企業のすべての活動は，市場の反応の中で統合されるべきである」という考え方を示している。その理由は，利益は，（販売された財のユニットよりもむしろ）顧客満足に由来する (Kohli and Jaworski [1990], Narver and Slater [1990])，という考え方による。つまりこのことは，Barabba や Gummesson の言う顧客中心や，顧客中心と製品中心のバランス，そして顧客満足という市場への統合の重要性を示唆している。このため Gummesson [1995] や Kotler [1977] が指摘するように，顧客は自身のベネフィットのために心理的活動，身体的活動を遂行する必要があり，そのため，他者にも心理的，身体的活動の遂行を求める (Vargo and Lusch [2004a] p.12)。つまり，顧客の満足というニーズ，企業の収益というニーズを満たす意識的，物理的に統合された相互作用には企業と顧客のリレーションシップが必要であることを示唆しているのである。

第6節 おわりに

　本章では，Vargo and Lusch [2004a] が FP8 で示唆した顧客志向とリレーションシップの概念を考察するため，アメリカン学派の伝統的なマーケティングでいわれるリレーションシップ・マーケティング，カスタマー・リレーションシップ・マネジメントなどにみられるリレーションシップとの相違点，ノルディック学派のリレーションシップ・マーケティングとの共通点を中心に考察した。Vargo and Lusch は，伝統的マーケティングの中のリレーションシップには，生産者が中心となって生産した製品を消費者に販売するためのリレーションシップを強化する志向が色濃く残っており，競争戦略上，消費者志向になろうとすることもまた企業側，売り手側の発想であって，顧客側，買い手側の発想とは大きく異なっている見方であることを厳密に区分して指摘している。
　このマーケティング・マネジメントを出発点とするリレーションシップは，

企業から顧客へのワン・ウエイの働きかけであり，目標とするベネフィットは企業の財務的利益のためにある。そこでは，顧客は受動的，静的で，企業が，自社の利益を獲得するために働きかけるオペランド資源として消費者を見なし，継続的取引，長期的には生涯顧客とする，あるいは短期的には反復購買を促進するための顧客ロイヤルティを確保することによって取引コストを低減し，企業利益を確保することが目的である。これに対して，S-D ロジックにおいては，顧客を，自らの求める価値創造のために動態的に作用するオペラント資源とみなし，企業と顧客の間には，従来のマーケティングの手法の中に見られる，有形財や無形財を一方的に，継続的に購買してもらおうとする，FSP（フレクエント・ショッパーズ・プログラム）に代表されるような，情報システムを駆使した継続的な取引関係はない。そこでは，売り手と買い手が最高の価値を創造するまで，互いのスキルやナレッジといったコンピタンスを提供し合い，相互作用を行い，その価値が受益者によって現象学的に判断されるまでのリレーションシップに焦点が当てられているのである。

　リレーションシップは，このように企業と顧客がサービスを通して，結果的に文脈価値を創造していく相互作用であるという考え方である。S-D ロジックの基本前提 FP8 における「元来」関係的であるとは，文脈価値が，元来，両者の相互作用的なリレーションシップなくしては存在しないことを意味しているのである。

　以上のように，S-D ロジックは製品販売や，企業側からの再購買を目的とするのではなく，顧客側の視点からリレーションシップを継続して，より高い文脈価値を創造することを目的としている。

　しかし，すべての消費者がそのことを願っているわけではないし，もし願っていたとしても，消費者は自らの価値創造に向けて，企業とどのようにリレーションシップを構築するのか，どのように自らの詳細なニーズや欲求を伝えられるのか，などの点について，S-D ロジックは答えを出さなければならない。

（注）
1) 2004 年 8 月における AMA の新定義は，次の通りである。「マーケティングとは，組織とステークホルダーにとって有益となるように，顧客に対して価値を創造・伝達・提

供し，顧客とのリレーションシップをマネジメントするために行われる組織的な活動とその一連のプロセスである」。
2) サービシィーズ・マーケティングの進化については，Berry and Parasuraman [1993]，Fisk, Brown and Bittner [1993] の論文で説明されている。
3) マーケティング戦略の連続とは，取引マーケティングとリレーションシップ・マーケティングを両端にして消費財，耐久財，産業財，サービシィーズの連続体と，変化する戦略の連続を示した概念である（Grönroos [1994] p.9, p.14）。
4) Gummesson [2002] は，『リレーションシップ・マーケティングと新しい経済』と題した論文で，バランスト・セントリシティという考え方を提案している。即ち，このマーケティング・コンセプトは，顧客中心と製品中心は互いに必要であり，製品中心と顧客中心の均衡が必要である（p.589），という提案である。

（前田　進）

第10章
S-Dロジックとバリューチェーンおよびサプライチェーン

第1節　はじめに

　本章の目的はS-Dロジックの主要概念である価値創造ネットワークとこれに関連するバリューチェーン，サプライチェーンについて考察を行うものである。価値創造ネットワークはS-Dロジックの提唱者であるVargo and Luschによる概念であり，価値の提供者を製造業者や提供側の企業ではなく，受け手である顧客や消費者まで拡張したものとして考えられるものである。

　Vargo and Lusch[2004a]は1980年から2000年以降，マーケティングにおける支配的なプロセスとしてバリューチェーンやサプライチェーンを挙げている。彼らは，これら支配的なプロセスよりもS-Dロジックのほうが優れていると主張する。バリューチェーンやサプライチェーンがG-Dロジック（あるいはS-Dロジックへの移行段階）における考え方であり，S-Dロジックではこれらよりも優れている価値創造ネットワークの視点が必要と述べているのである。

　Vargo and LuschによるS-Dロジックは，マーケティング現象や理論の変化に対し，様々な領域で議論されている概念をS-Dロジックという視点で統合しようとしているものであり，既存の概念を意識しながら論を展開しているという特徴がある。

　既存の価値に関する概念・議論としてのバリューチェーンやサプライチェーンが，S-Dロジックや価値創造ネットワークの概念構築に大きな影響を与えていると考えられる。バリューチェーンやサプライチェーンに対する視点および問題点をS-Dロジックと対比することによってS-Dロジックを特徴づける

ことができると考えられる。

 本章ではVargo and Luschによって提示されたS-Dロジックの中でも価値創造ネットワークという価値の提供者に関する概念拡張をテーマにバリューチェーン，サプライチェーンを検討しながら，価値創造ネットワークとは何を示すものなのか，価値の提供者が拡大することはマーケティングにどのようなインパクトを与えるのかについて考察を加える。次節ではS-Dロジックに対するバリューチェーン，サプライチェーンの影響について検討する。そして第3節では，価値創造ネットワークを考察するものである。

第2節　S-Dロジックとバリューチェーン，サプライチェーン

1．ドミナントロジックの変化

 これまでの章で議論されているように，Vargo and Lusch ［2004a］は，マーケティングの対象がG-DロジックからS-Dロジックへと変化していると主張している。彼らはG-Dロジックが伝統的な経済学の交換モデルを前提とした考え方であり，マーケティングにおいてはそれが不十分であると主張している。そのため，Lusch and Vargo ［2006b］では，G-Dロジックから移行コンセプトそしてS-Dロジックの3つの段階を図表10-1のように示している[1]。
 Vargo and Luschの主張ではG-Dロジックではサプライチェーンであり，移行コンセプトではバリューチェーンであるのに対し，S-Dロジックでは価値創造ネットワークへと変わるとしている。チェーンではなくネットワークへと視点が変化すると彼らは主張するのである。彼らは，Achrol and Kotler［2006］やGrönroos ［2006b］，Gummesson ［2006］の主張を示しながら，価値創造のためのネットワークの重要性を指摘するのである。
 他方で，Flint and Mentzer ［2006］が指摘するように，バリューチェーンはVargo and Lusch ［2004a］のFP4, FP6, FP7に関連する。つまり，S-Dロ

図表 10-1　ドミナントロジックによる対象の変化

G-D ロジックコンセプト	移行コンセプト	S-D ロジックコンセプト
グッズ	サービシィーズ	サービス
製　品	提供物	経　験
特徴・属性	ベネフィット	ソリューション
付加価値	共同生産	価値の共創
利益最大化	財務エンジニアリング	財務フィードバック・学習
価　格	価値伝達	価値提案
均衡システム	動的システム	複合採用システム
サプライチェーン	バリューチェーン	価値創造ネットワーク・一群
プロモーション	IMC	対　話
市場への活動	市場に向けた活動[2]	市場との協働
生産志向	市場志向	サービス志向

（出所）Lusch and Vargo［2006b］p. 286.

ジックの主張の 1 つである価値創造，価値管理がバリューチェーンやサプライチェーンに大きく関係していることになる。

　本章の対象となっている Vargo and Lusch による価値創造ネットワークに影響を与えたものとしてここではサプライチェーンおよびバリューチェーンを取り上げている[3]。この背景にあるのは，1990 年代から米国マーケティングにおいて議論されている顧客価値が大きく関係しているといえるであろう。

　Webster［1992］は 1992 年に発表した「企業におけるマーケティングの役割の変化」という論文の中で，ネットワークの重要性を指摘しながら，顧客価値創造の重要性を指摘している[4]。企業レベルでの市場構造，顧客志向とアドボカシー，バリューチェーンにおける企業のポジショニング，SBU レベルにおける STP（細分化，ターゲティング，ポジショニング），オペレーションレベルにおけるマーケティング・ミックスと顧客関係の重要性を強調しているのである。さらに Webster［2002］は製品開発プロセス，顧客リレーションシップ，バリューチェーンを指摘するのである（井上［2006］参照）。

　また，Srivastava ら［1999］はマーケティング・プロセスを製品開発プロセ

ス (PDM)，サプライチェーン・マネジメントプロセス (SCM)，顧客関係管理プロセス (CRM) の3つに分けている。Srivastava はマーケティングにおける顧客価値創造のためには，組織における3つの中心的なタスクがあるとしている。そしてこれら3つのプロセスがそのタスクを達成する際に必要となると主張するのである。つまり①顧客の新しいソリューションの開発あるいは既存のソリューションの再活性化としての PDM，②インプットを獲得し，顧客が望むアウトプットへと変換する継続的な活動としての SCM，そして③チャネルやエンドユーザーとの連結やリレーションシップの創造と活用のための CRM が主要なマーケティング・プロセスであるとしているのである。

このように，既存のマーケティングにおいてバリューチェーンおよびサプライチェーンは価値創造あるいは価値伝達の中で重要な位置づけを占めていると考えることができよう。他方で，S-D ロジックではこのような視点とは異なる価値創造ネットワークという概念が登場することになる。そこで，次に S-D ロジックとバリューチェーンおよびサプライチェーンの関係について検討する。

2．バリューチェーン

バリューチェーンは，1985年にハーバードビジネススクール教授である Porter [1985] が競争優位の分析枠組みとして提示したものである。Porter は1985年に『競争優位の戦略』の中で，企業の内部環境を分析するためのフレームワークとしてこの概念を提唱した。

バリューチェーンでは企業の競争優位の源泉を分析するための企業の一連の活動を「購買物流」「製造」「出荷物流」「マーケティングと販売」「サービィーズ」とこれをサポートする活動である「調達活動」，「技術開発」，「人的資源管理」，「全般管理」の4つの支援活動に区分している。これらが価値を生み出す活動の単位となり，ある活動のアウトプットが次の活動へと連鎖することからバリューチェーン（Value Chain，価値連鎖）と呼ばれている。

バリューチェーンは企業の内部環境の分析を行うためのツールとして位置づけられている（Barney [2007]）。企業の活動を分類し，それぞれの活動のコス

トと価値を分析し，それぞれの活動が企業の価値創造にどのように貢献しているのかを分析するとともに競争優位の源泉を探るための活動となってくるのである。Porterのバリューチェーンの概念は他企業の比較の中で，各企業が特化すべき活動を明確にすることになる。例えば，外部との提携や協力関係の構築は企業のバリューチェーンを再設計する活動となる。

　Porterが意図しているバリューチェーンは企業内の活動を対象としている。一方で複数の企業に対しては「価値システム」という用語を用いている。つまり，バリューチェーンが川上から川下に至る全体的な連結に用いているのである。

　Normann and Ramírez［1993］；［1994］は，Porterのバリューチェーンを本質的に一方向型で逐次型の生産システムにおける当事者間の関係を説明するものとしている。Porterのバリューチェーンを連鎖型付加価値として，当事者Aがそれを次の当事者Bに販売し，当事者Bは別の当事者Cに販売するというプロセスをとることを示しているものとしている。この件について，Normann and Ramírez［1994］は「川上にある活動で価値が提示され，川下にある次の活動でさらに価値が付加される」（邦訳，78頁）とし，これが単純型，一方向型，逐次型であると考えている。

　Normann and Ramírez［1994］らはこのプロセスが不適切であるとしているのである。つまり，相互関係を持ち合わせていないことが問題だとしている。「生産プロセスで次から次へと価値を付加するのではなくて，提供作品パッケージの生産に携わるパートナー企業は，多種多様なタイプの価値を共同生産する関係を通じて，共同で価値を創造している」（邦訳，78頁）と考えられているのである。

　Vargo and LuschはNormannの影響を強く受けている[5]。グッズとサービシィーズの二分法への批判もNormannの主張と同様であり，またバリューチェーンに対するNormannの批判がS-Dロジックの諸概念に影響を与えていると考えられる。バリューチェーンにある価値創造という視点を取り込みながらバリューチェーンの問題点である単純，一方向逐次的ではない視点がS-Dロジックで強調されることになる。

3．サプライチェーン

サプライチェーン・マネジメント（SCM）は，流通全体におけるバリューチェーンのシステムとしてとらえることができる。つまり，個々の企業内での個別最適を追求するのではなく，供給業者から消費者にいたる企業間での全体最適を高めるために開発，調達，製造，配送，販売といった一連の業務のつながりを持たせることである（矢作［1996］）。これらの業務を担当する部門や企業間で情報を供給することで，納期を短縮したり，欠品を防止し，さらに，在庫や仕掛品を削減したりすることで，顧客満足の向上およびキャッシュフローの最大化を目的として行われる。

Sherer［2005］はロジスティクスの視点からサプライチェーンについて検討している。顧客ニーズに適合するプロセス全体の無駄をなくし，改善することで優位が達成されるとしているものである。SCM の概念はコンサルティング会社が 1980 年代に用いたのが始まりとされており，1990 年代にアメリカ合衆国で普及した考え方である（石川［2008］）。

サプライチェーンと S-D ロジックについては，Lambert らが論考を加えている。SCM の主要論者である Lambert and Garcia-Dastugue［2006］は，Vargo and Lusch［2004a］の FP とサプライチェーンへの影響を Global Supply Chain Forum（GSCF）のフレームワークを基に比較検討している。

Lambert and Garcia-Dastugue は SCM を議論するにあたり Hammer and Champy［1993］の「リエンジニアリング革命」や Davenport［1993］の「プロセスイノベーション」といったビジネスプロセスを取り上げている。そしてこれらと SCM との関連性を指摘する。このような業務の見直しの中で情報の共有化が図られることでそれまでとは異なる展開が起こるようになっているのである。

さらに彼らは Vargo and Lusch による 2004 年の FP について考察を加えている。この中で特に取り上げる必要があるのは FP3，FP6，FP7，FP8 に対するものであろう。FP3 において彼らは，サービス提供の伝達手段としてグッズを位置付けている。B to B では，長期関係へと移行する中で，重要な視点が信頼性や柔軟性に変わってきていることを指摘するのである。サプライチェー

図表10-2　LambertらによるS-Dロジックに対するSCMフレームワークの影響

	GSCFサプライチェーン・マネジメントフレームワークがどのようにS-Dロジックをサポートするのか。
FP1	全てのプロセスが機能横断的であり，企業横断的であるので，幅広いスキルとナレッジが交換される。
FP2	交換の基礎的な単位は，複数の機能にあるスキルとナレッジの束を必要とするが伝統的に機能は顧客に焦点を当てるわけではない。機能横断的な事業プロセスを実行することは顧客に焦点をあてるのに必要なのである。
FP3	B to B関係において，主要な選択要素はサービスをベースとしており，例えば，信頼性，柔軟性，適合性を含めて活動が実行されている。サービスの供給は，事業プロセスを通じてスキルとナレッジの機能横断的調整を必要とする。
FP4	サプライチェーンはリンクによってリンクを管理し，リレーションシップによってリレーションシップを管理する。顧客関係管理と供給業者関係管理のプロセスは情報のフローを促す重要な機能横断的な連結を形成し，企業が顧客へ価値を提言し，競争優位を獲得できるようになる。
FP5	急速に，全ての組織はコモディティを販売しており，他から差別化するものは，機能横断的なチームの実行を通じて顧客と供給業者とで開発したリレーションシップとなる。
FP6	SCMプロセスが顧客の関与なしに実行しても成功することはできない。供給業者もまた，関与が必要となる。それゆえ，顧客と供給業者は共同生産者である。
FP7	機能横断的プロセスは顧客，供給業者，企業に対する価値を提供することに焦点を当てている。それゆえ，機能横断的事業プロセスは，リレーションシップに従事するそれぞれの組織に対する価値提案を評価するために用いられる。
FP8	機能横断的プロセスによって，企業はサービスィーズのカスタマイゼーションを可能とする統合フォーマットで顧客に近づく。

（出所）Lambert and Garcia-Dastugue［2006］p.161のうち，Vargo and Lusch［2004a］のFPについて省略。

ン・マネジメントプロセスでは，これら関係を調整するプロセスがあるとしている。

　FP6では顧客と供給業者が関与することがSCMプロセスの成功に必要と指摘するのである。彼らは顧客と供給業者の関係の密接さが価値提案において重要であり，さらに機能横断的事業プロセスの実行が結果的に共同生産者となると主張している。つまり，SCMプロセスが複数の企業間にまたがる中で，サプライチェーンにいる企業とその買い手企業が協働しなければ価値が生み出せ

ないということを意味することになる。

　FP7に関しては機能横断的事業プロセスに関与する企業は互いの組織に価値を付加する視点でなければ成功しないとし，互いの評価が重要となると主張している。つまり，価値を決定できるのは企業ではないとするVargo and Luschの主張に同意していると考えられるのである。

　FP8についてはサプライチェーンそのものが顧客志向であるとし，「すべての企業の機能において遂行される全ての活動が顧客志向を達成するためにデザインされている」(Lambert and Garcia-Dastugue [2006] p.160) と主張するものである。SCMではそのプロセスに多くの機能が関与し，関与の程度が増加すると，競争優位を獲得できるものであるとしている。

　このようにLambert and Garcia-DastugueのS-Dロジックに対する主張を見てみたが，GSCFの枠組みを利用しながらSCMにおいても同様の議論の存在を示している。そのため，Lusch, Vargo and Tanniru [2009] では，サプライチェーンを価値ネットワークの下位パートとし，価値ネットワークの中に埋め込まれたものと位置づけている。つまり，サプライチェーンにある価値創造の視点を評価しながらも，それに加えて顧客による価値創造の視点を取り込む概念として価値創造ネットワークを提唱しているのである。

第3節　S-Dロジックと価値創造ネットワーク

1．Vargo and Luschの価値創造ネットワーク

　Vargo and LuschはG-DロジックとS-Dロジックとの対比の中で，サプライチェーンや価値創造ネットワークを特徴づけている。つまり，G-Dロジックでは直線的なサプライチェーンが有効であると考えられるということを指摘する。Lusch, Vargo and Wessels [2008] は「G-Dロジックの歴史とそれと製造との結び付きを所与とすると，価値創造にとって資源の使用が必然であることが，直線的なサプライチェーンという点で概念化されていることは自然であ

る。オペランド資源とオペラント資源が同時に移動するにつれ，つまり，情報やノウハウが，一般的にはグッズとは別に交換されないとなると，そのモデルはおそらく十分に機能しているのであり，これらのサプライチェーンは買い手と売り手との物理的なギャップという点で特徴づけることができる」(p.10) と主張する。

一方，S-D ロジックのもとでは，サプライチェーン概念では不適切であると Lusch らは主張するのである。Normann の影響を受けており，「液化した情報」という考え方を提示している。つまり，業務の配置と本質，資源の連結を液化情報は変化させるものとしている。

そこで，Lusch, Vargo and Wessels [2008] は以下のように指摘している。

「入手可能なサービスシステムのネットワークとそれらの別個（ほとんどの場合，オペラント）資源という点でサプライチェーンを再概念化する必要がある。ネットワークは直線的でなく，垂直的でない配置であるが無限の方法で配置されているので，その配置連関 (configuration) は，イノベーションと競争優位の主要な源泉となる。つまり，所与の問題を解決するために必要な全ての資源を配置すること，あるいは Normann が言う「密度の創造」にとっての新しい機会を提示する。例えば，企業は，製造業者としてではなく価値創造ネットワークの設計者として役立つことができる。」(p.10)

この配置連関は Day が主張する競争優位の主要な源泉であり，Vargo and Lusch の主張は Normann や Day のような主張な論者の主張を取り込みつつ，既存のものとは異なる視点を提示しているのである。

2．価値創造ネットワークと S-D ロジック

上記のような視点から価値創造ネットワークそして S-D ロジックが何を意図しているのかを考察することが必要となる。まず，商品やサービィシーズのマーケティングにおいて誰が価値を生み出しているのかという視点が S-D ロジックおよび価値創造ネットワークでは拡張されていると考えられるのである。

バリューチェーンおよびサプライチェーンでは，「売り手」が価値を提供し，

それを「買い手」が購入するという前提に立っている。この前提がいわゆるG-Dロジックであると Vargo and Lusch は主張している。顧客の役割を共同生産者（FP6-[2004]）あるいは価値の共創者（FP6-[2006]）と価値を生み出す主体としてみなしている。この顧客が商品やサービィシーズのフローに参画するもののうちだれを指すのかによって考えられるべきものは異なってくるが，顧客も価値の創造にかかわっているということは価値を生み出す主体を拡大しているということがいえるのである。これを図で示すと図表10-3のとおりとなる。

　この図では右向きの図が価値の提供者，左向きの矢印が価値の獲得者となる。S-Dロジックの考え方は，顧客も価値創造に加わるということを意図していることになる。この図は簡素化しているため直線形にしているが，価値創造ネットワークはより複雑な形態を有し，ネットワークに参加するものが価値を生み出しているということを示しているといえよう。この考え方は2008年のFP9にも反映されており，「すべての社会的行為者と経済的行為者が資源統合者で

図表10-3　バリューチェーン，サプライチェーン，価値創造ネットワークの範囲

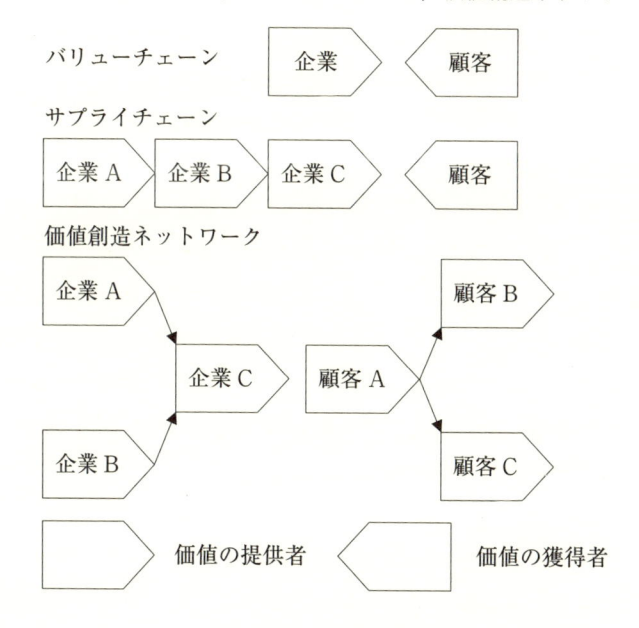

バリューチェーン
　企業 ▷ ◁ 顧客

サプライチェーン
　企業A ▷ 企業B ▷ 企業C ▷ ◁ 顧客

価値創造ネットワーク
　企業A ▷
　　　　　→ 企業C → 顧客A → 顧客B ▷
　企業B ▷　　　　　　　　　　　顧客C ▷

　　　価値の提供者 ◁　価値の獲得者

ある」という内容は価値創造ネットワークが意図しているものと同じ内容のものであると考える。

　さらにバリューチェーン，サプライチェーンと価値創造ネットワークの違いは商品やサービシィーズのフローにおける価値の追加や変換に求めることができよう。サプライチェーンは原料および組み立ての段階で価値が決定し，それが顧客に基に届けられると考えられる。この点が Vargo and Lusch での G-D ロジックとしてのサプライチェーンの特徴と考えられる。一方，バリューチェーンは企業内の諸活動から「付加価値」を提示していると考えられている。そして Porter のいう「価値システム」の中で，価値が増大していくものと理解できるものであると考えられる。

　一方，価値創造ネットワークは価値が付加されるという考え方ができないととらえるべきであろう。議論を単純化するのであれば，つまり価値が増大していくものと価値が減少していくもの，そして価値が変化しないものである。

　例えば，企業が価値提案したものに顧客が価値を付加することができれば，価値が加わるというものである。従来の視点であれば，このような考え方が基本であったが，S-D ロジックのもとでは価値が減少してしまうことがありえる。この考え方の背景にあるのが，Vargo and Lusch のいう「文脈価値」であると思われる。つまり買い手にとっての文脈価値が高まらなければ，交換価値が高くとも結果として価値が下がっていくということになる。

　このようになるとマーケティングにおいて重視される販売時点ではなく販売後の重要性と一致する視点ということができる。例えば，デジタルカメラを購入した A さんを考えてみよう。デジタルカメラは近年コンパクト化が進み軽量化，低価格化で大きく普及している。購入時点では多くの製品を比較し，満足したうえで購入した A さんであるが，使用時に不具合がでたとする。修理をメーカーに依頼したが，対応に問題があって結果的にそのメーカーを評価しなくなったとしよう。G-D ロジックであれば，売上に影響のない範囲であれば，無視されてしまうものになりかねない。

　一方 S-D ロジックであれば，価値を減少させることを引き起こしかねないとして企業の対応の適切さが必要となる。特に多くの企業がこのような顧客対応を適切にしようとする動きからも推察されるように，購買後の企業の対応が

重視されているのであるが，これを理論的に説明するツールが十分ではなかったといえる。

このように価値創造ネットワークはネットワークの中で，価値が創造されるとともに価値が変換されることになる。そしてそれらが直線的な動きではなく，複雑な関係があるということを意味すると思われるのである。

第4節　おわりに

S-Dロジックはマーケティングにおいて考慮すべき価値に対する新しい視点と考えられるものである。本章では特にその価値に対するパースペクティブであるバリューチェーンとサプライチェーンがS-Dロジックに与えた影響とS-Dロジックの本質について考察を加え，価値創造ネットワークについてその概念的特徴を検討したものである。

Vargo and Lusch [2004a] は Day [1999] の主張を取り上げ，直線的な価値連鎖ではなく，むしろ自己強化する価値循環という観点から考えることに賛同すると述べている（p.6)。このような主張から考えると，価値そのものが一方から他方へと転換していくのではなく，相互が複雑に関係しあって価値が創造されているプロセスをS-Dロジックは考えていると思われるのである。

本章では，価値創造ネットワークをバリューチェーンおよびサプライチェーンと対比することで特徴づけることを試みてきた。価値創造ネットワークが，価値の提供者の拡大および価値の増減という特徴があると考えられる。これらにより顧客に商品が渡った後で必要とされる理論的な根拠が提示される可能性があると考えることができよう。ただし，価値創造ネットワークがマーケティング現象において具体的に何を意味し，マーケティング実務にどのように影響を与えるのかについて本章では十分に検討することはできなかった。S-Dロジックが想定している複雑な価値創造を明らかにすることが今後の課題となる。

また本章では紙幅の関係上検討しなかったが，S-DロジックはAlderson [1957]；[1965] の延期の概念やトランスベクションにも影響を受けていると

考えることができる。大きな可能性のある論理であるがゆえに，今後とも複数の視点からの検討が必要であると同時に，マーケティング現象の説明のためのS-Dロジックのもとでの新たな概念開発が必要となると思われる。

（注）
1) Vargo and Lusch はのちにこの表を改訂している。Lusch, Vargo and Wessels [2008] を参照のこと。なお，Lusch, Vargo and Wessels [2008] では，G-D ロジックと S-D ロジックの2つの対比となっている。本章ではバリューチェーン，サプライチェーンと価値創造ネットワークの比較のために Lusch and Vargo [2006b] を取りあげている。
2) Lusch and Vargo [2006b] では，市場との関係が G-D ロジック，移行期，S-D ロジックで変わるとしている。彼らはそれらを図表 10-1 のように市場への活動（to market），市場に向けた活動（market to），市場との協働（market with）としている。この3つの相違については，Lusch [2007], Lusch, Vargo, and O'Brien [2007] が詳しい。Lusch, Vargo, and O'Brien [2007] によれば，「1900 年代初頭にマーケティング思想が発展してきたとき，マーケティングはグッズやサービシィーズを『市場へ（to market）』もたらすことであった。…第二次大戦後，米国におけるマーケティングの思想は，市場と顧客をリサーチ，分析し，顧客や市場のニーズに適合するように製品を生産する『市場に向けた（market to）』志向へと変化した」（p.6）としている。
3) ただし，図表 10-1 にあるサプライチェーンは商品の動きに限定された狭義のサプライチェーンであると考えることができる。
4) 顧客価値の重要性については伊藤 [2007] が詳しい。
5) Vargo and Lusch に強い影響を与えた Normann らはサービシィーズとグッズの区分に意味がなくなってきていると指摘している。Normann and Ramírez [1993]；[1994] は製品のサービシィーズ化の代表例として自動車を挙げ，自動車では製品の購入のほかにも工場からの搬出，アドバイス，保険，あるいはアフターサービスが重要であり，有形財である商品よりもサービシィーズの側面が非常に重要になっているとしている。Vargo and Lusch はまた，2008 年に，Normann [2001] の主張と S-D ロジックにおける提供物や顧客の役割などの類似性について述べている（Michel et al. [2008]）。

（庄司　真人）

第Ⅲ部

S-D ロジックの可能性と展開

　この第Ⅲ部では，第Ⅰ部及び第Ⅱ部での考察を踏まえ，S-D ロジックの今後の展開について検討する。すなわち，まず，第 11 章で，S-D ロジックが提示した価値共創のフレームワークそれ自体に検討を加え，続く，第 12 章では，多くの場合がそうであろう S-D ロジックの行為主体たる組織と S-D ロジックとの関わりを資源という視点から明らかにする。ところで，今日，戦略論においては顧客への注目をますます高めつつあるが，顧客価値を強調する S-D ロジックにおいて戦略論との関わりを明らかにすることは極めて重要なことといえる。第 13 章では，この問題を扱う。一方，こうした S-D ロジックを客観視する姿勢からすれば，S-D ロジックに対する諸研究者の批判を明確に示すことは大変興味深いものといえる。第 14 章の役割はまさにそこにある。そして，以上の検討をもとに，第 15 章では，今後，S-D ロジック研究において論点となるだろう諸点を明らかにし，研究の方向性を示すことにする。なお，この第Ⅲ部が扱う領域は，S-D ロジック内に止まるものではなく，引用等も多岐に亘る。そこで，サービスとサービシィーズの使い分けについては，必要に応じて行うものとする。

第11章　S-Dロジックと価値共創フレームワーク

第1節　はじめに

　第Ⅰ部および第Ⅱ部では，S-Dロジックの基本的枠組みやその論理基盤について検討した。S-Dロジックは，マーケティングのパラダイムが従来のモノを中心とした論理からサービスが中心的な論理へと転換することを提示している。特に本章に関連したS-Dロジックの特徴を言えば，価値共創を強調している点である。S-Dロジックでは，消費者は，企業が創造した価値を受け取るのでは無く，価値の創造に参加する存在になるという。

　そこで，本章では，Vargo and Luschが主張するS-Dロジックの中心的概念を価値共創であると捉える。価値共創をそのまま解釈すれば，ともに協力し合いながら価値を創造することであると考えることができよう。この価値共創の概念は，従来では主にサービス・マーケティングや製品開発の議論において主張されてきたものである。その意味では，何ら新しい概念では無いようにも思われる。

　このような問題意識のもとに，本章の目的は，価値共創，価値の共創，共同生産といった基礎概念を確認することを通して，S-Dロジックが描こうとした世界を明らかにし，今後を展望することである。そこで，以下では，順を追って検討していくことにする。

　本章の構成は以下の通りである。最初に，価値共創に関する先行研究をレビューする。次に，Vargo and Lusch [2004a]，Lusch and Vargo [2006b]，Vargo and Lusch [2008a] を中心にS-Dロジックにおける価値共創の概念を確認する。そして，価値共創にかかわる先行研究との違いを明らかにしながら，

価値共創のフレームワークについて考察する。そして，最後に，S-Dロジックにおける問題点やその限界を提示し，全体をまとめる。

第2節　価値共創に関する先行研究レビュー

　価値共創とは，一般的には，企業と消費者や顧客が協力しながら，価値を創造することである。具体的には，企業の価値創造プロセスや生産過程に消費者・顧客が参加する意味に使われる。この価値共創という概念は，主にサービス・マーケティングや企業の製品開発に関する議論において使用されてきた。

　サービス・マーケティングにおいては，サービスの無形性や同時性に注目し，生産過程への消費者・顧客参加について多くの研究蓄積がある[1]。Lovelock and Young[1979]は，企業の生産性向上のために，顧客や消費者を利用することの重要性を指摘している。例えば，スーパーは，顧客が従業員の業務の一部を代わりに行なうセルフサービス方式を採用している。このセルフサービス方式の採用によって，スーパーは，費用効果を高め，生産性を増加させることが可能となった。

　また，Normann[1991]は，顧客がサービスの生産者と消費者の両方の役割を持つことを当然のこととすると，顧客がサービス活動へ参加することは，企業経営にとって重要な意味を持つと述べている。なぜなら，顧客がサービスの生産過程に「どのような形で」「どの程度」参加するのかという顧客参加の形態を設計することが企業の課題となり，企業の運営面において重要な影響を持つことになるからである。

　Normann[1991]の分類に従えば，「機能」と「様態」という2つの観点からサービス活動への顧客参加を分類することができる（図表11-1参照）。機能は，「仕様」「生産」「品質管理」「マーケティング」に分けることができる。また様態は，「行動面」「知能面」「感情面」に分けることができる。例えば，現金自動支払機の場合は，機能の観点からみれば，顧客は，従業員に代わって行動するというサービスの「生産」に参加している。そして，様態の観点からみれば，知的な処理作業を行なうという「知能面」からサービス活動へ参加していると捉えること

ができる。つまり，顧客参加を「機能」と「様態」という2つの観点から捉えることで，企業は，より具体的に顧客参加形態の設計を行なうことが可能となるのである。

図表11-1　顧客参加の様態と機能

機能＼様態	行動面	知能面	感情面
仕　様			
生　産			
品質管理			
マーケティング			

（出所）Normann [1991] 邦訳144頁をもとに筆者作成，一部削除。

顧客参加に関する研究は，サービス・マーケティング研究のみならず，競争優位の獲得といった経営学的な視点からも注目される。これは，製品開発過程に消費者や顧客を積極的に参加させることにより，競争優位を獲得しようとするものである。例えば，小川 [2006] は，本来メーカーが行なってきた製品開発過程に流通企業や消費者の持つ知識を活用することで新たな価値を生み出すことが可能になると指摘する。「流通企業や消費者が持ち寄った情報・知識を使って新製品を共創する。その結果，新規性・独自性の高い製品が生まれ，メーカー，流通企業には，競争優位が，消費者には満足がもたらされる」（5頁）という。また同様に，Prahalad and Ramaswamy [2004] も，消費者と企業による共創によって，企業は設計，エンジニアリング，製造等の新しいアイデアを得る機会になる。したがって，企業にとって，消費者や消費者コミュニティもコンピタンスの源泉として重要であることを指摘している。このPrahaladらの主張は，企業の消費者観の転換の必要性を指摘するものである。つまり，これまで企業からの価値提案を一方的に消費者が受け入れるという認識から，積極的に企業と一緒になって価値を生み出そうとする消費者が存在するという点を企業は認める必要があることが主張される。こうした先行研究の議論から価値共創が，企業活動にとって一定の意味をもってきたことは容易に想像できるといえよう。

ここまで，簡単に価値共創およびその周辺の先行研究をレビューしたが，そ

れらの研究に共通するのは，消費者や顧客が価値創造プロセスに参加するという点である。

　しかし，このような先行研究では，消費者や顧客が生産過程に介入するのは，ある特殊な場合に限定される。つまり，サービス提供の場面は必ずしも多くはなく，限られたものであろうし，製品開発過程への介入は，積極的な消費者が前提となり，その他大勢の物言わぬ消費者が存在する。これは，価値共創を特殊な状況として認識するものであるといえよう。実際に，Prahalad and Ramaswamy [2004] は，「すべての消費者が常に共創を望んでいるわけではない」（原文 p.55, 訳文 94 頁）と指摘し，共創と企業中心の伝統的体系が同時に存在することを暗に示している。

第3節　S-Dロジックにおける価値共創

　産業革命以後，生産と消費が分離することによって，生産効率が大幅に上昇した。極端に言えば，産業革命以前は，自分で消費するものは，自分で生産するという自給自足型の社会であった。しかし，生産者が生産活動を担当し，消費者が消費を担当することで，それぞれの役割に専念することが可能となる。その結果，企業の生産効率が上昇する。

　したがって，伝統的に生産者の役割とは，モノ（goods）やサービス（services）の生産や開発であり，その一方で消費者や顧客の役割とは，生産者によって生産されたモノやサービスの消費であるとされ，明確に区別されてきた。

　しかし，この様な区別について，Vargo and Lusch [2004a] は，マーケティング効果や効率を低下させるものであり，それらの区別自体が意味をなさないと指摘する。そして，「顧客は消費だけでなく，常に，価値の生産に関係する」(p.11) と述べている。この彼らの指摘は，一体何を意味するのであろうか。この点に関して，本節では，Vargoらの主張を中心に考察していく。

1. 価値共創の性格

　価値共創とは，先にも述べたように，一般的には，企業と消費者・顧客が一緒になって価値を創造することである。例えば，消費者が製品開発に参加するといった消費者参加型の製品開発が挙げられる。これは，これまでメーカーが主体となり行なってきた製品開発の過程に，消費のプロである消費者を参加させることによって，メーカーが捉えきれない消費者ニーズを満たしたり，新たな価値を提供する製品を開発しようとするものである。この様な共創は，製品開発の新しい形として注目されている。

　しかし，Vargoらのいう価値共創は，上記のものとは異なる。後に詳しく検討するが，簡単に言えば，S-Dロジックにおける価値共創は，企業と消費者によるあらゆる活動がその対象となる。

　その点について，Vargo and Lusch [2004a] は，消費者はいつも価値の生産に関係していると指摘する。この生産には，メーカーが製品を作る活動だけでなく消費者によって製品を使用することも含まれる。つまり，一般的に言われるモノを作るという製造の意味としての生産ではなく，より広い意味で生産という言葉が使用されている点に注意が必要である。

　消費者や顧客が，この広い意味での生産活動に従事していることをVargo and Lusch [2004a] は，「顧客は，そもそも関係的交換や共同生産への能動的参加者である」(p.7) と述べ，顧客が主体的に価値交換や価値生産に参画することを強調している。そして，S-Dロジックの基本的前提6として，「顧客は常に共同生産者である」(p.10) と主張する。

　しかし，この論文が発表されて間もなく，数名のマーケティング研究者は，共同生産という言葉は，非常にG-Dロジック的であるとVargoらの主張を批判した。それに対して，Vargo and Lusch [2006] は，共同生産という言葉は，形ある何かを作ることを意味するので，その批判が正しいことを認めている。そして，基本的前提6を「顧客は常に価値の共創者である」(p.44) と変更した。

　彼らが指摘する価値共創とは，売り手や買い手がともに，協力しながら価値を創造するという意味を含む (Vargo and Lusch [2008a] p.8)。そして，彼らによれば，「市場での交換と同時に手に入る価値は，一方的に作られるのではな

く，常にリソースと特有の価値判定との独特の組み合せを伴うものである。したがって，顧客は常に価値の共創者である」（p.8）という。

　ここまで，Vargoらの価値共創に関する一連の記述を簡単にまとめた。そこで，以下では，彼らのいう価値共創をより深く理解するために，次の点に注意を払いながら彼らの主張を考察する。第1に，「顧客がいつも価値を共創するということは一体どのようなことなのか」という点。そして第2に，「価値とは，誰にとってのどのような価値なのか」という点である。

2．サービスと価値共創

　Vargoらの唱える価値共創は，サービス概念と密接に関係している。そこで，最初にS-Dロジックにおけるサービス概念を簡単に確認しておくことにしよう。

　これまでサービス概念については，多くの研究者によって蓄積がなされてきた。例えば，サービス・マーケティング研究において，Lovelock and Wright [1999] は，サービスの定義づけについてその困難さを指摘しながらも，サービスとは一方から他方へと提供される行為やパフォーマンスであると指摘する。この主張は，サービスとモノとの違いに注目し，サービスの大きな特徴である無形性から導かれたものである。

　また，Vargo and Lusch [2004a]；[2008a] によれば，サービスとは，他者あるいは自身のベネフィットのために行為，プロセス，パフォーマンスを通じてコンピタンス（ナレッジやスキル）を適用することである。この定義は，前述のLovelock and Wright [1999] の定義と類似している。しかし，その本質は大きく異なる。なぜならLovelockらがモノと相対するものとしてサービスを捉えていたのに対し，Vargoらの主張するサービスは，モノの上位概念として位置づけられるからである（図表11-2参照）。Lovelockらのいう従来のサービスをVargoらは複数形のサービスつまりサービィーズ（services）としている。

図表 11-2　サービスとモノの関係

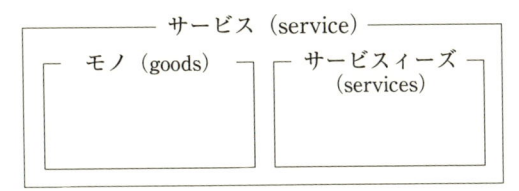

```
┌─────────── サービス（service）───────────┐
│ ┌─────────────┐  ┌─────────────────┐ │
│ │ モノ（goods）│  │ サービシィーズ   │ │
│ │             │  │  （services）    │ │
│ └─────────────┘  └─────────────────┘ │
└─────────────────────────────────────┘
```

（出所）Vargo and Lusch ［2004a］;［2006］をもとに筆者作成。

　繰り返しになるが，S-Dロジックでは，サービスとは，他者あるいは自身のベネフィットのための行為，プロセス，パフォーマンスを通じたコンピタンス（ナレッジやスキル）の適用という活動そのものを意味する。そして，そのサービスは，図表11-2が示すようにモノ（goods）を通じて間接的に行われる場合もあれば，美容室でのヘアカットのように美容師と顧客が相談をしながら行われる目に見えない直接的なサービシィーズ（services）を通じて行われたりするのである。

　ここまで，S-Dロジックにおけるサービスについて簡単にまとめたが，ここで注意が必要なのは，サービスを行うのは誰かという点である。これまでは，サービスの行為者は，サービスを提供する企業であると考えられてきた。もちろん，このことについて，多くの人が疑わないであろう。しかし，Vargoらは，前述のサービスの定義からも分かるように，他者や自身のベネフィットのためにナレッジやスキルを適用する者すべてを主体と考えている。したがって，サービスの行為者は，企業だけでなく消費者や顧客もその主体となることが指摘される。

　その点について，Vargo, Maglio and Akaka［2008］は，自動車の例を挙げている。自動車メーカーは，鉄，プラスティック，ゴムや他のパーツを組み合わせて製造する。言い換えれば，メーカーは原材料を自動車に変換するために自身のナレッジやスキルを適用する。しかし，それだけでは，自動車の価値は，発生しない。なぜなら，あくまでも価値を決定するのは顧客・消費者といったユーザーだからである。価値共創を行うために，ユーザーが，実際に運転をしたり，時にはメンテナンスをしたり，道路交通法を理解して遵守するというよ

うなナレッジやスキルを適用する必要があるといえよう。これは，自動車の場合に限らず，あらゆる行為に当てはまる。美容院で美容師と相談しながらヘアカットを行う場合もそうである。美容師が自身のナレッジとスキルを適用して，カットを行う。と同時に，「前髪をもう少し短くして欲しい」「もっと明るいカラーにして欲しい」といった要望を伝えることも，S-Dロジックでは，顧客が自身のナレッジやスキルを適用していると捉える。そして，完成した髪形に対して顧客が何らかの価値を認識してはじめて，価値が生まれる。

要約すれば，価値共創は，提供者と受益者の両者がサービスを適用することによって，価値を創造することを指す。したがって，Vargo, Maglio and Akaka［2008］が指摘するように，価値共創は，サービスの提供者と受益者間の相互作用から生まれる。つまり，顧客は受益者として，常に，価値を共創するのである。

3．価値の様相

先に述べたように，顧客はいつも価値を共創する。そして，その価値を認識するのも顧客自身である。Woodruff and Fint［2006］は，S-Dロジックの基本的前提の中で，少なくとも3つの前提が価値に関連するものであり，S-Dロジックは，価値を非常に強調するものであると指摘している。彼らの主張によれば，Vargo and Lusch［2004a］は，価値やそれに関連する言葉を50回以上も引用している。

したがって，S-Dロジックにおいて，価値という概念は重要であると考えられるが，その一方で，Vargo, Maglio and Akaka［2008］は，「価値」という言葉は，曖昧な言葉であるという（p.146）。

では，S-Dロジックでは，価値をどのように捉えているのであろうか。

Vargo and Lusch［2004a］は，G-DロジックとS-Dロジックを比較する中で，価値について述べている。最初に，G-Dロジックにおける価値とは，生産者が生産プロセスにおいてモノに埋め込むものであるという。そして，その価値は，モノが貨幣と交換される時の価値を表す。したがって，G-Dロジックでの価値は，交換価値（value-in-exchange）と定義され，価格で捉えられる。

一方で，S-Dロジックにおける価値は，交換価値とは異なる。まず，G-Dロジックでは，価値を決定する主体が生産者であったのに対し，S-Dロジックでは，その主体は，消費者や顧客である。そして，その価値は，消費プロセスの中で，最終的な消費者や顧客と一緒に創造されたり，決定されるものである (Lusch and Vargo [2006b] p.284)。したがって，その価値は，使用価値 (value-in-use) と呼ばれる。つまり，簡単に言えば，価値とは，これまでの伝統的なG-Dロジックでは交換価値を意味し，S-Dロジックにおいては，使用価値を意味する。

　以上のようにS-Dロジックにおいては，主に使用価値に焦点が当てられる。なぜなら，Vargo, Maglio and Akaka [2008] が指摘するように，価値は，あくまでも最終消費者や顧客が，モノやサービィーズを使用する過程あるいは使用した後に，発生すると考えるからである。したがって，その使用価値が認識されたり，決定されるためには，消費者や顧客による使用や経験が必要となるであろう。

　そして，これらの使用価値という言葉そのものにも注意が必要であるとVargoらは指摘する。なぜなら，使用価値という言葉は，「モノを使用することで生み出される価値」という狭い意味として誤解される恐れがあるからである。そこで，この誤解を避けるために，Vargo, Maglio and Akaka [2008] は，「使用価値」を「文脈価値 (value-in-context)」という言葉に置き換えている。つまり，モノだけではなく，サービィーズの使用や経験を通じて文脈価値が形成されることを表そうとしたのである。

　同様に，Vargo and Lusch [2008a] は，経験という言葉も誤解されやすいと指摘している。彼らは，基本的前提10「価値は受益者によって常に独自に現象学的に判断される」において，「経験的」という言葉を敢えて使用せずに「現象学的」という言葉を使用した。なぜなら，「多くの人々が経験的という言葉を聞くと，ディズニーワールドでの経験といったようなものを連想する」(p.9) からである。ここでの経験とは，ディズニーワールドが提供する体験というサービィーズを消費することそのものを意味する。具体的にいえば，「様々なアトラクションで遊ぶこと」「ミッキーマウスと写真を撮ること」を体験することである。

しかし，繰り返しになるが，体験だけでは，価値は生まれない。そこから一歩進んで，価値が創造されるためには，その体験を通じて，顧客が価値を認識する必要があるのである。そして，その価値認識は，顧客によって様々である。つまり，やや大げさに言えば，100人の顧客がいれば，100種類の価値が創造されることになる。それに加えて，同じ顧客であっても，その顧客がおかれた状況によって，その認識する価値は，異なる可能性があるといえよう。

本節では，S-Dロジックにおける価値について簡単にまとめた。価値とは文脈価値を意味する。その文脈価値は，価値決定者や受益者が，主観的に決定するものである。つまり，ある人がモノの使用を通じて，非常に価値を認識する場合でも，別の人にとってみれば，全く価値が無い場合もあれば，たとえ同一人物であっても，その使用状況によって，認識する価値が大きく変わる可能性が生じることが指摘される。その意味で「価値は常に受益者によって独自に現象学的に決定される」(Vargo and Lusch [2008a] p.9) のである。

4．価値共創の形態

Lusch and Vargo [2006b] らによれば，価値共創は，2つの構成要素からなるという。その構成要素とは「価値の共創 (co-creation of value)」と「共同生産 (co-production)」である。この2つの構成要素の関係は，図表11-3に示されるように，「価値の共創」が「共同生産」の上位である入れ子になったものとなる。

図表11-3　価値共創

┌─ 価値の共創 ─────────────┐
│　┌─── 共同生産 ────┐　│
│　│　　　　　　　　　│　│
│　└─────────────┘　│
└───────────────────┘

(出所) Lush and Vargo [2006b] p.284をもとに筆者作成。

価値の共創については，先にも詳しく触れたので，ここでは共同生産につい

て簡単に確認する。

　Lusch, Vargo and O'Brien [2007] において，次のように述べられている。共同生産とは，中核となる提供物自体を創造することに顧客あるいは価値ネットワークにおける顧客や他のパートナーが参加することであるという[2]。そして，共同生産は，共同考案，共同デザイン，共同生産を通じて発生すると指摘している。したがって，共同生産とは，企業と顧客や他のパートナーが協力しながら，実際にモノを創造するというよりも，むしろモノを創造することに参加すること自体を指しているといえよう。

　また，共同生産への顧客参加について，Vargo and Lusch [2008a] は，「共同生産の参加は，自由意志であり，全くの関わりがないゼロの状態から顧客やユーザーによる豊富な共同生産行為まで様々である」(p.8) という。つまり，共同生産へ参加する顧客がいれば，逆に全く参加しない顧客がいると考えられる。したがって，共同生産に参加する顧客とは，参加したいという明確な意志を持ち，積極的に共同生産に参加しようとする顧客である。

　この Vargo らの主張から考えれば，価値の共創が，顧客のあらゆる活動を含むのとは対称的に，共同生産は，非常に限定的であるといえよう。このように考えると，図表 11-3 が示すように，共同生産が価値の共創に含まれ，それが入れ子の関係になることが理解できるであろう。

5．S-D ロジックの課題

　本節では，S-D ロジックにおける価値共創概念のフレームワークについて考察した。S-D ロジックでは，価値共創とは，提供者と受益者の両者がサービスを適用することによって価値を創造することを指す。つまり，S-D ロジックは，サービスを中心に「交換」と「価値創造」という事象を捉える考え方である (Vargo and Lusch [2008a])。したがって，誤解を恐れずに言えば，マーケティングにおける S-D ロジックは，マーケティングに関する事象に，サービスを中心とする視点を提供したに過ぎないことが指摘される。そこで，マーケティング研究やマーケティングの現場の中に S-D ロジックを位置付けるためには，以下の 2 つの点をあらためて検討する必要があるといえる。

まず，第1に価値共創概念の精緻化である。S-Dロジックでは，企業と顧客が，お互いに自身のスキルやナレッジを適用することで価値が共創されることが強調される。しかし，具体的にどのように価値共創や価値の共創，共同生産が行なわれるのかについては，述べられていない。例えば，共同生産については，Vargoらは，詳細な検討をしておらず，彼ら自身も混乱しているように思われる。なぜなら，共同生産の具体的な例を挙げつつも，どのような点が共同生産といえるのかについて何も言及していないからである。この共同生産の例として，顧客がイケアの家具を組み立てたり，小売業者とメーカーが共同で小売マーケティングプログラムを作成することを挙げている。そこでは，なぜ，顧客が家具を組み立てることが共同生産といえるのかについては，述べられていない。仮に，部品を組み立て，顧客が家具として使用できる状態にすることを共同生産と呼ぶのであれば，家電量販店で購入したパソコンを家庭に持ち帰り，顧客自身がパソコン本体とモニターを接続したり，必要なソフトをインストールすることも共同生産と呼べるのかもしれない。このように，具体的な価値共創については，今後詳細な検討が必要であるといえよう。

次に，S-Dロジックと既存のマーケティング研究との結びつきを検討することである。既存のマーケティング研究は，企業による生産から消費者や顧客による消費までを分析対象としてきた。その一方で，S-Dロジックは，交換から消費のプロセスをサービス中心に捉える見方である。したがって，第3章で明らかになったように，S-Dロジックが対象とする範囲は，売り手のサービス提供（交換）から買い手が文脈価値を認識するまでと限定的である。しかし，メーカーにとってみれば，S-Dロジックが主張する文脈価値を顧客と共創することに焦点を当てることの重要性を理解することはできても，メーカーとして価値共創にどのように関わるかといった実際の活動を具体的にイメージすることは困難である。このような問題を解決するために，価値共創概念を拡張することが必要であるかもしれない。

より具体的に言えば，ユーザーイノベーションに代表される企業の製品開発過程へ顧客が参加することと顧客が自身のために製品をカスタマイズすることを同じ共同生産と考えることが可能であるかという点である。前者が，顧客がその製品を購入することを前提としていないのに対して，後者はその製品を購

入することを前提に，カスタマイズを行なうものである。この購入を前提とするかどうかを区別することは，S-Dロジックを基礎としたマーケティング理論の構築を目指す上で，少なからず意味を持つと思われる。なぜなら，上記のような交換段階以前の製品開発の議論は，S-Dロジックの範囲を超えるものであるからである。しかし，顧客との価値共創の概念は，高室［2009］が指摘するように，理論的・実践的双方の観点から様々な可能性を秘めている（162頁）。特に，企業だけでなく顧客や消費者のナレッジやスキルを適用することで価値共創が生じるという点を考慮すれば，価値共創概念を交換段階前に拡張することは可能であると考えられる。

第4節 おわりに

　本章では，価値共創をS-Dロジックにおける中心的概念であると捉え，S-Dロジックが描こうとした世界について価値共創，価値の共創，共同生産といった基礎概念を用いて考察を行なった。まず，価値共創の概念自体は，先行研究のレビューからそれほど新しいものではないことが明らかとなった。しかし，それらの先行研究では，価値共創は，限られた場所，場面においてなされるものであり，その意味で非常に限定的である。消費者の視点から言えば，積極的な顧客・消費者によってなされるものである。

　その一方で，S-Dロジックにおける価値共創は，企業や顧客・消費者のあらゆる活動がその対象となる。S-Dロジックにおける価値共創とは，サービスの提供者と受益者が，お互いにサービスを適用することによって，受益者にとっての文脈価値を創造することである。そのサービスは，モノを介して適用される場合と目に見えない直接的なサービィシーズを通じて適用される場合がある。また創造される文脈価値は，顧客によって様々である。

　そして，S-Dロジックにおいて，サービスの主体は，企業だけでなく消費者や顧客も含まれる点に注意が必要である。最終的に文脈価値を認識するのは顧客であり，そのためには顧客自身によるサービスの適用が必要となる。したがって，「顧客はいつも価値の共創者である」ということができよう。

また，Vargoらは，価値共創を「価値の共創」と「共同生産」という2つの構成要素からなると指摘する。そして，「価値の共創」と「共同生産」の関係は，前者が上位となる入れ子の関係である。

　しかし，S-Dロジックにおける価値共創概念の新しさを認識することはできても，実際に顧客や消費者がどのように価値共創に関わるのか，逆に，企業のマーケティング活動の中で，どのように価値共創を位置付けることができるのかといった点についての具体的検討は，今後の研究課題となるであろう。

（注）
1) 顧客参加については，Bendapudi and Leone[2003]が詳細に先行研究のレビューを行っている。
2) Lusch, Vargo and O'Brien[2007]においては，共同生産を「核となる提供物自体の創造（creation）への参加」(p.11)とし，Vargo and Lusch[2008a]では，「― の開発（development）―」(p.8)と使い分けているが，その真意は不明である。

（大藪　亮）

第12章
S-Dロジックとマーケティング組織・資源

第1節 はじめに

　マーケティング研究における組織・資源へのアプローチは，決して新しいことではない。しかし，S-Dロジックは，資源の捉え方に特徴があり，この新たな解釈によってマーケティング研究が大きく進展しようとしている。特に，サービスを資源として捉えたとき，この資源の概念には組織が戦略的に意思決定する行為やプロセスが含められる。このことが，S-Dロジックを支える鍵概念であることは間違いない。

　そこで本章では，マーケティング研究による組織のケイパビリティ（capabilities）というアプローチに注目し，それがS-Dロジックの示すオペランド・オペラントにどう示唆を与えたのかを明らかにする。次に，この2つの資源の分類に注目する。その起源や理由を示したうえで，この分類の方法が，S-Dロジックで議論されることの意義を考察する。最後に，こうした資源の解釈によって，今後のマーケティング研究にどのような成果や発展が見込まれるのかについて検討する。

　当初，Constantin and Luschは組織における資源を分類する規範として，オペランド（operand resource）・オペラント（operant resource）を示したはずであった。しかし，サービスを資源として捉え，顧客間関係をオペラントのフレームワークで検討した場合，操作型のマーケティング活動の限界が浮き彫りになる。最後は，S-Dロジックのいう価値共創は，どのような資源の統合を意味しているのかについて検討し，今後の課題までを明らかにする。

第2節　マーケティング研究における組織・資源

　マーケティングにおける組織・資源への関心は，企業内部に蓄積されたナレッジやスキル，そしてコンピタンスなどの戦略的な価値が，競争優位の源泉ではないかとする研究（Day and Wensley［1988］；Wernerfelt［1995］）に端を発する。資源は企業を横断し混成しながら機能していき，時間を超えて比較的に安定し，それによって顧客から資源を獲得するための優れたケイパビリティを形成する。当初よりマーケティング研究においてこれに注目した研究者こそがDay である。

1．ケイパビリティの所在

　Day［1994］は，ケイパビリティを「機能的な活動に優れた調整を確実にする組織プロセスを通して実践される技術と学習が集合した複雑な束」（p.38）と定義した。ナレッジやスキルが束になることで，組織の強みが発揮されることに注目し，これらを組織の重要な資源であると指摘している。また，「（ケイパビリティは）組織プロセスを通じて運動し，企業活動や資産の活用をコーディネートすることを可能にした」（p.38）とも指摘し，組織のケイパビリティが組織プロセスと密接な関係があると指摘している。

　Day は，組織の外部から内へのプロセス[1]，組織の内部から外へのプロセス[2]（図表 12-1 参照）というように，プロセスを機能させる存在としてのケイパビリティに注目した。特徴的なケイパビリティはビジネス機能（事業・マーケティング・研究開発など）から進化し，機能横断的なプロセスへの移行を促すとも考え，こうした議論から組織が市場志向になることの重要性を示している。また，ケイパビリティが機能することによって優れた顧客価値と組織の業績の双方を実現すると考え，Market-Driven の組織を実現するための重要な鍵概念としてケイパビリティを採り上げている。

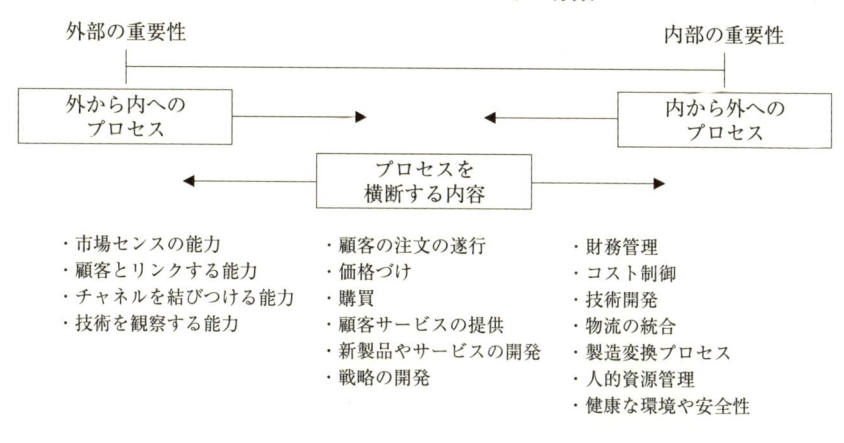

図表 12-1　ケイパビリティの分類

外部の重要性　　　　　　　　　　　　　　　　　内部の重要性

| 外から内への
プロセス | ← → | プロセスを
横断する内容 | ← → | 内から外への
プロセス |

・市場センスの能力　　　・顧客の注文の遂行　　　・財務管理
・顧客とリンクする能力　・価格づけ　　　　　　　・コスト制御
・チャネルを結びつける能力・購買　　　　　　　　・技術開発
・技術を観察する能力　　・顧客サービスの提供　　・物流の統合
　　　　　　　　　　　　・新製品やサービスの開発・製造変換プロセス
　　　　　　　　　　　　・戦略の開発　　　　　　・人的資源管理
　　　　　　　　　　　　　　　　　　　　　　　　・健康な環境や安全性

（出所）Day［1994］p.41.

　その後，市場ベース資産の研究や資源ベース視角への接近など，マーケティング研究による組織・資源に関する研究が充実していく（Hooley et al.［1998］；Srivastava et al.［1998］）が，その後の研究においても Day が示したケイパビリティの概念は採り上げられ，戦略論や資源論とは異なるマーケティングが示すケイパビリティの所在を検討する起点になったのである。

2．Market-Driven の組織文化へ

　こうした研究の背景には，組織文化への関心の高まりがある。1980年代前半に，国際競争における日本企業の躍進を背景として組織文化論が台頭し，顧客との関係を重視する組織文化が脚光を浴びた（Peters and Waterman［1982］）。こうしたなか Webster［1988］は，組織文化におけるマーケティング・コンセプトの再発見を試みている。これらの研究を契機に，組織に焦点をあてたマーケティング研究が形成されていった。

　また，Day に代表されるように，Market-Driven 戦略を主張する研究者は，マーケティングから組織の問題を指摘する一方で，ビジネスの主体を市場に置

き，組織を客体化しながら問題を検討し，組織にどのような特性が求められるかを示していった。組織の都合で商品を顧客に押し付けるのではなく，組織が自ら魅力ある市場を形成していくことこそが組織の目的であり，これを実現する組織についてマーケティングの立場から言及した。

こうして，マーケティングが組織に求めるケイパビリティを特定していくことになる。組織の市場志向の実現は特徴的なケイパビリティとも密接に関連し，顧客価値の必要条件と組織の業績の具合の良いところに適合をみいだすことができる。これを促す論理として，Market-Driven 戦略は優れた顧客価値と組織の業績を導くと考えたのである（Cravens and Piercy [2009]）。

3．マーケティングに固有の組織問題

こうした一連の研究は，組織の内部と外部環境との関係性を解明し，戦略デザインや実施のための新たな根拠としての市場を再認識させた（Cravens [1998]）。ここでいう資源とは組織の政策や手続き，組織に蓄積されたナレッジやスキル，雇用者の具体的な経験などを含めた幅広い無形の基礎資源を指している。

マーケティング研究が，戦略マネジメント研究と異なる資源の特徴に注目する理由は，戦略的な焦点に資源を置くことで，最終消費者への重要な価値を提供するための特徴的なケイパビリティが，組織の戦略をかたちづくる際に重要だからと考えたからである。とりわけ組織に蓄積されたナレッジとスキルという無形の資源が，マーケティングにおいて重要であると指摘した点への功績は大きく，こうした観点はその後のマーケティング研究における焦点ともなっている。

第3節　新たな資源の解釈と分類へ

1．資源に作用するケイパビリティ

　組織の特徴的なケイパビリティの発見が，Market-Driven 戦略の重要な観点であることは，前述のとおりである。Winter [2003] は組織のケイパビリティを「ハイレベルのルーチン（あるいはルーチンの束）であり，これは特定のタイプの重要な出力を生じさせるために入力するとともに流れ出し，決定権のセットを組織のマネジメントに与える」(p.991) と定義した。Hunt [2000] は「市場への価値ある提供物として効率的あるいは効果的に企業が生産することができ，そのとき一緒にヒットする」(p.188) ものであると考えている。

　いずれの場合においても，マーケティングのいうケイパビリティは，企業行動に示唆を与える特別な存在として捉えられている。その蓄積された行動パターンやナレッジといった資源が，その組織に独自のマーケティング活動に結実し機能したときに，マーケティング固有のケイパビリティが機能したということになる（Day のいうスキルとは，ナレッジが機能するためのプロセスや実践の段階で適用されるものをいう）。

　これは，ダイナミック・ケイパビリティを「企業が変化する環境に即座に対応する内部や外部のコンピタンスを変更し構築し，統合する可能性」(p.516) と定義した Teece et al. [1997] の主張と異なるだけでなく，Barney [1991] が分類した物的資源，人的資源および組織的資源のいずれというものでもない。マーケティングのいう資源は，相乗効果の道筋を持ちながら首尾一貫したものであり，市場で価値ある提供物に反映させることのできるものと捉えられているのである（Hunt [2000]）。

2．オペランド・オペラントの起源

　ところが，S-D ロジックでいう資源は，前述の Market-Driven 戦略が示し

たケイパビリティと直接関係していない。「市場で価値ある提供物に反映させることのできるもの」が重要であることは間違いないが，最初にオペランド・オペラントを定義したConstantin and Lusch[1994]には，違うねらいがあった。

当時，Barney[1991]の示した資源の分類は，財務的要素が分類の基準となっている。この分類方法を問題視したConstantin and Luschは，資源を作用するものと作用されるものに分類した。この2つの資源が組織内部で機能することによって，資源を物質的なものと限定した見方をあらため，資源によって駆動される組織と捉えることが可能になると考えたのである。ここにこそ，彼らが資源をオペランドとオペラントに分類した理由がある。

3．オペランド・オペラントの定義

オペランド資源とは，効果的に生産が行われるために企業が獲得する資源を指す。資金や機械などの物質的な資源のことを指し，有形，静的，有限なものである。これに対しオペラント資源とは，効果的に生産が行われるために働きかける資源のことを指す。企業が獲得することが困難な無形の資源で，組織に蓄積された知識や技能知識や技能など無形，動的，無限のものの総称とされている（図表12-2参照）。

図表12-2　オペランド資源とオペラント資源の性格

	オペランド資源	オペラント資源	オペランド+オペラント
何を指すか	操作が効果を生むために実行される何か	効果を生むほかの何かを作動させるもの	供給支援や提供することの機能的なコンセプト
性　格	機械など有形の資源。物質的なもの	知識・技術など無形の資源。	資本と文化の結合による付加価値
性　質	何か物理的なもの：土地，労働者，資本，人々，資金，機械，材料	技能のようなプロセスの型。技術やコンセプト：技術を通じて価値を高める	組織的な目的のための手段
使　途	機能はプロセスによって影響され，資源として働く	戦略上，プロセスを誘導するためにマネジメントが機能する	戦略の定式化と実現

（出所）Constantin and Lusch [1994] p.145.

オペランドは，操作や行為が効果を生むために実行される資源であり，操作や行為にオペラントを見出すことができる。オペランド・オペラントはそれぞれ単独で機能することはないが，両者が有機的に機能することによって，組織の戦略行動が実現する。Constantin and Luschはこのように考えたのであった。

4．資源の戦略的な統合へ

　実は，Constantin and Lusch [1994] が資源に注目した理由も，戦略マネジメントのコンセプト実現における欠点の克服にあった。彼らは，Dayのいう機能的活動とBarneyのいう資産マネジメントの概念を資源マネジメントのコンセプトに置き換え，貸借対照表に示すものとそうでないものを区別しない，資源の戦略的な統合を目的としていた（p.141）。

　統合した資源のコンセプトからアプローチすることによって，組織の内部や外部の環境も資源として含めることができ，それが製品またはサービスに変換しユーザーの手に渡る。つまりこの統合は，戦略マネジメントのコンセプトの一部であるが，プロセスに含まれるという性質のものではない。企業にとっての資源とは「目的のための手段」として多様性があり，戦略の決定に様々な意味をもつ。

　このように捉えることで，組織が有する資源は，操作によって効果を得るために実行する資源と，目標を達成するための用途としての資源とに分類できる。とりわけ後者は，それ自身に資源性のあるものだけでなく，ほかの資源と連動して機能するものであり，彼らの分類によると従来資源として捉えることのなかった多様な資源が組織内部に含まれていると指摘している（Constantin and Lusch [1994]；Vargo and Lusch [2004a]）。

　Constantin and Lusch [1994] は，なぜこのような資源の分類を強く意識したのだろうか。この問題意識のなかに，既存研究への批判が見受けられる。

　彼らは，「組織と顧客サービスに焦点化することを駆動力とするマーケティングは間違っている」（p.152）として，間接的にMarket-Drivenを牽制している。それは，組織が市場志向に達したならば，次は組織が希望するレベルの顧客サービスを実現するために，資源の特定とそれらの活用が促されなければな

らない。この段階に達した組織は，顧客サービスに焦点を当てるだけでは不十分で，優れたサービスを提供するためには，どの過程でもサービスが検討されるべき問題になっていることを示している。

当時，顧客サービスに焦点化するあまり，組織内部の事情を犠牲にして外部を強調する傾向があったが，このことが組織内部の資源への関心を遠ざけていると彼らは考えた。さらに，市場シェアに焦点化するのも間違いだと指摘している。組織が影響力を過剰に求めたり，組織の内部と外部のそれぞれの事情をバランスよく考慮することなしに高い目標達成ばかりが至上命題になることへの批判が，そこには込められている。「何もかもが上級の資源というだけではなく，人間の制度的な性質，生産，マーケティング，財務，技術や他の資源も含めたすべての資源が大切だということである」(p.152) という言葉にあるように，オペラントの定義は際限なく資源を採り上げようとしているのではなく，戦略行動を検討する際に，この資源が適切に作用することの重要性を指摘している。企業にとっては，オペラントを発見し，その特性が独創的であるか検討し，最適な資源の活用が促進されなければならない。Constantin and Lusch の指摘は，組織があらゆる資源を自覚し，オペランド・オペラントが有機的に作用することの重要性を示唆しているのである。

5．オペランド・オペラントの性質の違い

さて，Constantin and Lusch が最初に示したオペランド・オペラントの性質の違いは，次のようなものであった。

彼らはオペランドを「操作によって効果を得るために実行する資源」と表現した。手段と目的との関係において組織が操作の対象とする資源の総称としてオペランドを位置づけている。人的資源・資金・機械・材料といった物理的な資源を指しているのだが，彼らはこれに加え「製品を分配する卸売業者などの組織」もオペランドとしている。組織が戦略レベルで統合している社外の組織も「操作によって効果を得るために実行する資源」として同様に扱っているところに特徴がある。

これに対しオペラントは「目的を達成するための用途としての資源」と表現

されている。彼らは目的を実現するためにオペランドに作用するものの総称としてオペラントを位置づけている。具体的には，組織に蓄積されたナレッジやスキルといった文化的な資源，コンセプト実現のための有形無形の資源，そしてそれに関与する組織や情報などを指摘している。

オペランドとオペラントの境界は曖昧で，見方によるとオペラントはオペランドを包含した概念のようでもある。しかし，彼らはこのように資源を大別し組織に注目したことで，資源の捉え方や扱い方によって資源獲得も意思決定も大きく異なることを明らかにしている。

例えば，新製品の技術開発のために，職能の高い技能工を雇い工場を建設しても（これらはいずれもオペランドである），それをどう活かすかというオペラントが存在しなければ成果に恵まれない。それどころか，オペラントによって異なった結果がもたらされる。すると，組織はより最適なオペラントをデザインしなければならない。あるいはオペラントの関係も検討し，企業や事業のシステム全体がどう構築されているか，それぞれの資源の作用が何を生んでい

図表12-3　組織の部署でのオペランド資源とオペラント資源

	オペランド資源	オペラント資源	オペランド+オペラント
一　般	機能的なもの	戦略上，経営者や操作によって用いられる	部門と組織の任務を実行するために
ファイナンス	使っている資産や負債について	資金，クレジット，リスクの管理	金融サポート・システム
人的資源	時代と共に価値が下がる	技能：使用とともに価値が認められるもの。更新し拡大し，進化する可能性	すべての活動あるいは組織的なサポート。価値を高める
情　報	データ：販売，生産，市場など	分析：費用，生産性，収益性，実行可能性	計画と意思決定支援システム
マーケティング	商品とサービス：いったん販売するとなくなる。買い手	評判：チャネル	マーケティング・サポート・システム
生　産	施設・機械・道具	操作プログラム・労働者技能と管理	生産サポート・システム

（出所）Constantin and Lusch［1994］p.147

るかにも注意を払う必要がある。彼らは，オペランド・オペラントにこうしたねらいを盛り込んだのである（図表12-3参照）。

　ここまでをみると，Constantin and Lusch が当初示したオペランド・オペラントは組織のための資源の分類であり，市場や顧客間関係への示唆はない。つまり，マーケティング研究が扱うこれまでの資源とは異なっていたのである。しかし彼らの主張によると，オペラントなしに組織が価値を創造することはあり得ないほか，それぞれの資源を適用させ成果を生むためにも，オペラントが重要であることを明らかにしてきた。オペラントの検討が進展するにつれて，価値の創造と資源の適用がより学術的に解明される可能性が強まったのである。

第4節　S-Dロジックにおけるオペランド・オペラントの意義

　さて，Vargo and Lusch [2004a] が示したS-Dロジックでは，Constantin and Lusch [1994] が示した資源の捉え方を基調としている。これは，彼らが最初にオペランド・オペラントを示した理由（「組織が市場志向に達したならば，次は組織が希望するレベルの顧客サービスを実現するため」）を重視したからであろう。

　サービス取引を前提に検討した場合，優れたサービスほど既存の資源（＝オペランド）よりも，それに働きかける資源（＝オペラント）の方が重要になる。なぜなら，サービス行為は顧客に直接作用するものであり，サービスを提供する側のオペラントに依存する傾向が強くなるからである。Vargo and Lusch は，おそらくこのことを前提にS-Dロジックを構築するにふさわしい資源概念の導入を考えたに違いない。

　こうしてConstantin and Lusch が示した資源の分類は，S-Dロジックでも用いられることになったと考えられる。企業と顧客との間で生じる取引や交換にもオペランド・オペラントを当てはめ，企業にとって顧客は交換取引を実現する対象，サービスの作用する客体として顧客を位置づけた。すると，財を交換する関係において，企業から見れば顧客はオペラントであると理解できる。

オペランド・オペラントの2つの観点から検討するのを組織の内側だけに留めるのではなく，財の交換過程でも同じように解釈することで，あらゆる資源の作用が検討できるようになった。この点にこそ，資源をオペランド・オペラントに分類して研究する最大の意義があるといえるだろう。

このように，オペランド・オペラントの最大の功績は，資源に作用するものも資源と捉えたことであろう。このとき後者がオペラントであり，この概念をS-Dロジックに導入することで，多様な資源関係が検討できるようになったのである。以下に，顧客との財の交換の関係が従来とどのように変化したのか，3つの観点から考察する。

1．サービスに基づく交換

先に述べたように，S-Dロジックの最大の学術的貢献は，交換がサービスに基づいていることを発見し，「商品が必要とされるとき，商品は引き渡しや資源の使用のための道具である」(Vargo, Lusch and Morgan [2006] p.40) と捉えたことだと指摘できる。つまり，商品は全てサービスであり，引き渡しのための伝達手段である。S-DロジックとG-Dロジックの対比の争点は，交換によって生じる価値の捉え方である。S-Dロジックにおいてはサービスの交換が前提になるため，価値は顧客の使用段階で発現する。価値の提示はサービスが担っており，そのサービスの源泉はオペラントに求められる。企業が最適な価値の提示を可能にしようとすればするほど，オペラントの作用（例えば，組織に蓄積された知識や技能のような，他の資源と連動して機能するもの）が焦点化されるのである (Vargo, Maglio and Akaka [2008])。

2．オペラントとしての顧客

組織にとって望ましい交換を成立させるためには，オペラントの作用がしっかりと見据えられなければならない。つまり，そこに生じる価値は，オペラントの有益な適用によって決定するのであり，場合によってはオペランドを通じて伝達されるのである (Vargo and Lusch [2004a])。これは，G-Dロジックか

らS-Dロジックへと捉え方が移行することによって，より注目されている。

前近代的な価値観の典型であるG-Dロジックと，サービスを交換の基本的な前提と捉えるS-Dロジックと比較したとき，後者における資源は多様である。なぜなら，（商品を含む）サービスを顧客と交換する際に生じる価値は，顧客の満足に含まれる要素の隅々にまで資源が影響しているからである。この資源に注目すると，価値を提案する資源は無数に存在することになる。したがって，資源の定義も多様になる。このときの資源を端的に示すものが，オペラントである。つまり，Constantin and Luschが最初に発案した資源の分類は，S-Dロジックの出現によって，よりその分類の意義を強めることになったのである。

このように解釈を進めていくと，S-Dロジックでは顧客も主たるオペラントとなる。なぜならば，顧客は交換の関係において価値を積極的に創造する主体であるからである（Vargo and Lusch［2004a］p.7）。企業も顧客も双方が，専門的なナレッジやスキルを駆使して（商品を含む）サービスを交換する。

S-Dロジックの基本前提はVargo and Lusch［2004a］以来修正を加え，現段階では10の項目から成っている。この基本前提こそS-Dロジックの根幹であるが，全ての取引がサービスの交換であると考えるが故に「企業は価値提案しかできない」（FP7）や「サービス中心の考え方は，元来顧客志向的であり，関係的である」（FP8）といった新たな論理が見出されている。

3．再考すべき価値決定の局面

S-Dロジックのもう1つの学術的貢献は，価値共創のメカニズムを解明し，組織と顧客による資源の統合によってそれが実現できることを明らかにした点にある。これも，G-Dロジックの枠組みでの検討では資源への理解が不十分であり，組織が期待する価値も一方的に計画され顧客に理解を促すというものに留まっていた（図表12-4参照）。

しかし，S-Dロジック研究の進展に伴い，商品を提供する企業と顧客との新たな関係が示されることとなった。最後に加えられた基本的前提（FP10）「価値は受益者によって，常に独自に現象学的に判断される」にあるように，サー

ビスの評価を消費者が行うのはあまりにも当たり前である。そうであるが故に，企業はそのサービスを最大化するための価値の創造，あるいはそのためのよりよい資源の統合を図らなければならない。この基本前提が確立すればするほど，オペラントをどう捉えるか，そして資源の最適な統合を顧客も含めどのように確立していくかが，組織にとっての最大の課題になるといえる。

図表12-4　G-DロジックとS-Dロジックの価値創造の違い

	G-Dロジック	S-Dロジック
Value driver	交換価値	使用価値または文脈価値
価値創造者	企業（サプライチェーンの企業からの成果も含む）	企業・関係パートナー・顧客
価値創造プロセス	企業は価値を「商品」あるいは「サービス」に記憶させる。価値は属性を強化するか，増やすことによって「加えられる」	企業は市場提供物を通じて価値を提案する。顧客は使用を通じて価値創造プロセスを継続する
価値の目的	企業のための財産の増加	他のサービス（実用的なナレッジやスキル）を通して，適応性，生存性，安寧へのシステムを確立する
価値の測定	額面価格（交換において受け取られる価格）の量	受益システムの適応性と生存性
使用する資源	主にオペランド資源	主にオペラント資源（時としてオペランド資源（＝商品）に価値をはめ込むことによって移動される）
企業の役割	価値を生産し配布する	価値を提案し共創し，サービスを提供する
商品の役割	成果の単位（価値がはめ込まれたオペランド資源）	オペラント資源のための伝達手段であり，企業のコンピタンスの利益の接近を可能にする
顧客の役割	企業によって創造された価値を「消去する」あるいは「使い切る」ための役割	他者と公的私的な資源を動員し，企業によって提供された資源の統合を通して，価値を共創する

（出所）Vargo, Maglio and Akaka［2008］p.148.

第5節　資源の統合による価値共創

　S-Dロジックにおいて，資源は価値を生じさせる源泉であり，とりわけオペラントはサービスの無限の可能性と強いかかわりを持っている。また，顧客が価値を決定するという側面を分析すると，商品を取り巻く企業，社会や顧客までもが価値を共創する場になることが明らかになる。つまり，資源は企業，社会，顧客によって統合されるほか，価値創造の役割にも多様性が生まれる。こうした考え方が成熟し理解が進むと，マーケティングは顧客を統合する機能や交換のフレームワークのなかに存在する学問であるという理解につながる（図表12-5参照）。

　このことについて，Vargo［2008］自身も，「企業の活動は顧客の資源を統合し，価値を創造する活動というよりも，価値ある出力としての『生産』のために，自身が顧客資源と結合すると理解すべきであろう」（p.214）と指摘している。VargoやLuschは，今のところ顧客は交換を誘発する存在として，また，資源の統合者としての理解に限定して議論している。

　しかしVargo and Lusch［2004a］以降は，オペランド・オペラントの分類を基礎概念にしたマーケティング研究が増えている。

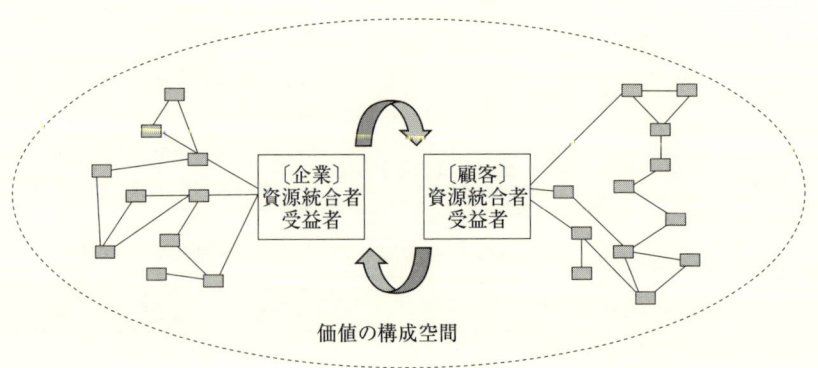

図表12-5　ネットワーク間の交換の文脈上の性質

（出所）Vargo［2008］p.214.

1. 本格的なオペラント研究へ

　Arnould, Price and Malshe［2006］は，顧客を企業のためのオペラントとみなし，消費者のオペランド・オペラントそれぞれの側面に注目している。彼らも「企業は使用価値において最たる関与を提供する」としながら「消費者は創造的な道筋の中にオペラントをうまく使い，企業の意図からそれた道筋において，企業がパッケージしたサービスから使用価値を引き出す」（pp.95-96）と指摘した。企業は消費者の経験に基づいて組織的な努力を行うに過ぎないからこそ，オペラントとしての消費者の理解が重要なのである。

　Baron and Harris［2008］は，資源統合者としての消費者に注目し，消費者が環境抵抗を克服し，資源としての外部環境を用いるならば，外部環境すら統合の範囲である（p.128）と指摘している。これを基に消費者経験と資源の統合の重要性を挙げているほか，消費者間の相乗効果にも研究を広げるべきであると主張する。

　これらの研究はみな，資源の相互作用が及ぼす影響に注目しており，関心の中心はオペラントなのである。また，研究の領域も消費者の資源へと広がっている。商品の使用段階での価値をどう検討するかによって特定されるオペラントは異なり，影響や関連，そして相互作用も違っていく。多くの研究はこれを解明することに関心があり，それが明らかになれば企業のアプローチへと応用できるに違いない。Constantin and Lusch が最初に発案した資源の分類は，組織の資源を理解するためのオペランド・オペラントにとどまらず，オペランド・オペラント両者の統合の枠を超え，いまや消費者間のオペラントをどう解明するかというところまで，研究は進んでいる。

2. 新たな解釈の有効性

　かつて Day［1994］はケイパビリティを，組織プロセスを通じて実践されるものとして定義した。マーケティングを組織・資源の観点から捉えようとしたとき，それはプロセスに内在し機能するものであると考えたからである。しかしオペラントの発見は資源に作用するものという解釈を可能にし，マーケティ

ング研究の新たな境地を切り開いた。(オペランド)資源はオペラントによって作用され交換を実現するものとして捉えたとき、オペラントは企業・顧客の双方が行使するものであるという理解が可能になったのである。

　消費社会の成熟に伴い、使用段階での価値や顧客が価値を感じた文脈を理解して、我々は企業行動を考え直さなければならない時代を迎えている。企業が提供する有形無形の財を消費者はどう捉えるか、何に価値を見出すかは多様であり、一義的な価値の特定はすでにナンセンスである。顧客の消費経験はどのようなオペラント（の作用）によって成り立っているのか、あるいはオペラント（の作用）はどのようなメカニズムであるのか、マーケティング研究による解明が求められる。こうした捉え方は一般化しつつあり、多くの研究者が認識している。ここに、S-Dロジックとオペランド・オペラントの分類は必然となり、広くその考え方が浸透している。

　新たな交換メカニズムを検討するうえで、オペランド・オペラントの考え方は有効であり、マーケティング研究が対象とすべき資源の概念やメカニズムの確立へ向けて、その足がかりが形成されたことは間違いないといえるだろう。

第6節　おわりに

　戦略的マーケティング、そして戦略マネジメントの研究の進展によって、さまざまなコンセプトの統合が図られてきたが、S-Dロジックの登場もまた、その理論の根底をなす資源に関する問題意識は、こうした研究の流れの中で生まれてきた。とりわけ、サービスを中心とした考え方と資源の捉え方との相性がS-Dロジックを確立しているといっても過言ではない。本章全体を概観すれば、S-Dロジックにおける資源概念の理解と概念確立の経緯が明らかになっているはずである。

　今後の研究上の余地を大別すると、①オペラントの特定、②資源の統合メカニズムの解明、③価値共創の可能性などが指摘できる。いずれもサービスを中心とした新たな視点で取引を検証することから、G-Dロジックでは見落としてきたケースも多いだろうし、価値共創の視点から関係を再検討すべきものも

膨大だろうと推測できる。マーケティング研究が明らかにすべき課題は夥しい数であるが，これらの研究はいずれも組織と顧客，あるいは顧客間の関係における取引や交換を対象としており，マーケティングによってしか解明し得ないテーマばかりである。また，取引や交換を基点とし，そこから顧客の価値を検討することや，組織行動を検証することも可能になる。これは本来あるべきマーケティングの視座といえ，そこから組織・資源を検討することはとりわけ重要である。

　本章では，最初に Day の研究成果を採り上げたが，Day は市場志向の組織であるために組織プロセスを重視した。このプロセスからマネジメントを考察することで，組織の問題へと切り込んだのであるが，プロセスを確立するためのケイパビリティを具体的に特定するのは容易でない。これに対しオペランド・オペラントは，組織・顧客などそれぞれの主体間の関係において，どのような資源が作用し統合されて価値を共創しているかに注目することで，そのメカニズムが解明できる可能性がある。

　なぜなら，S-D ロジックにおいてサービスは，操作するオペラントとしてのナレッジやスキルの適用といえるからである。これはサービスが行為であるばかりか，プロセスでもあることを意味している。つまり，S-D ロジックは，Day がケイパビリティを指摘した従来のマーケティング組織・資源研究の統合を可能にする上位概念と考えられるのである。

　こう捉えると S-D ロジックの登場によって，間違いなく研究は進展していると指摘できる。さらに，S-D ロジックベースの資源論の醸成とともに戦略的な価値共創の機会獲得が実現する可能性もある。オペラントとしての顧客，あるいはオペラント間の資源統合がどのように図られるのか，実証研究に期待したい。

　その一方で，オペラントを資源として捉えることが本当に妥当であるかどうか，あるいは，オペラントの統合は概念上の理解を超えて検証できるのかという課題も残っている。ただ，ケイパビリティと表現する以上その出自は組織にあることが前提であるが，オペラントと表現した場合，その特性は組織・顧客双方に共通する概念であり，両者からの考察が可能になる。

　ケイパビリティは，組織が顧客に行使するものであり，組織にとって顧客

は操作の対象であることを前提として，この概念が用いられてきた。しかし，S-Dロジックでは，企業による操作性を排除して顧客との関係を考えることが可能になったのである。この新たな企業と顧客との関係を象徴するものとして，価値共創が挙げられる。価値共創は，顧客間関係におけるオペラントの統合という行為やプロセスによって実現するものである。オペラントの統合に関する研究が，価値共創のメカニズム解明の手掛かりとなることは間違いなく，この領域もまた，今後のマーケティング研究が明らかにしなければならない課題といえる。

　研究上の余地や課題も多いものの，マーケティングにおける組織・資源の研究は，S-Dロジックによって大きく様変わりしたことは間違いない。とりわけ顧客間関係を考えたとき，従来の組織側の思惑にとらわれない価値共創ベースの検討が求められる。このことを示す上で，オペランド・オペラントの分類はきわめて大きな意義を持っていたと言えるのである。

（注）
1) 組織を外部環境に接続し，市場の反応や外部との関係の構築を提供するといったプロセスをいう。
2) 例えば，製造業や事業について，顧客価値の必要条件を満たすために必要な活動といったプロセスをいう。

（今村　一真）

第13章　S-Dロジックと戦略論の関係

第1節　はじめに

　本章では，S-Dロジックの基本的な考え方を確認した後に戦略として理論構築の可能性について検討する。S-Dロジックは，G-Dロジックに対する批判として登場してきたが，これまでにも，Vargo and Lusch［2004a］が，指摘するようにG-Dロジックに対する鋭い批判が行われてきた（p.1）[1)]。

　S-Dロジックによると，顧客が必要としているのはモノそれ自体ではなくて，生活者として問題を解決することや問題の発見である。S-Dロジックは，顧客に対する問題解決と提案を可能にする能力が企業や顧客が持っているナレッジやスキルであると考えるのである。S-Dロジックは，企業が提供するモノの位置づけについては，一方的に企業側が有しているナレッジやスキルを埋め込ませている段階だと捉えている[2)]。

　したがって，この視点では，モノにはまだ顧客にとっての価値は存在していないことになる。Vargo and Lusch［2008a］は，S-Dロジックが提示する顧客との価値共創の考え方を理解するためには，サービス・マーケティングの研究が参考になると述べている（p.27）[3)]。初期のサービィシーズ・マーケティング研究は，サービスをモノと違った特殊性として捉えることで，G-Dロジックが持つ問題点を克服しようと試みた経緯がある[4)]。

　その後，焦点を価値創造プロセスに当てて考察する考え方が登場した。サービスは，S-Dロジックの文脈では，特別な能力（オペラント資源としてのナレッジやスキル）の適用やプロセス，その成果を通して行なわれる他の主体に対するベネフィットの供与，あるいは，主体自らに対する行為として定義されてい

る（Vargo and Lusch［2004］p.2）。

　このように，S-D ロジックはサービスを活動としての動詞形として捉えるのである[5]。S-D ロジックの文脈において，サービスは単数形のサービス（service）の用語を使用する。S-D ロジックは，モノ対サービシィーズ（services）の2項対立的な図式の文脈で使用される複数形の用語と意識して区別している。Vargo and Lusch は，モノと複数形のサービシィーズの両者間における大きな違いはないと捉えている。したがって，S-D ロジックはマーケティング研究をモノについて焦点を当てる G-D ロジックの視点から離して企業と顧客との間でナレッジやスキルの適用のプロセスへと考察の焦点を動かしているのである[6]。

　S-D ロジックによると，マーケティング研究は主体間において補完的な資源の適用を通して相互の価値を創造するための関係性，そして，自発的な交換を促進する社会や組織のプロセスとして定義されるのである（Vargo and Lusch [2004a]；Lusch and Vargo [2006b]；Vargo and Lusch [2008b]）。マーケティングの役割は，このように，ナレッジやスキルの自発的な交換を通して，個人や組織が価値の創造を可能にする方法として考察される。本章は，S-D ロジックと戦略論との関係について考察する。したがって，企業側の視点で S-D ロジックのレンズを通して考察する文脈になる。

　サービスは，これまでのサービシィーズ・マーケティングのなかで議論されてきたモノと違った生産物として捉えるサービシィーズと，マーケティングの上位概念としてのサービスとに分けて整理考察することが重要となる。この視点では，モノ・マーケティングとサービシィーズ・マーケティングが S-D ロジックのもとにおいて統合されるのである。

　しかし，S-D ロジックについては，今段階は論理の提示段階であって今後は理論として確立していくことが求められている。G-D ロジックと S-D ロジックの考え方は顧客をオペランド資源として捉えるかオペラント資源として捉えるかの相違であるとも捉えられる[7]。戦略として S-D ロジックを展開していくためには，活動としてのサービスの視点でソリューションを行うことを企業の理念として位置づけることが求められる。本章では，そこから，企業戦略を構築することの可能性について検討したいと考える。

第2節　戦略概念としてのS-Dロジック

1．マーケティング・ミックスとS-Dロジックの対比

　Lusch and Vargo［2006a］は，G-Dロジックの代表的なマーケティング・ミックスの研究とS-Dロジックとを対比して深く考察している（図表13-1）。Productは，S-Dロジックに基づく視点では，ナレッジやスキルの適用としてのサービスである。Priceは，S-Dロジックでは，共同で価値提供を行い続ける活動であり，価値創造プロセスに顧客を参加させるという視点で捉えられている。Promotionは，機能戦略としての広告宣伝活動でなくなり，S-Dロジックに基づくと戦略的な方針として会話や対話となる。Placeは，ターゲット・マーケティングの視点で顧客のみを対象として捉えることではなく，顧客と一緒に価値を共創（co-creation）するためのプロセスやネットワークを通した視点へと，焦点をシフトしていると捉える（pp.412-414）。

　S-Dロジックは，価値共創のプロセスに対する顧客との関係性だけでなく，価値創造のネットワークを通した組織のパートナーも対象にして考察している。S-Dロジックは，マーケティングが考察する焦点を，モノ中心の視点から顧客と共同によるナレッジやスキルの適用へと動かしている。

図表13-1 伝統的マーケティング・ミックスとS-Dロジックの対比表

Traditional Marketing Mix (tactical)	Service-Dominant Logic (strategic)
Product	Co-creating service(s)
Price	Co-creating value proposition
Promotion	Co-creating conversation and dialogue
Place (Channel of Distribution)	Co-creating value processes and networks

（出所）Lusch and Vargo［2006a］p.408を基に筆者作成。

具体的には，企業が効率的にモノを生産するために，顧客とモノを分離して考察した理論の転換を迫る考え方である。伝統的マーケティング研究は，顧客や外部組織などは，企業にとっては管理不能な対象とされていた。したがって，企業にとっては制約条件であった。マーケティング・ミックスの考え方は，管理可能な与件である4Pを編成することで対応した。企業は，ミドル・マネジメントによって編成された4Pを顧客に対して実行することで利益の極大化を目指したのである。

　G-Dロジックは，顧客をマーケティング・ミックスの標的としていたが，S-Dロジックは，価値共創のパートナーとして捉えることになる。また，G-Dロジックは，製造業が生産したモノを，効率的に顧客に物流するだけの機能として小売業を捉えていたが，S-Dロジックは主体的なマーケティング実行者として小売業を捉える。このように，S-Dロジックは，顧客や小売業に対する考え方を転換する概念である。

　さらに，S-Dロジックは，顧客をオペラント資源として捉えて考察している。現代社会においては，ナレッジやスキルが個人や組織のシステムを通して分散していることが多い。S-Dロジックは，企業側だけが一方的に価値のある製品開発を行い，さらに，価値を配達することができると考える視点を見直す理論である。したがって，顧客や事業パートナーと共同でネットワークを構築することにより，お互いを価値共創のパートナーと位置づける視点が重要になる。

2．マーケティング・ミックスの上位概念としてのS-Dロジック

　以上の考察から，S-Dロジックは，これまでのマーケティング・マネジメントの中心であった戦術的な位置づけによる4P理論よりも，上位の戦略的な概念を提示していると捉えられる（Lusch and Vargo [2006a] p.413）。また，S-Dロジックは，決してモノを中心とした研究や，G-Dロジックを否定するものではない。マーケティングの役割が，ナレッジやスキルの適用をお互いに行う市場創造活動と考えると，S-Dロジックの視点は，多くのマーケティング研究が焦点を当てて考察してきたモノ・マーケティングやサービィーズを扱うマーケティングを，統合可能な上位概念として位置づけられることになる。

Lusch and Vargo [2006a] は,「戦略的なマーケティングにおける4つの基礎的な方向性であるプロセスに焦点して考察をすべきである。・・・価値共創プロセスは,「サービス提供物(service offerings)」「価値提供(value propositions)」「会話と対話(conversation and dialogue)」「価値プロセスとネットワーク(value processes and networks)」の4つの視点である」と述べている(p.413)。

この指摘は,動態的な視点にもとづく企業と顧客による価値の共同創造プロセスに,焦点を当てた研究の必要性を意味している。さらに,S-Dロジックは,企業にとってこれまでに管理できない対象として捉えられていた外部環境が,企業の経営資源となる可能性について示唆している。伝統的マーケティング研究は,競争相手を経営資源の可能性がある存在としてみなしていない。S-Dロジックは,競争には継続的な挑戦を促進するための機能があると捉える。この視点では,共同調査や共同仕入などのような競争相手と共創が可能な領域が多数存在することとなる。

Lusch and Vargo [2006a] は,戦略的マーケティングが外部環境に位置づけてきた法的環境などは,企業にとって抑制不可能な環境であるが,企業の権利を守るために使用することができる資源とも捉えることができる,と述べている(p.414)。伝統的マーケティングは,社会環境も外的な抑制不可能な存在と考えてきた。しかし,S-Dロジックは,それらを企業にとって活用の可能性がある資源と前向きに捉えるのである。S-Dロジックは,環境問題や生態学的な環境も抑制不可能ではあるが,経営資源の可能性があるとして位置づける。環境問題は,有害な化学物質や汚染物質を除去することに,企業活動を向けさせる。S-Dロジックは,その結果として,顧客に対して,より良い便益を提供する可能性を促進することになると前向きに捉えるのである。

S-Dロジックは,顧客を価値共創のパートナーとして位置づけることで,顧客や競争相手を含む外部環境を,企業にとって活用可能な資源として前向きに捉えるのである。このようにトップ・マネジメントの戦略として位置づけられるマーケティングは,顧客や事業パートナーとの間における価値共創に焦点を当てて考察されるようになっている。したがって,S-Dロジックを用いると,伝統的マーケティング研究で,所与のものとして考察の対象から意識的にはず

されてきた顧客や競争相手などの外部環境にも焦点を当てて考察することが重要な視点となる。

第3節　統合の理論としてのS-Dロジック

　S-Dロジックをトップ・マネジメントが行う戦略として実行するには，全体戦略と機能戦略が分離して考察された伝統的マーケティングの研究を統合再編成することが求められる。本節では伝統的マーケティングの問題点を指摘して，S-Dロジックによる再編成の可能性を検討する。

　S-Dロジックでトップ・マネジメントの戦略を構築するには，これまでに重点を置いてきた計画段階だけでなく，実行段階に焦点を当てて考察を行う必要がある。トップ・マネジメントのマーケティングを標榜するためには，これまでに研究が進んでいないマーケティング研究内部や隣接学問との統合を視野に入れることが求められる。

　伝統的マーケティングは，製品中心のG-Dロジックを前提として理論構築されている。それは，競争環境へ適合するという志向が強く現われている。すなわち，顧客は，あくまでも，企業側から細分化され操作される標的として，企業と対峙する存在としてのみの位置づけであった。

　そして，戦略的マーケティングは，全体戦略策定に考察の重点を置いていることから，実行段階は，マーケティング・マネジメントの機能戦略に委ねられている。このように，戦略的マーケティングは，比較的静態的な環境下を想定して，組織的分業に基づき戦略策定と実行が，分離されて考察され，構築された理論である。

　また，製造業を中心として構築されてきた伝統的マーケティング研究が，モノ中心とした考察になるのは，当然の結果であったと考えられる。これまでに考察したように，伝統的マーケティング研究は，戦略的概念として，S-Dロジックを適合させることで統合・再編成が可能である。

　まず，FP1とFP3で提示されている基本的前提を用いて考察すると，モノ自体はあくまでも企業側が提供物としてもてるサービスを，埋め込ませて流通

している媒体物に過ぎない。したがって，真に顧客が欲しがっているのは，モノそれ自体ではなくて，サービス（ナレッジやスキルの適用）だと考える。製造業中心の視点では，モノにナレッジやスキルを埋め込ませて流通させる必要があったので，その結果，生産現場と顧客との間が離れてしまったのである。モノは，FP3が明確に示しているように，サービス提供のための伝達手段の役割を果たしているのである。FP1で，提示しているように，サービスが交換の基本的基盤だからである。Webster[2002]は，1990年代に入ってから，マーケティング・コンセプトについて再度顧客志向に戻るべきである，と指摘している（pp.1-29）。これは，激しい企業間競争のもとで戦略の焦点が，初期のマネジリアル・マーケティングが焦点を当てた顧客志向から離れて，過度に競争志向に移ったことへの反省を意味している。

しかし，S-Dロジックは，FP8で提示しているように，元来顧客志向的，そして，関係的である。したがって，マーケティング・コンセプトは，顧客志向以外のなにものでもないのである。マネジリアル・マーケティングやマーケティング・コンセプトの議論のなかで，顧客志向が打ち出されるということは，伝統的マーケティングが，顧客に対して焦点を当てていなかったことの裏返しである[8]。

S-Dロジックは，価値を企業と顧客との相互作用的なプロセスを経て創造されると捉える。顧客が価値を決定することは，本質的に絶対的に顧客志向に基づいていることの証なのである。伝統的マーケティング研究は，市場を細分化することで標的顧客を設定する。そして，設定した標的顧客のセグメント毎に最適なマーケティング・ミックスを編成して実行することに主眼が置かれた。

S-Dロジックは，FP6において，顧客は常に価値の共創者と提示している。この視点では，価値を決定することができるのは顧客のみとなる。そして，FP10で示されているように，顧客は自分の生活における経験や価値観を通して，独自の資源結合や価値の決定を志向して，生活の自己組織化へとつなげている。企業は，顧客の抱える問題を，ナレッジやスキルを相互に適用して解決できるかが重要なテーマとなる。G-Dロジックは，これまでの相対的なモノ不足や，顧客のプロシューマー化が進展する前の環境下においては，有効な視点であったと考えられる。

第4節　戦略論のキーワードと S-D ロジックの関わり

　トップ・マネジメントの全体戦略としての S-D ロジックは，どのようにして実行されるのであろうか。単にロジックの提示だけで終わるのだろうか。理論やそして実践にまで影響を与えるとしたら，これまでのマーケティング研究が抱えてきた，組織や内部へ言及することが比較的少なかった問題点を克服することが求められる。本節では，S-D ロジックを実践するために，経営学が扱ってきた戦略論との関係について検討する。

1．S-D ロジックと組織の検討

　戦略的マーケティングは，比較的静態的な環境下において，全体戦略と実行を機能別に分離して考察していた。また，市場に対して，特に競争相手に対しての優位性を構築するための戦略策定に重点が置かれていた。その結果，策定された戦略が，十分に実行できない，あるいは，成果が上がらないといった問題を生じさせていたのである（Webster［2002］；Barney［2001］）。
　サービスという動態的なプロセスを取り扱う概念は，対象に対して関係性の視点をもって考察することが重要な視点となる。S-D ロジックは，すべての経済的行為者は資源統合者であるとしての位置づけをしている（FP9）。この考え方は，社内，社外の区別や階層別のヒエラルキー的な視点から離れて，考察の視点を，価値連結のプロセスへ移行することを求めている。特に，顧客との共創活動は，動態的活動である。
　したがって，細分については，あらかじめ戦略部門が策定して，それを受けて，機能戦略を実行する伝統的マーケティング戦略では対応できない[9]。S-D ロジックは，戦略と実行における従来の階層や機能分担方式を，顧客との価値共創の柔らかい視点に基づく方向性で，再統合できる可能性がある。計画・実行・検証のフローは，組織運営をする上では必要である。戦略的マーケティングの体系図に，S-D ロジックに基づく前述の視点を導入することで，さらに，強固な理論に転換していくことが重要になる。

Lusch and Vargo は，2006年の論集のなかで，コア・コンピタンスやケイパビリティの研究を挙げてS-Dロジックと親和性が高いと述べている。コア・コンピタンスとは，組織の境界線を横断して働くコミュニケーションや相互作用などの関り合いのプロセスである。したがって，コア・コンピタンスは，内部組織の機能横断的である境界線上における部門間の統合機能として捉えられることができる。さらに，外部のネットワークにおける組織間相互の境界統合にも適用されることができるのである。

　Prahalad and Hamel [1990] は，チャネルの構成員やネットワークのパートナーは，マーケティング機能を果たすことによって，コア・コンピタンスの役割を果たすことが可能だと考える。企業は，他のチャネルやネットワークのパートナーとの結合や調整について学習することで，長期間の生存力をもつことができると述べている（原文 p.82，訳文7頁）。コア・コンピタンス論は，S-Dロジックの視点で考察すると，マーケティングを内部や外部との組織間における実践的な機能統合の中心に置いていることがわかる。

　S-Dロジックは，焦点すべき対象が競争相手ではなくて，価値の提案を継続的に実施するために作用するオペラント資源（顧客や従業員など）や，ネットワークであることを意味している。マーケティングは，企業システムにおける継続的な学習プロセス（オペラント資源に対して改善するための指示を継続的に出し続けること）の機能として位置づけされる。

　さらに，S-Dロジックは，顧客中心であり，市場駆動（market driven）である（Day [1999]）。S-Dロジックの提示する価値共創は，顧客との共創や学習行動を意味して，企業が顧客のもつ動態的なニーズを受け入れることを提示している。S-Dロジックは，価値は製造物に埋め込まれることよりも，顧客との共創として定義されるのである。

　動態的な資源ベース論の研究者である Teece, Pisano and Shuen [1997] は，他の主体と調整しながら，既に完成している価値のあるシステムを，活用し続ける組織能力が，ケイパビリティであると強調している。

　このように，顧客志向や学習組織（Slater and Narver [1995]）の研究などは，S-Dロジックの視点によって統合できる。すなわち，S-Dロジックは，多様な研究領域で，出現している多様な主体間における関係性プロセスに，焦点を

当てた理論を統合できるのである。

　しかし，S-Dロジックは戦略的な概念として，マーケティング研究者に認められているが，具体的な個別ケースにおける研究が，不足していることが問題点として指摘できる。特に，企業と顧客との関係性の視点からは，企業と顧客が，価値共創のパートナーとして，組織的にどのようにして価値を創造するのか，考察を深める必要がある。S-Dロジックは現時点では，全体戦略と実行の体系すなわち，S-Dロジックと組織との関係が，どのように連動するのかについて考察が不足していると考えられる。

2．S-Dロジックによる資源ベース論の検討

　資源ベース論は，経営学の戦略論の系譜に位置づけされる研究である。戦略論には，競争相手に焦点を当てて考察した競争戦略論と，内部の経営資源に焦点を当てて考察した資源ベース論がある。本項は，資源ベース論をS-Dロジックの視点で考察する。

　Constantin and Lusch［1994］は，経営資源をオペランド資源とオペラント資源とに分類している。そして，S-Dロジックはサービスとしてのナレッジやスキルの適用が，Constantin and Luschが提示したオペラント資源に相当すると述べている。S-Dロジックは，サービスを他の資源（オペランド資源あるいはオペラント資源）に働きかけて問題解決を果たす機能だと動態的に捉えているのである。さらに，ナレッジやスキルが作用するプロセスは，Grant［1991］が，定義した人的資源としてのスキル，ノウハウ，そして，コミュニケーションなどに相当すると考えられる。ここでの人的資源のなかに，S-Dロジックがオペラント資源として位置づける顧客が含まれるかどうかという疑問がある。おそらく，当時の資源ベース論は，顧客のナレッジやスキルの活用能力までを，経営資源として想定していなかったと考えられる。

　その後，資源ベース論の研究のなかでは，顧客を価値共創のパートナーとして捉える考え方が明確に述べられるようになった（Prahalad and Rawaswamy［2004］原文p.16，訳文24頁）。Prahalad and Rawaswamyは，コンピタンスの土台を，1990年までは，製品空間における企業内部の経営資源，1990年代は，

問題解決空間における事業パートナー，そして現在は，経験空間における消費者まで拡大して捉えているのである。

しかし，資源ベース論は，あくまでも経営学からの派生理論であり，したがって，企業側の視点を重視した考え方が随所に出現する特徴がある。特に，企業と顧客との価値共創という用語自体が，S-Dロジックが，想定しているように，企業と顧客が顧客側に立って共同で価値を創造すると考えているとは捉えにくいことが指摘される。

経営学の視点では，顧客をオペラント資源として捉えることで，企業側の視点で，顧客を活用しようとしていると考えられる。経営学は，企業側の視点において，経営者のために貢献することを目的として発展してきた経緯がある。したがって，顧客との価値共創の考え方が，S-Dロジックの提示する価値共創の考え方と同じ概念なのかという問題が指摘される。すなわち，経営資源としての位置づけの顧客を，オペラント資源として活用するという発想であり，価値を創造するパートナーとして利用するだけではないかとの疑問が残るのである。このレンズを通して，Prahalad and Rawaswamy を考察すると，S-Dロジックに基づく価値共創の用語がもつ含意とは違うと考えられる。

S-Dロジックは，顧客を価値共創のパートナーとして捉えているが，対等の主体間としての位置づけであり，価値の決定者は顧客である。したがって，Prahalad and Rawaswamy が，述べている顧客との価値共創は，S-Dロジックのいう価値共創とよく似た概念ではあるが，企業と顧客が対等な主体，あるいは，顧客側の視点として考察されているかどうかが不明確な点である。顧客を経営資源という企業側の一方的な都合で分類していることが，S-Dロジックとは違うのである。この疑問点を除くと，顧客をオペラント資源として捉えることで，S-Dロジックそのものの考え方である。経営学の系譜に位置づけられる資源ベース論とマーケティング研究は，S-Dロジックの顧客関係性の視点において，整理・統合できると考えられる。

3. 競争優位としてのS-Dロジック

S-Dロジックは，概念提示や可能性について多くの論文で提示しているが，

具体的に競争優位の戦略や組織に言及した内容は少ない。このような指摘を受けて，Lusch, Vargo and O'Brien［2007］は概念提示から理論の精緻化へ，さらに今後のサービスを中心とした考え方の実践へ向けて言及した論文を発表している。

　S-DロジックはFP4の中で，オペラント資源が競争優位の基本的な資源であると提示している。本論文の特徴は，S-Dロジックがはじめて競争優位という視点で具体的に言及していることである。そして，これまでに断片的に触れられてきたサービスを通した実行が競争優位につながることを体系的に説明しようと試みている。

　すなわち，これまでのようなS-Dロジックの断片的な概念提示で終始するのではなく，具体的に競争優位の戦略として位置づけ，さらに組織や従業員へ言及しているところに特徴が見出される。論文の序論の中で「このJournal of Retailingの特集号の大きなテーマは，どのようにしてサービスを通した競争をS-Dロジックが，伝統的なG-Dロジックよりも知らせることができるかについて明らかにするためである」と述べられている（p.6）。そして，これまでに提示した基本的前提に基づきサービスを通して，どのように競争優位を構築することが可能かについて説明している。本論文には大きくは9つの命題（Proposition）が示されており，それぞれに理論的根拠（Rationale）となるFPが抽出されている（p.8）。

　特に，命題2では協働的コンピタンス（collaborative competence）が企業の競争優位に関する知識を獲得する主な決定要因であると提示している。さらに，命題8aは，主な統合者である価値ネットワーク・メンバーは，より強い競争ポジションの中にいると述べている。そして，命題8bにおいて小売業が最もよいポジションの中にいると具体的に示している。

　また，命題9では，彼らの従業員をオペラント資源として取り扱う企業はもっと革新的なナレッジやスキル発展させること，そして競争優位を得ることができるであろうと提示している。続いて，S-Dロジックがどのようにサービス文化の創造を通して競争優位を獲得することを知らせることができるかについて具体的に人的資源や組織についても言及している点が重要である。

　S-Dロジックは，従業員をオペラント資源として活用することでオペラン

ド資源として用いることよりも競争戦略においては上位の位置づけとなると提示する。そして，モノの比較優位よりもコンピタンスの比較優位の方が競争優位としては大きな役割を果たすと述べているのである。組織については，従業員をオペラント資源として扱うことによってサービス文化を浸透することができ，サービス組織として再構築することができると提示している。

また，そこでは従業員が管理者にサービスするのではなくむしろリーダーが従業員に対してサービスするサーバント・リーダーの役割としてのマネジメントが求められると言及している。Lusch, Vargo and O'Brien［2007］では，このようにこれまでのS-Dロジックの概念提示から踏み込んだ理論化へ向けての試みが行われているのである。いずれにせよ，これらの視点で多くの事例を実証研究することで，S-Dロジックを概念提示から理論へと進展させることができるかが今後の課題である。

第5節 おわりに

本章では，S-Dロジックと戦略論との関わりについて考察した。ところで，マーケティングと経営学との研究の境界についてはどのように捉えられるのであろうか。企業の外側を中心に市場や顧客を通して考察して発展してきたのがマーケティングであり，企業側の立場で主に内向きの視点で研究を展開してきたのが経営学である。

S-Dロジックは，本章で検討したようにマーケティング研究における今後の一般理論になる可能性をもっている。そして，その実践のためには，伝統的マーケティングとその他のマーケティング研究をサービスの視点で統合するだけでなく，経営学の研究との統合問題も課題として残されている。

本章で考察したように，S-Dロジックの実践には組織や従業員に対するマネジメントへの言及が不可欠である。この視点において，サービス・マーケティングの先行研究が考察してきたインターナル・マーケティングの理論が参考になると考えられる。顧客起点でサービス品質を高めるためには経営者による組織内部に向けてのマーケティングが重要だとする考え方である。

従来の経営学は，企業のために経営資源を活用してどのようにしたら利益を獲得することができるかという視点で研究されてきたことは否めない事実である。マーケティング研究は外向きの市場や顧客を考察対象として，市場創造や需要創造を扱ってきた。したがって，S-Dロジックの視点でこの2つの領域の研究を統合するためには，市場との関り合いで価値共創を行うプロセスと，価値共創を通して，企業内部と企業外部との経営資源を統合していくプロセスという視点が重要となる[10]。

(注)
1) Normann [2001] は，製品理論，Zuboff and James [2002] は，古い企業の論理，と述べていた。Levitt [1960] は，マーケティング近視眼，Webster [1992] は，製品マーケティング，と指摘している。モノを中心とした理論や研究に対しては，Shostack [1977]，Dixon [1990]，Gummesson [1993]，Day [1999] などの批判がある。
2) この視点について Vargo and Lusch は，Alderson が早くから何がマーケティングによって有益に創造されるかの検討ではなくて，有益性を創造する全体プロセスに対するマーケティングの視点に基づく考察であると批判している（Alderson [1957] p.69)，と述べている。Alderson は，マーケティング研究が果たすべき役割は製造物としてのモノへの焦点ではなくて，プロセスへの焦点であると指摘しているのである。
3) Vargo and Lusch [2008a, p27] は，Grönroos [2000a] が「サービス・マーケティング研究の原理は，将来的には，マーケティングの主流になるであろう。サービスを中心とした視点が，マーケティングの上位概念に位置づけられる」(pp.87-88) と述べていることを挙げている。
4) 例えば，Judd [1964] は市場に提供されるサービスは，企業によって市場取引であり，その取引の対象においては有形商品の所有権の移転が除かれると定義している (pp.58-59)。
　Rathmell [1966] は，サービスを市場で売買される無形の生産物と規定している (p.33)。これらの研究成果は，サービスの特性がG-Dロジックに立脚する考え方では説明できないので，その問題点をモノとサービスの物理的な特性を提示することで克服しようと考えた結果である。本章では，このような考え方に基づく初期の研究を，サービシィーズ・マーケティングと称することで，あえてS-Dロジックの述べるサービスのマーケティングと区別する。
5) Penrose [1959] が，指摘した奉仕することを意味するサービスが，S-Dロジックのいうサービスである（原文 p.25，訳文 33 頁)。
6) わが国では，上原 [1990] が，早くからサービスのプロセスに焦点を当てた研究をおこなっている。上原は，「サービスを財貨と別な次元で捉えているという点において，…活動概念の系譜に属するものであるが，その点を明示化，徹底化したということにおいては一歩進んだ理論であり，高く評価され得るであろう」と述べている（上原 [1990] p.69)。早くから上原は，活動としてのサービスの考え方を徹底的に追求していけば，サービスの本質と固有性を提示することが可能かもしれないと指摘している。
7) Vargo and Lusch [2004a] p.11 に詳しく記述されている。

8) Lusch, Vargo and O'Brien [2007] は To Market（1950 年代から）Market To（1950 年代から 2010 年）Market With（2010 年から）とコンセプトの変遷について述べている（p.7）。
9) そこでは，嶋口 [2001] [2008] が述べる，柔らかい戦略が必要となる。
10) 企業内部と企業外部の統合に関しては，村松 [2009] を参照のこと。

（藤岡　芳郎）

第14章　S-Dロジックに対する批判的見解

第1節　はじめに

　S-Dロジックが2004年に紹介されて以来，わずか数年で，相当の同意，議論，対話，そして質問を呼び起こすことになった。現在その論文が掲載されてから5年余りが経過しているが，2008年の論文において，多くの場合S-Dロジックに対して好意的ではないにせよ，概ね支持する声が大半を示している，ということが述べられている(Vargo and Lusch[2008a] p.1)。われわれが調べる限り，S-Dロジックに対する批判的論文は，数本を数える程度である。

　しかしわれわれは，支持者が多いからと言って，S-Dロジックがロジックとして適切なものかどうかを判断材料とすることは，全く別次元の問題である，と考えている。支持者の量自体が，ロジックの適切性を決定することにはならないはずである。そこで本章では，数少ない批判について整理をし，紹介することに努めて行くのであるが，特に本章では，Day, Achrol and Kotler, O'Shaughnessy and O'Shaughnessyの3組の論者による4本の論稿を取り上げて行くことにしたい。本章でそれら4本を重点的に取り上げる理由は，S-Dロジックに対する批判的な論文の中でも，特にこれらの論稿は，批判する視点や立場が明確に読み取れ，なおかつ根拠付けのある論理展開がなされており，建設的な批判だと判断できるからである。批判的論文と銘打っているものの中には，根拠付けが不確かであり，一見するとアレルギー症状のように感情的な反応を示したものも存在し，批判的見解と言えども，聞くに値しないものが存在するのも確かである。そのような背景から本章では，距離を置くような形で判断した結果，上記の4本の論稿は，特に注目すべきものである，と判断する

に至ったのである。

そこで以下では，順を追って，Day, Achrol and Kotler および O'Shaughnessy and O'Shaughnessy の論稿における批判的見解を3つの節に分けて整理して紹介し，最後の第5節では，S-Dロジックに関するわれわれの批判的見解を提示して行くことにする。

第2節　Day の批判的見解

1．批判的立場の明確化

　本節では，Day の批判的見解を取り上げるにあたり，次の2本の論稿（Day [2004, 2006]）に基づいて整理を行っている。最初の論稿（Day [2004]）は，S-Dロジックが2004年 *Journal of Marketing* の巻頭論文として登場した際の，コメンタリーとして掲載されたものである。そして，2本目の論稿（Day [2006]）は，S-Dロジックに関する論文集として出版された本の中に掲載されているものである。このように Day については2本の論稿が存在するが，その論点のスタンスは変わっておらず，むしろコメンタリーを拡張させたのが論文集の中に所収されている，と考えてよいであろう。

　Day の批判する立場や観点は，いずれの論稿においても冒頭で述べられている。すなわち，次の2点である。

　①　マーケティングが，G-DロジックからS-Dロジックへと移行しなければならない論拠は何か？

　②　S-Dロジックは，マーケティング資源がどのように競争優位に結び付くのかに関する，われわれの従来の見方を変化させることになるのか？

　①は，S-Dロジックへの移行を可能にする要因が批判に耐えられるのであれば，このS-Dロジックは維持され，進展されるであろう，という含意である。そして②は，もしS-Dロジックが普及するとしたら，このロジックの下では，

どのように競争優位が概念化され，どのように資源が割り当てられるのか，ということを検討するものである。もしS-Dロジックがそれらの見方を変化させるものでなかったとしたら，その移行への正当性は認められないことになってしまう。したがって，①においては，既存の研究との接点を模索する形で，現在のG-DロジックからS-Dロジックへの移行を認めざるを得ない論拠が存在するのかどうか，ということを検討し，そして②においては，既存の資源研究における優位性の源泉やそのポジションについて，再検討を行うのである。

2．批判内容

　Dayの批判は，現実のビジネス活動においてS-Dロジックを取り入れることのできる企業は，それほど多くないのではないのか，という点を強調している。すなわち，Dayは，S-Dロジックによるマーケティングの実現可能性へ期待を抱きつつも，その普及に関しては時期尚早ではないのか，と見ているのである。

　Dayは，少なくとも過去10年間，マーケティング分野で注目を浴びてきた，サービス(s)・マーケティング[*]，市場志向，顧客リレーションシップ・マネジメント，ネットワーク化された市場，マス・カスタマイゼーション，相互作用というものはいずれも，かつては社内外に分散され，到達するのが困難であったナレッジに対して，ユニバーサル・コネクションを可能にする"情報技術の進展"を描いてきたものである，と指摘をする。そして，これらの結合されたナレッジ・システムというものは，分散されている組織活動とグループ，機能横断的プロセスをもつマネジメント，数えきれない程の顧客接点，というものをリアル・タイムでコーディネーションするものであり，それらの統合を実現させるものこそがS-Dロジックである，と説明付けるのである。

　しかしながらDayは，このような役割を果たすS-Dロジックに対しては，いささか懐疑的に見ている節が読み取れる。それは，「ほとんどの企業は，この可能性に対して資本投下を行うことからは程遠い。このことは，S-Dロジックへの移行に関しては，まだ早い段階にあるということを意味している」，と具体的に述べていることから伺い知ることができる。Day自身は，S-Dロジッ

クの移行に対するティッピング・ポイントが起こる時を，インフォメーション・フローとそれに付随するナレッジの共有化とその利用が促進されることによって判断できると見ており，そのようなS-Dロジックを実現させるものがまた，FP4である「ナレッジは競争優位の源泉である」ということの受容を加速させるであろう，と説明するのである。しかしながらまたDayは，次のような重要な指摘を行っていることに注目する必要がある。それは，「このことは，市場勢力図が変化するにつれて，誰が優位となり，誰が劣位となるのか，そして，これらの実現可能要因というのは，S-Dロジックがどこで適応され，そしてどのように適応されるのか，ということに制限を課すことになるのであろうかどうか，という疑問を生じさせる」と指摘するのである。

　Day自身は，S-Dロジックを決して目新しいものではない，という視点で見ている研究者である。Dayは，「Vargo and Lusch（以下V&Lと略記）の主張の核心は，ソリューションと，専門化と価値創造のプロセスにおいて消費者を支援することを通じて，市場を拡張する機会を指し示すことを強調するために，S-DロジックはG-Dロジックに上位する」と捉えている。そのような背景から，Dayは有形財とサービィーズを包含する意味での"ソリューション"に着目して，目新しいものではない，と指摘しているように思われる。そこで，Fortuneに載っている100社の内の63％は，「既にソリューションを提供している」と述べているSharma, Lucier, and Molloy［2002］の見解を引き合いに出しながら（Day［2004, p.18］），「これらの企業が本当に，S-Dロジックにおいてのソリューションという概念をコード化しているのか，あるいは単に，時流に乗ったような意図のある言明ではないのか？」と指摘するのである。この指摘の真の意味とは，「ほとんどの企業は，V&Lが主張するような真のソリューション戦略を追求しているようなことはない」と述べている通りである。つまり，100社のうちの63％は，単に口先で述べているだけであり，残りの37％は，そんなことすら考えていないのではないのか，と捉えているのである。

　そこで，Dayは明確に，「多くの企業は，S-Dロジックを彼ら自身の戦略の中に取り入れないであろう」と述べている。なぜそのような結論を導くことになったのであろうか。

　Dayは，ビジネスを現実的に見た時に，次のような側面に着目している。

それは,「1つの重要な注目は,多くの顧客は,ごく僅かの親密でコミットされた関係性にのみ快く参加する」,ということである。これは,FP6に対する批判として認識できる。Dayは,「すべての顧客が,その能力を供給業者との売買に従属しようと欲しないかもしれなく,あるいは,彼ら自身を1つの供給源(source)というリスクにさらしたいと欲しないかもしれない」と主張している。それゆえに,「製品中心のロジックとサービス中心のロジックとの両者は,ほとんどの市場において共存するであろう」という重要な結論が導出されることになるわけである。そして,このような主張から,「多くの企業は,より優れたソリューションを通じた関係的な優位性を得たり,維持したりするのは困難である」という示唆がすぐさま得られる,と述べるのである。

以上のような考察からしてDayの立場は,S-Dロジックは,現実のビジネスからすると実現するには困難が伴う,ということである。「現在出現しつつあるドミナント・ロジックには多くのインプリケーションがあるのだが,完全にはV&Lが心に描いているようなものにはならない」と断言していることは印象的である。その理由は,以下の通りである。

「V&Lは,マーケティングが,サービス中心のビジネス・モデルという機能横断的なプロセスの統合と調整の中心になるべきだ,と信じているのであるが,このことは"マーケティング"によって意味される所のものに依存する」とDayは言うのである。そして続けて,「恐らくそれは,ほとんどの企業において見られるマーケティング機能ではない」と指摘するのである。そこで,企業のどのレベルがマーケティング問題を扱うことになるのかというと,それは,トップ・マネジメントになる,と示唆を与えているのである。すなわち,「極めて重要なタスクを持つであろうトップ・チームのゼネラル・マネジメントの責任としてのマーケティングになるだろう」と指摘するのである。具体的に,その極めて重要なタスクとは,次の3点を挙げている。

① 効果的なマーケット・センシングと情報共有,そして市場機会と競争上の移動についての早期の予測,を通じたナビゲーション(*navigation*)
② 関係的な価値を通じた競争優位獲得の見込みを踏まえた新しい価値提案をデザインし,洗練させることによる表明(*articulation*)
③ 戦略やより優れた関係的な価値に向けた優位性に関するすべての源泉

の調整を確実にする必要不可欠な"接着剤"の提供と，顧客の要求の変化と競争上の移動への適合による*組織の統括指揮*（*orchestration*）

ここでDayは，ナビゲーション，表明，組織の統括指揮という3つの役割を挙げているのであるが，これらが最も効果的になるのは，Day自身が提唱するマーケット・ドリブン（market-driven）組織である，ということを主張している。それは，マーケット・ドリブン組織というものが，価値ある顧客というのを理解し，惹き付け，維持する，ということに際して，より優れたスキルを備えているからである。したがってDayの考察からすると，S-Dロジックが実現するのは，マーケット・ドリブン組織においてである，という批判的結論が導き出されることになる。

第3節　Achrol and Kotler の批判的見解

1．批判的立場の明確化

Achrol and Kotler（以下A&Kと略記）の批判を取り上げるにあたっては，彼らの2006年の論稿を見て行くことにする。A&Kの批判的立場は，V&Lのテーゼを，マーケティングのサービス中心の見方が包括する所のものに関する大胆な解釈であるとし，批判を展開している。

A&Kは，S-Dロジックを，かなり大げさな主張だと見ている。それは，「学問に対する"基本的な世界観"と"ドミナント・ロジック"になる統合体を提供する，という主張」のためである。A&Kは具体的にV&Lの主張に対して，「大げさな期待を鼓舞する大げさな主張であり，それゆえ徹底的な精査が欠かせない」，と述べている。もちろんこの言明は，「現在のマーケティング理論の構造に対して重要であり，頻繁に再言明することから恩恵をこうむるようないくつかの概念にスポットライトを投げかけて」いる点で重要視されるべきであるが，その大胆な主張に対しては，一見すると正論であるかのように思われるロジッ

クを鵜呑みにするのではなく，よく検討し慎重に扱うべきである，という観点から警鐘を鳴らしていることに他ならない。彼らは,以下のように述べている。

「新しい理論，批判，論争は，科学の生命源である。理論におけるもっとも偉大な進展は,地球は丸いのであり,平らではない！というような"異端の"概念を含む,論争的な見解（controversial positions）から現れる。しかし，学問に対する急進的で新しい進展は，隙のない，完全な主張として生じるようなことはめったになく，そして，あまりにも多くの曖昧さや漠然とした領域,煙に巻くような結末（loose ends），あるいは大げさな主張のために，あまりにも早くに拒否されたり，あるいは礼儀正しくも無視されたりする。批判的に精細な吟味は，新たな科学パラダイムの厳密な展開と広範な受容に対して必要不可欠である。そして,たとえ結局の所,サービス中心の見方がパラダイムに達していないとしても，批判的な議論は，われわれが今日知っているように，マーケティングの規範科学における重要な進展と修正の副産物を必ず生む。そういう気持ちからわれわれは，V&Lの命題に関するこの批判的な分析を提供する。」

したがって，上記のような立場からA&Kは，特に以下の点に対して批判的に取り組んでいる，と考えられる。すなわち，「サービス中心の見方は，つまらない言明ではない，という形で明確に述べることができるのか」ということである。そこで彼らは，体系化されていない議題を巡る論争は，互いの話しをかみ合わなくさせ，堂々巡りの議論にさせてしまうことになることから，いかなるディスカッションにおいても，適切で分析的な構造に根付く必要がある，ということを述べるのである。そしてこのことを分析し評価する手立てとして，「［サービス志向］対［グッズ志向］の違い，あるいはマーケティング意思決定における［オペランド資源］対［オペラント資源］の性質，また理論的な主張としての顧客と消費に関する［関係的な見方］対［取引的な見方］を評価することは，1つの方法である」と述べ，順次批判的検討を行うのである。

もちろん彼らは，それらの考察が結局，「すべてのマーケティングに対するドミナント・ロジックになるということとは，まったく違う主張である」ということも認識している。したがって，そのことを評価するために，「関連する分析的なフレームワークが科学哲学になるべきである，ということを提起」し，存在論，認識論，実用論という3つの側面からS-Dロジックを検討し，適宜

批判を展開するのである。

　ところが，彼らが次のようなことを述べていることに，注意を払わなければならない。それは，上記３つの側面から述べるに当り，「これらの重大な問題が，エッセイのような長さの批判で答えられるということを想像するのは，厚かましいことである。ここでのわれわれの目的は，単純なものである。すなわち，いくつかの鍵となる問題に対する中身を構成し，与えることである。われわれは主に，存在論的問題に焦点を当てるのであるが，この議論は必然的に，認識論における問題をカバーすることになる。本章では，実用論的な問題を評価しないつもりである」と述べているのである。したがって，実質的には存在論的立場からのみの批判を展開する，ということが理解できるのであるが，なぜ存在論が認識論をカバーすることになり，そして，なぜ実用論的立場を取り上げないと判断するに至ったのか，という論拠が何も記述されていないのは，非常に不満な点である。しかしこの点に関しては，次のような推測が成り立つであろう。すなわち，「実在（reality）しないものは認識することができないし，また認識する必要もない」ということである。つまり，存在の確認が取れないものに対して，それを認識するという問題が浮上することはないのである。もちろんこのことは，上述してきたことを加味すると，存在論的にS-Dロジックは適切ではない。より詳細に言えば，従来の研究成果以上に目新しい成果を期待することができない，と言っていることに他ならないことが読み取れよう。したがって，このような理解からすると，認識論的議論をする必要がないと言うことは，適切な判断だったと考えられる。そしてそのような延長から，現実に適用することを扱う実用の問題は，存在しないものを対象とすることになってしまうのであり，論理的矛盾を抱えることになってしまうのである。したがって，そもそもS-Dロジックが役立つか否かということを問題にする実用論的議論は，その基準自体が客観的ではないことから，実用論的立場を取り上げないと判断したのであれば，われわれからすると，的を得ていたと言える。

2．批判内容

(1) サービス中心のロジックに対する批判

V&Lが提唱するロジックの意味するものは，1つの明らかに単純な真実になる，ということである。そしてこのことは，説明の余地を無くすことに他ならない。彼らはこの点に関して，次のように述べている。「科学の重要な問題は，めったにその明白性，つまり説明の必要がない，ということについてではない。科学は説明の営みである。事象（thing）が同一で，あるいは共通項にまとめることができる所には，説明の余地はほとんどない」。確かに，V&Lが提唱するような方法によって，すべての現象を共通項としてまとめ上げることができるのであれば，それほど便利なことはないであろう。しかし，A&Kは，次のように指摘する。「われわれは早急に，グッズ（goods）という用語は，やはり自明な（trivial）言葉，あるいはありきたりな言葉（commonplace）である，ということを認める。しかし，グッズとサービシィーズという2つの自明な用語（trivia）の差異の中に隠された，核心を突く概念的な意味は存在するのか」。彼らが指摘するように，グッズとサービシィーズという用語の差異の中に核心を突くような決定的な概念的相違が存在しないのであれば，グッズとサービシィーズを識別する必要はまったく無くなるであろう。そこで，A&Kは，「サービス中心の見方は，つまらない言明ではない，という形で明確に述べられるのか」と疑問を呈し，それらを確認する作業を行うのである。

A&Kは，グッズ志向とサービス志向とを識別するために，まず手始めとして，「グッズ／サービスの議論が要点の1つなのか，あるいは単なる文体的でレトリック的なものかどうか，ということについての彼らの批判を駆動させるために，グッズという用語の代わりにサービシィーズという用語を使い，逆の場合も同様にして，いかなる意味の損失があるかどうか」，ということの検討を始めるのである。そこで，V&L［2004a, p.5］において掲載されている，グッズ志向とサービス志向を用いて，それぞれ，グッズに該当する部分をサービシィーズに置換し，またサービスに該当する部分をグッズ（product）に置換し，比較検討を行うのである。

A&K は上記のことを検討した結果，グッズ志向の「5番目の点を除いて，グッズの代わりにサービシィーズを使用することは，いかなる論理的あるいは実務的な矛盾や意味上の問題を引き起こさない」，ということを結論付けている。つまり，わざわざサービスという言葉に置換する必要など無い，と指摘するのである。この5番目のグッズ志向とは，「グッズ（good）は，利益を乗せる形で需要され，そして消費者に届けられるまで在庫され得る」，というものである。このグッズの部分をサービスに置き換えると，確かに的を得ない文章になってしまう。しかし，彼らが言うにはこの5番目の点でさえも，論理的な解釈ができると言う。それは，「サービスは在庫され得ないのであり，顧客や需要が在庫される（列を作って待たされる）ことになる」，という現実が存在するからである。このことは例えば，高付加価値サービスや病院などにおいては，顧客と需要は，アポイント・システムを通じて在庫され（予約され）ることになることからも理解できよう。したがって，彼らは5番目に関しては，次のようにパラフレーズされるのではないのか，と言うのである。すなわち，「サービシィーズに対する顧客と需要は，サービスが経済的な利益を上乗せして消費者に届けられるまで，順次在庫されるように組織化される」，という訳である。

　以上のような検討を行うことによって，A&K は次の点を見出している。すなわち，「サービス中心の見方と製品中心の見方との間の公言された識別は，基本的なロジックのシステムに基づいていない，ということである。それどころかわれわれは，V&L が導き出す8つの FP において，特徴を示すロジックが見出されていないのではないかと思う」と懐疑的に見ているのである。したがって，サービス中心の見方を見る際には何らかの価値があるかもしれないが，ドミナント・ロジックのシステムからはほど遠い，と指摘するのである。

　なぜこのような事態になっているのかということに関して，A&K は，サービスの定義付けそのものに理由を見出している。周知の通り V&L はサービスを，「他の実体や実体それ自体のベネフィットのための行為，プロセス，パフォーマンスを通じた専門化されたコンピタンス（ナレッジとスキル）の応用」と定義付けている。彼らは，この定義はいくつかのアングルから批判され得る，と指摘する。まず第1に，グッズを通じて提供されるサービシィーズのみならず，純粋なサービシィーズを容易く認識するような方法で書かれていない（両方を

適合させることは，応用という用語に関して，ひどく苦しく拡張された解釈を含むことになる），ということ。第2に，消費者志向というよりも，むしろより一層の供給者志向を提示している，ということ。すなわち，マーケティングに対する基本的なコンセプトとして，S-Dロジックは，現在の交換パラダイムから後退することになる，と指摘するのである。交換パラダイムは，当事者間での相互にベネフィットのあるプロセスを強調する点において，それ自体をマーケティング・マネジメント・パラダイム，すなわち供給者志向のパラダイムから距離を置いている。対照的にV&Lの定義においては，一方の実体が他の実体のベネフィットのために行動する，という点を強調することになる。したがって，ある実体が自身のベネフィットのための専門化されたコンピタンスとナレッジの応用（恐らく消費活動を意味するであろう）というのは，徹底した交換―消費の関係性（an end-to-end exchange-consumption relationship）においての，当事者間の相互利益（a mutuality of interest）の関係を包含しないことになってしまうのである。それゆえに，S-Dロジックは一層の供給者志向を示していることになるのではないのか，と指摘するのである。

ところで，A&Kは，上述したように存在論的立場からの批判を展開するのであるが，彼らはその批判を展開するにあたって，基本的な分析単位を設定している。すなわち，「V&Lは，明示的に書いていなかったとしても，暗示的な存在論的構造と仮定に対して分析しなければならなかったはずである。われわれは，マーケティングにおけるドミナント・ロジックになるであろうものは，その基本的分析単位—製品あるいはサービス，消費者と消費，企業—の概念について，意義ある言明を作らなければならない，と信じている」と述べているのである。以下では，これらの分析単位に沿う形で，彼らの批判を整理して行くことにしたい。

① 製品／サービスの認識に対する批判

V&Lの製品に関する認識として特徴的なのは，マーケティングは古典派経済学に由来するグッズの捉え方を継承し，そのことに縛られている，という捉え方をしていることである。V&Lによるとそれは，Adam SmithとAlfred Marshallの時代から経済学は，生産，価値，交換，そして富の単位としての

有形財に縛られてきている，と言う。しかし A&K にしてみると，この捉え方自体，言うまでもなく大げさなのではないのか，と主張するのである。

なぜ大げさなのかと言うと，それは，「経済学の専門用語ではグッズかもしれないが，経済理論は，われわれがグッズや消費者や企業やテクノロジーと言う所の有形的物体 (the tangible objects) にほとんど縛られていない，抽象的な用語のような概念を定義している」からである。「経済学のグッズ (good) は，"価格"と"数量"である。標準化と差別化についてのある仮定は"需要関数"を決定するが，これらは，グッズとサービシィーズに等しく適用する抽象的な特性 (abstract properties) である」，と指摘するのである。

そして A&K は，グッズが経済学に縛られているということに関して，もう1点指摘を行っている。それは，効用と価値に関する V&L の認識である。V&L は，「グッズ志向に縛られているという理由で，効用と付加価値の概念を拒絶」する。V&L の価値の取り扱い方とは，付加価値（交換価値，内在された価値）と使用価値との間の識別に依存し，G-D ロジックの見方と調和する付加価値を，形態効用，場所効用，時間効用，所有効用の創造に基づく Adam Smith や初期のマーケティング思想にまで遡る経済学的概念と関連付けるものである。そして，S-D ロジックの見方と調和する使用価値と消費それ自体とを関連付け，そして，消費者は単独で価値を決定し，「共同生産のプロセスを通じて価値を創造する」ことに参加する，ということを主張するのである。

確かに，有形財であろうと無形財であろうと，それが販売，すなわち企業が提供しなければならない所のものに変換されるまでは，ただの価値提案に過ぎない，ということは，V&L が強調していることの1つである。そして，消費者は共同生産者であり，生産は販売で終了するのではなく消費者と共に始まるのであり，消費プロセスを通じて広がる，という強調を生む。しかしそのことと，「価値提案と共同生産は，消費者の効用と価値に対してのより一層基本的な概念的代替案である，と主張することとは，全く別のことである」，と A&K は指摘するのである。そして，「理想的な交換におけるカスタマイゼーションと共同生産は，消費者と企業に対して，価値を創造するように伝達される必要がある基本的な効用を変化させることができるのか」，と問題を投げ掛けるのである。

A&Kはこのことに対して，次のような見解を示している。「われわれの考えとしては，形態効用，時間効用，場所効用，所有効用は，伝統的なロジックにおいてもサービス中心のロジックにおいても，価値創造と価値―消費プロセスに対して基本のままである。何が変化するのかは，消費者に対する価値の分析における，［時間，場所，所有効用］対［形態効用］における相対的重要性である」。したがって，「V&Lのテーゼが論点とすべき所のものは，効用の概念を見捨てる必要性を訴えることではなくて，今日の市場において極めて重要な効用に関する相対的な重要性と理解の深さを，どのように洗練させるのか」ということである，と主張するのである。

② 消費者と消費の認識に対する批判

直前で述べたように，共同生産者としての消費者は単独で価値を決定し，消費をすることによってのみ価値を創造することになる。この点はGummessonが指摘したように，「価値の創造は，グッズ（good）やサービスが消費された時にのみ可能となる。販売されていないグッズ（good）は，価値を持っていない」，ということと同一の主張であろう。しかしこの点に関してA&Kは，次のような点を指摘する。すなわち，「現代の交換は，価値創造の複雑なヒエラルキー――言うなれば，消費の複雑なヒエラルキー――である。最終消費者による自動車やミネラル・ウォーターの消費の周辺には，ビジネス顧客や政府機関による消費の巨大なネットワークがある。多くの価値はまた，メンテナンス・サービス(s)*，再販売，リサイクリング・サービス(s)*などの形で，消費の最中や消費後に創造される。実際，消費は消費を創造する」。つまり，V&LのS-Dロジックが念頭においているような，ダイアディックな関係性だけでは，消費の実態を説明できないのではないのか，と指摘するのである。

A&Kは，先のV&Lの価値創造の側面を，「消費者による消費プロセスにおいて，どのように，またどれくらいの価値創造が行われているのか，そして，サービス(s)配送業*，サポート・サービス(s)*，消費後サービス(s)*の間で，どのようにこれが動いているのか，ということをより一層詳細に見る偉大な推進力である，と信じている」と述べるように，肯定的に見ているのであるが，V&Lのテーゼにおける共同生産者としての消費者の中心的な役割について目

を向けると,「最終消費者による消費というのは,ビジネスと政府の消費ネットワーク (a network of consuming business and governments) によって取り囲まれている」と指摘し,「そのことはまた,共同生産者としての消費者は,ネットワーク現象に組み込まれるということになる」と主張するのである。そこで,「もしサービス中心の見方から現われる分析が,われわれに特定の方向性を示すのであれば,それはネットワーク現象としての消費者と消費に関する理解の方向性」ではないのか,と強調するのである。したがって,「"サービス"というラベルの下ですべてを包含することは,ネットワークの説明や,ネットワークの現象を説明する際に有益かもしれない理論に対して,何も付け加えない」ことになってしまうので,「基本的な分析単位としてのネットワークへの焦点は,ダイアディックな交換理論のみならず企業の理論からの,意義深い存在論的ステップである」と結論付け,彼らが主張するネットワークへの注目という論点を,強調するのである。

③ 企業の認識に対する批判

A&Kは,FP7で述べられている「企業は価値提案しかできない」ということに対して,競争に関する資源ベース (RB) 理論との親和性に着目している。彼らは,「RB理論との親和性は,興味深い立場を提供する」と述べている。

V&Lは,「価値は消費者によってのみ創造される」ことから,「企業は価値提案しかできない」,という点を強調する。A&Kによると,このことは「RB研究の文献において,似たような路線の活発な論争が存在するので,"価値獲得(製造における"付加価値"として一般的に知られる)"対"価値創造(顧客の使用価値や効用)"の観点で表現される」と説明する。RB理論を批判的に見る研究者は,「RB理論は,価値創造の説明を含んでいないので,欠点がある」ということを主張し,一方RB理論を肯定的に見る研究者は,「RB理論は,企業における資源の価値についてであり,どのように資源が配置され,利益が獲得されるのか」ということを扱う,と主張する。このようにRB理論研究では,価値獲得の概念と価値創造の概念は分断したものとして捉えるのが一般的である。

しかしA&Kは,「価値獲得の概念(獲得した収入と販売した財のコストと

の差）は，価値創造から切り取られ得ない」と主張し,「価値獲得（例えば収入）に対する要因の半分は，使用時の価値の評価を行う消費者以外の何者でもない」と指摘するのである。つまり A&K はここで，RB 理論が一般的に捉えている見方，すなわち価値創造は外生的である，というのは，実は，価値創造が見込めるからこそ価値獲得が行われるのであり，断絶させて捉えられるようなものではない，と主張していると考えられよう。このことを S-D ロジックに敷衍させてみると，次のような示唆を与えることになる。すなわち，交換価値（価値獲得）と使用価値（価値創造）は分断するものではないのであり，ほとんどの場合使用価値（価値創造）があるからこそ交換価値（価値獲得）が発生することになるのである。そこで A&K は，さらに以下のように指摘を加える。

　「このように，製品イノベーションと製造を通じて創造される価値の正当性を論証する際に，V&L が作った消費者と消費についての重要な役割についての主張は，過度に強調されるようなものではない。それは，どれだけ多くの方法でどれだけ頻繁に作られようとも，請け負う人のいない主張である。しかし，V&L は全く正反対に走り，消費は唯一の価値の源泉である，ということを意味した。確かに，まだ販売されていないグッズ (good)，とりわけ販売されていないサービスは価値を持たない。しかし，企業に対して経済的剰余（収入と販売された財のコストとの効率的で持続可能な差）を生み出さないようなグッズとサービシィーズは，多かれ少なかれ市場から撤退されるであろう。」

　以上の考察からもわかるように，V&L が古典派経済学に由来するとみなしたグッズ志向，ならびにそのグッズ志向に由来する価値の認識というのは，A&K からしてみると，強調するには当たらない，ということが理解できる。特に A&K は，「V&L の企業の見方は，FP1 と 4 から演繹することができる」が，「その前提は，"新たな見方" が重要な進化である，ということを提案するために，いわゆる古典派経済学のグッズ志向からそれ自体距離を置こうとしている」，と説明付けている。

　そこで今度は，企業の中において価値を生み出す源泉として認識されている "資源" について考察を移すことにしたい。再三述べられているように，V&L は，オペラント資源を重視している。それは FP4 において，「オペラント資源は競争優位の基本的源泉である」と述べていることからも理解できよう。しかし，

A&Kは，V&Lが捉えている資源については疑問を呈している。その主張とは，資源自体にオペランドもオペラントも無い，というものである。A&Kは，次のように指摘している。

「われわれは，オペランド資源とオペラント資源との間の識別は，存在論的には重要ではない，と主張する。理論的には資源に，オペランドもオペラントも本質的にはない。すなわち，理論的枠組みにおいて変数（資源）が演じる，説明のレベルと役割（説明項あるいは被説明項）の機能だけがある。労働と資本は，オペランド資源とオペラント資源の両方である。したがって，それらはナレッジと情報である。資源が創造され，あるいは獲得される時，それらはオペランド(s)である。それらがある問題に適応された時，それらはオペラント(s)である。資源は有形的な側面と無形的な側面とを備えており，そして使用時の生産性が，トレーニング，組織，マネジメント，そして人間の知性，の機能なのである」。

そして彼らは，次のような点を主張する。すなわち，「何がオペラントで何がオペランドか，というラベルを付けることに邁進して脇道に逸れるよりも，新たなマーケティング・パラダイムのロジックは，全ての種類のネットワークと情報フローとに，より一層熱心に焦点を当てるべきである，ということを主張する。このことは，マーケティングにおける現在の交換パラダイムからの現実的な発展を表すであろうし，古典派経済学における企業の大部分儀式的になっている理論（the largely ceremonial theory of the firm）を超えた，単なる抽象的な改善ではない」，と指摘するのである。

(2) まとめ

以上の考察からA&Kは，結論部分において，以下のように総論的なまとめを行っている。

「われわれは，サービスという言葉を超えた所を見る必要があり，サービス中心のロジックが組み込むように主張する概念的システムの鍵となる要素を視覚化する必要がある。その要素と言うのは，ナレッジ・リソース，リレーションシップ，そしてネットワーク，のような要素である。V&Lの論文のディスカッションのセクションは，マーケティングにおけるこれらの最先端の理論の優れた概観を提供

しているが，サービス中心のロジックが，部分というよりも全体を形成する方法において，それらを一緒に結びつける理論や包括的なフレームワークの重要な駆動力（driver）である，ということを明らかにするにはほど遠い。マーケティング現象に横たわっている理論的メカニズムと相互連結に関するわれわれの理解を進展させないような概念の意味論的再構成（semantic reorganization）は，不必要に気を散らすものである。言い換えると，何がV&Lによって意味されるサービス中心のロジックか，ということを理解しようと試みる際，われわれは，サービスという言葉が注意を反らすものである，ということを見出したのである。」

そして，A&Kは，冒頭で述べたように存在論的立場からの批判を標榜してきたわけであるが，「マーケティングにおけるドミナント・ロジックになるであろうものは，その基本的分析単位―製品あるいはサービス，消費者と消費，企業―の概念について，意義ある言明を作らなければならない」と述べていたように，その分析単位を，製品あるいはサービス，消費者と消費，企業という3つに設定した。このことはすなわち，これら3つの概念が揃って初めて存在論として成立する，と認識していることに他ならない。しかしながら，上記の結論からも読み取れるように，A&Kはこれらのいずれに対しても，今まで研究されてきたこと以上のことが言えるのかと言うと，それは言えない，という結論を見出していることが認識できる。したがって，彼らからすると，S-Dロジックは何一つ目新しいことを言っている訳でもなかったことから，不必要に気を散らすものであった，と述べていることが伺える。

第4節　O'Shaughnessy and O'Shaughnessyの批判的見解

1．批判的立場の明確化

　O'Shaughnessy and O'Shaughnessy（以下O'S&O'Sと略記）の批判的見解は，彼らの2009年の論稿（J. O'Shaughnessy and N. J. O'Shaughnessy［2009］）から読み取ることができる。

O'S&O'S の批判目的は,「Vargo and Lusch によって主張され,アメリカにおいて非常に多くのマーケティング学者によって称賛されている"サービス中心の"パースペクティブが論理的に堅固でもなければ,マーケティングにおける他のパースペクティブに取って代わるようなものでもない,ということを論証」することである。マーケティングにおいては,"急進論者 (radicals)"と"熱烈な支持者 (evangelists)"が,われわれに対して新たなパースペクティブを採用するように,頻繁に急かしてくることがある。それらに共通して見られるのが,4P フレームワーク (product, price, promotion, place) によって提案されているパースペクティブを代替することである。

マーケティングにおいて新たなパースペクティブを必要とする傾向は,昨今特に多いと見なされよう。そして,様々な研究者達が,新たなパースペクティブの必要性という課題に対して果敢に挑んでいるのであるが,S-D ロジックはそれら旧来のものとは異なり,別の角度から捉えられている向きがある。それは,S-D ロジックのパースペクティブが,過去に取り組まれてきた新たなパースペクティブへの様々な追求をも包含することになるのではないのか,と捉えられていることである。

そこで O'S&O'S は,特にアメリカの学者達から称賛の眼差しで見られている S-D ロジックに対して概念的分析を行い,批判的検討に取り組んでいる。特に彼らは,S-D ロジックが,他のパースペクティブを代替するものとして適切であるのか,またそのパースペクティブ自体は論理的に堅固なものなのか,ということを検討し,とりわけ方法論的多元論的立場を支持する形で,批判的考察に取り組むのである。

2. 批 判 内 容

(1) S-D ロジックに特有な見解への批判

O'S&O'S は,自らの方法論的立場から批判を展開しているため,S-D ロジックに特有な見解への批判には,それほど深入りしていないと考えられる。しかし彼らは,サービシィーズ,オペランド/オペラント資源,競争優位に関して,

具体的な言及を行っている。

　O'S&O'S はまず最初に，サービィシーズの概念について，不明瞭である，と述べている。V&L はサービスを，「他の実体や実体それ自体のベネフィットに対して，行為，プロセス，パフォーマンス，を通じたコンピタンス（ナレッジとスキル）の応用」と定義付けているのであるが，このことに関して具体的に，次のように述べている。すなわち，「専門化されたコンピタンスの応用というのは，サービィシーズのみならずグッズの生産とマーケティングの特性を示すので，そのアプローチは，あらゆるものを含む無限定を意図している」ことになる，と批判するのである。

　前章までにおいて再三述べられているように，V&L は，オペラント資源としてナレッジを重視し，またそれが競争優位の源泉となる，という見方をする。しかしこのことは，O'S&O'S によると，「このことは，本質的に陳腐なこと」ではないのか，と指摘されている。その理由は，次のようである。「ナレッジを獲得したり，競争優位を持つオファリングを創造するのは，まさに人間である。もし優位性が極めて重要であるとすれば，それは，売手に対して独特であり，そのオファリングが購買される目的に対して極めて重要であるように知覚される，という優位性なのである」。したがって，ナレッジが競争優位の源泉になるということは，人間が行う限り至極当然なことではないのか，というわけである。

　そこで，O'S&O'S は，「極めて重要な競争優位性は，市場に関する従業員のナレッジを要求する」ことである，と主張する。この事実は，取り立てて言う程のことではないように，競争優位の源泉としてのナレッジという概念を棄却することではない」と述べ，次のような重要な示唆を提示している。すなわち，「問題は，専門化されたコンピタンスの応用としてのナレッジという概念が，あまりにも抽象的過ぎるか，あるいはまた，オペレーショナルな段階から遠く離れ過ぎてしまっているために，たいして意義ある指針を得ることができないことである」。そこで，競争優位性はナレッジにあるということを強調するよりも，むしろ「肝心なことは，競争優位や極めて重要な優位性の開発を促進するような，組織的なアレンジメントと組織的な（モチベーションの）風土」に関する創意工夫である，と主張するのである。

第14章　S-Dロジックに対する批判的見解　217

　このように，O'S&O'Sは，競争優位について組織的なオペレーション・レベルの観点を重視していることが読み取れるのであるが，彼らはさらに論を進め，従業員による個人レベルでの実行（personalized execution）が必要である，という指摘も行っている。つまり，サービス中心の見方に顕著なものとしてV&Lは，相互作用性，インテグレーション，カスタマイゼーション，顧客との共同生産，というものを取り上げているのであるが，O'S&O'Sは，「このままである限りは同意できないが，そこに個人レベルでの実行を加える必要がある」，と指摘しているのである。したがって，「競争優位を開発する際には，単にカスタマイゼーションの達成と個人レベルでの実行に対する手段であるナレッジと専門化されたコンピタンスのことについて言うよりも，むしろ，どのようにわれわれはオファリングをより一層カスタマイズでき，個人レベルでの実行を確実にすることができるのか，という点を考えた方が，より実り豊かになるだろう」と主張するのである。

(2)　方法論的多元論に基づく批判

　前節で触れたように，O'S&O'Sは，S-Dロジックの持つパースペクティブについて，かなり批判的に見ている。具体的には，次のように述べることによって，論を進めて行くことになる。すなわち，「最も重要なことは，マーケティングに対して単一のパースペクティブを提案することが，いったい賢明なことかどうか，ということである」。また別の箇所では，「V&Lのように，1つのもっとも良いパースペクティブがそもそも存在すると信じることが，賢明なことなのか？」とも述べている。もちろん彼らの主張の意図は，V&Lが言う所のサービスからすべてを見るという主張に対して，否定することにある。そこで，どのような理由で彼らは批判的に見ているのかを考察する前に，O'S&O'Sのいうパースペクティブとは何かということについて，ここで整理して行くことにしたい。

　まず，パースペクティブとは何か，ということについてであるが，彼らは，パースペクティブを，「解釈において採用される単なるビューポイントである」としている。したがって，「すべてのパースペクティブは，前提を含み，政治学においてのように，時々解釈にバイアスをかけるような強い価値を含む」こ

ともある。したがって,「他の解釈ではなくある1つの特定の解釈を採用するということは, どのように行動すればよいのかを考慮する際の違いを生み出すことになる」と言える。

一方, 1つのパースペクティブを取り上げるのではなくて, 多様なパースペクティブを採用する立場を支持することを,「パースペクティヴィズム (perspectivism)」という。これは, リアリティをありのままに反映するナレッジを手に入れる, という論理実証主義の主張する立場とよく比較されるものであることから, パースペクティヴィズムは, 論理実証主義の代替概念である, と捉えがちであるが, O'S&O'S はそのようには考えていない。彼らは, パースペクティヴィズムを, "パースペクティブの多様性" として定義付けている。

パースペクティブが問題になるのは, それが, 証拠 (evidence) を探索したり, 解釈したり, 引き合わせたりする方法に影響を与えるからである。つまり, いかなるパースペクティブを採用するのかによって, 政治学的観点からの見識を述べることもできれば, 専門家として経済学者や歴史学者の観点で見識を述べることもできる。したがって, どのような立場から述べるにしても, いずれもどれが間違いであるかを宣言することはできないことになる。それゆえ O'S&O'S は, いかなるパースペクティブにおいても真実であり, 特定のケースしだいである, ということを述べている。したがって彼らは, Shweder の言葉を引用し,「知り得る世界というのは, いかなる観点から見ようとも不完全であり, 一度にすべての観点から見ようとすると一貫しなく, 特にどの立場にも立たない所 (nowhere) から見ようとすると何も見えない (empty)」という言葉を支持するのである。

上述したように, いかなるパースペクティブを採用しようとも, それが間違いである, という根拠にはならない。それゆえに O'S&O'S は,「パースペクティブ・アプローチの多様性に関する核心とは, 多様なパースペクティブになるべきであり, それぞれが, ある問題や様々な疑問に対する答えに関して, 様々な窓をわれわれに与えてくれることである」ということを主張する。したがって,「もしある特定のパースペクティブが採用されるのであれば, それは, 対象を見る人間の概念的レンズを構成する」ことになる。それゆえに,「もし可能であり, 様々なパースペクティブを統合しようと試みることは, 焦点の何らかの

欠損を意味する」ことになってしまうのである。つまり，様々なパースペクティブを取り入れるということは，パースペクティブ自体の拡張によって，対象の焦点と基本的なパラダイムを弱めることになってしまう，ということである。O'S&O'S は明確に，「パースペクティブの拡張は，パースペクティブを弱め，そして，他の方法が提供したかもしれない物事の真相を見抜く力 (insight) を鈍らせる」と強調している。

翻って，V&L のサービス概念に対して今一度検討した時，以上の考察からO'S&O'S は，以下のように批判の矢を向けている。「V&L が，明確にされたサービスのパースペクティブの範囲内で，"グッズ"を包含しようとすることは，サービスという概念を不鮮明なものにすることによってのみできる。われわれは，V&L が，グッズの範囲をカバーするように拡大解釈する際に，サービスのパースペクティブを弱めることは愚かである，と主張するであろう」。つまり，V&L が取り組んできたサービス中心の見方と言うのは，今まで確立されてきたサービスのパースペクティブを，グッズの領域までカバーするように拡大解釈させることで，サービスのパースペクティブ自体を曖昧模糊とさせてしまうことになるのである。したがって，今までグッズとサービスがそれぞれ持ってきた含意やパースペクティブ以上のものは，ただ単にサービスという単一のパースペクティブの中に収斂させるだけでは得られない，と指摘しているのである。

そして，最後に Montaigne を引用に出しつつこのように述べることで，強烈な批判を行っている。

「マーケティングは，根本的に様々な問題をカバーするまさに幅広い研究領域を持つもの (broad church) であり，その中に含まれるすべてのことを捉えられる一般的なパースペクティブを持つ者など存在しない。Montaigne (1533-1592) がかつて述べたように，もしわれわれが似ていなかったとしたら，野獣からは識別されなかったかもしれないが，もしわれわれが似たり寄ったりであったとしたら，お互いに区別がつかなかったであろう。これと同じことが，マーケティングのグッズとサービシィーズの識別にも当てはまる。様々なパースペクティブが存在する中で最上のものを決める条件が存在していないのに，われわれは標準的なパースペクティブを採用することはできないのである。」

第5節 おわりに
──われわれの見解を中心に──

　S-Dロジックが多くの支持者を得ていることは事実である。しかし，その事実と，S-Dロジックが実り豊かな知識主張としての権利を獲得したこととは，別の問題である。実際，ある知識主張をより良いものに仕上げていく際，その拍車あるいは轡としての役割を果たすのは，支持者の多さやその見解ではなく，批判者の的確で質の高い見解であることに気づかなければならない。

　しかし，S-Dロジックを巡る諸議論の推移を振り返ってみると，批判的見解が少ないだけでなく，数少ない批判的見解でさえ，そのほとんどが瑣末な言葉上の問題に囚われていることが確認される。したがって，S-Dロジックは，的確で質の高い批判に恵まれず，実り豊かさを期待できない状況にあると言わざるを得ない。

　FPsとそれを正当化するための諸主張からなっているV&LのS-Dロジックは，およそ5年間の議論を経たにもかかわらず，2つのFPの追加およびFPsにおける瑣末な言葉の微細調整にとどまっているのである。このような状況に陥っているS-Dロジックをより良いものに仕上げていくためには，本章で取り上げた批判的見解が参考になると思われる。何故ならば，それらの見解はS-Dロジックの中身や今後の方向性により根本的な修正を迫っているからである。以下では，S-Dロジックの核心であるFPsを中心に，われわれの見解を述べることにする。

▶ FP1に関するわれわれの批判
　① "専門化されたスキルおよびナレッジの適用"を"サービス"と定義するのであれば，有形財の"グッズ"であれ無形財の"サービシィーズ"であれ，そのように定義された"サービス"なしには存在しないことになる。この当たり前過ぎる認識に基づけば，"サービス"が交換の根本的な基礎であるとするFP1は相当正しい。
　② V&Lの"サービス"の定義に含まれない人間の活動があるのか。言い

換えれば，S-D ロジックは"サービス"のとてつもなく広い定義によって，社会科学に属するあらゆる学科領域の"一般理論"ではなく，それぞれの"一般理論の基盤"を提供できると言っているに過ぎないのである。

③ FP1 における実質的な変更は，ユニット（unit）がベーシス（basis）となったに過ぎない。しかし，その変更の論拠，すなわち前者が G-D ロジックの言葉であり，後者が S-D ロジックの言葉であると決め付けることは合理的に正当化され得るのか。

④ FP1 の説明において，V&L は"サービス"が"サービス"のために交換されると言っている。しかし，貨幣経済以降のほとんどの場合，"有形財・無形財と貨幣"が交換されているのであり，それ以外の場合にのみ"有形財・無形財と物や用役"が交換されるのである。ほとんどの有形財や無形財の供給業者は，消費者から"物や用役"を提供されるよりも"貨幣"を期待するであろう。もちろん，"サービス"が"サービス"のために交換されることも考えられ得る。しかし，その場合は交換の当事者が互いの"サービス"を等価として合意したときにのみ交換が成立するのは言うまでもないが，この種の交換と，従来から"サービシィーズとサービシィーズ"の交換として見做されてきたこととの違いはあるのか。

▶ FP2 に関するわれわれの批判

⑤ FP2 は FP1 から演繹的に導出される関係にある。言い換えれば，FP2 は FP1 に従属的な関係にある。

⑥ FP2 における実質的な変更は，ユニット（unit）がベーシス（basis）となったに過ぎない。

⑦ "サービス"と"サービス"との交換のみが直接的交換であって，その他の交換が間接的な交換であると見做される合理的な根拠はあるのか。

⑧ V&L が言っている間接的な交換によって，本当に交換の根本的な基礎である"サービス"が覆われるのか。

▶ FP3 に関するわれわれの批判

⑨ FP3 も FP1 から演繹的に導出される関係にある。言い換えれば，FP3 は FP1 に従属的な関係にある。

⑩ V&L は有形財を購買する理由を有形財が提供する"サービス"，つまり"使用価値"を得るためであると言う。しかし，ほとんどの場合，消費者が商品を購買する理由はその物理的諸属性を所有するためではなく，商品が提供する"便益・効用・満足"を得るためであることに鑑みれば，その主張は当たり前過ぎる。この場合，"サービス"と，"使用価値"あるいは"便益・効用・満足"はほぼ同義語として互換的に使われているが，V&L の"サービス"の定義からすれば，用語の首尾一貫した適用に失敗していると言わざるを得ない。

▶ FP4 に関するわれわれの批判

⑪ FP4 も FP1 から演繹的に導出される関係にある。言い換えれば，FP4 は FP1 に従属的な関係にある。

⑫ FP4 における実質的な変更は，(専門化された)ナレッジがオペラント資源となったに過ぎない。その変更は，もう1つの代表的オペラント資源である(専門化された)スキルが抜け落ちていたことに気づいたからであろう。

⑬ 競争優位の根本的な源泉が"ナレッジ"あるいは"オペラント資源(専門化されたナレッジおよびスキル)"であることは当たり前過ぎる。

▶ FP5 に関するわれわれの批判

⑭ FP5 も FP1 から演繹的に導出される関係にある。言い換えれば，FP5 は FP1 に従属的な関係にある。

⑮ FP5 における実質的な変更は，複数形の"サービシィーズ"が単数形の"サービス"となったことである。この変更は，V&L にとってはきわめて重要であろうが，実際には，S-D ロジックにおける最初の論文で犯したつまらない誤りを修正したに過ぎない。

⑯ V&L は，FP5 の論拠として，専門化と外部調達の度合いが高くなるにつれ，単数形の"サービス"がより明確になりつつあるに過ぎないと言

第 14 章　S-D ロジックに対する批判的見解　223

う。しかし，人間が存在する限り，専門化されたナレッジおよびスキルは，常に，重要視されていたであろう。

▶ FP6 に関するわれわれの批判

17　FP6 における実質的な変更は，"共同生産者"が"価値の共創者"となったことである。この変更に関する V&L の論拠をみれば，"価値共創"が相互作用を意味するからであると言う。しかし，"共同生産"も"価値共創"も共に相互作用を意味することに鑑みれば，説得力を失う主張である。

18　FP6 における変更は，結局，"共同生産者"が G-D ロジックの言葉であり，"価値の共創者"が S-D ロジックの言葉であると決めつけたことによるものであるに過ぎない。しかし，V&L によるそのような決めつけはあまりにも素朴であると言わざるを得ない。

19　FP6 がむしろ特殊事例であることは言うまでもない。何故ならば，Day が指摘していたように［2004, p.19］，ほとんどの顧客はある特定の供給業者との関係性が緊密になるほど，スイッチング・コストが高くなったり，選択の幅が狭くなったりするからである。さらに，FP6 は，有形財であれ無形財であれ，きわめて高関与でしかも高価な商品でない場合，現実性のない話である。

20　"共同生産"であれ"価値の共創"であれ，ほとんどの消費者は，その種の相互作業のための設備や専門化されたナレッジおよびスキルを持っていないため，その作業の参加には自ずと限界がある。この場合，既存の注文生産と何が違うのか。

21　"共同生産"であれ"価値の共創"であれ，交換の成立を前提にしない限り，実現されるのは難しいであろう。言い換えれば，企業にとって，不特定多数の消費者を対象にして顧客を創造し維持することは至難の業である。しかし，企業からすれば，その手間を省いて"共同生産"や"価値の共創"の過程に消費者を取り囲むことは，この上のない話であろう。

▶ FP7 に関するわれわれの批判

㉒ "make" が "offer" に変わったことは，ほとんど意味を持たないだけでなく，V&Lにとっても無視されているので，FP7における実質的な変更は，企業は "価値" を引き渡すことができないという文章が追加されたことである。S-Dロジックが "使用価値" を重視していることから推測すれば，この場合，"価値" は "使用価値" を意味するに違いない。"使用価値" は文字通り使用するときの "価値" あるいは "便益・効用・満足" を意味する。したがって，有形財の "グッズ" であれ無形財の "サービィーズ" であれ，使用価値は消費者が使用するとき初めて体現されることは言うまでもない。このことに鑑みてV&Lはその文章を追加したであろう。この追加は，"交換価値" を軽視し，"使用価値" のみを重視するS-Dロジックの帰結からすれば，当然のことである。

㉓ "交換価値" と "使用価値" に関する議論は，実は，"価値" というものが商品に内在されており，それ故，客観的に把握できるという "客観価値説" と，単に使用者が主観的に感じる効用であるとする "主観価値説" に関する議論の副産物である。経済学の歴史を振り返ってみれば，後者の議論が優位を占めていることが確認されよう。

㉔ V&Lは，ほとんどの場合，"交換価値"，つまり価格を払わずには使用権が与えられないこと，また使用権がない場合，使用価値を享受することができないことを見落としている。無償での提供でない場合，交換価値を軽視することはできない。その場合を除けば，"使用価値" あるいは "便益・効用" を高めることによって顧客の満足を高めようとすることは，結局，"交換価値" を高めるための手段である。しかし，これは決して悪いことでもなければ，企業の正当な活動である。しかも，その点こそ，営利企業がその他の組織と区別される最大の特徴である。

▶ FP8に関するわれわれの批判

㉕ FP8における変更は，"本来" という副詞を付け加えたことであるが，実は，FP8を最初提示した論文において，V&Lはその副詞を使って説明を行っていたのである（V&L [2004a] p.12）。

㉖ FP8の合理的な根拠はあるのか。FP8を引き出した前提となる考え，

すなわち G-D ロジックは顧客を受動的なオペランド資源として見做しているのに対し，S-D ロジックは顧客を能動的なオペラント資源として見做しているということは，そのように決めつけているに過ぎないのではないか。

▶ FP9 に関するわれわれの批判

㉗ FP9 は，外見上もっとも大きく変化しているように見られがちであるが，実質的な変更は，"組織"を"あらゆる社会的および経済的行為者"に変えたに過ぎない。しかし，この変更によって，S-D ロジックは，人間社会のすべての事象をそのレンズの中に入れることに成功したに過ぎないのである。

▶ FP10 に関するわれわれの批判

㉘ FP10 は，価値，より厳密に言えば，S-D ロジックが重視する使用価値の性質を詳細に述べたに過ぎない。つまり，V&L は使用価値が受益者（サービスの使用者）によって，それぞれ異質的に感じられるのであり，現象学的に（感覚的に）決められるのであると言う。さらに，V&L は使用価値が個々人の特有の表現の仕方や経験，および置かれている文脈（場面や状況）によって異質的に感じられるだけでなく，意味負荷的である（価値を個々人がどのように意味付けるかによって異なってくる）と言う。要するに，V&L は㉓で述べた"主観価値説"を難解に言っているに過ぎないのである。

以上，S-D ロジックの核心である FPs を中心にわれわれの見解を述べてきた。しかし，われわれがこの種の批判しかできない理由は，S-D ロジックが FPs というパースペクティブ，レンズ，あるいはマインド・セット（物の見方）を提供し，その正当化に終始しているからである。実際，S-D ロジックが最初の段階からパースペクティブ，レンズ，あるいはマインド・セットであったことに気づいたならば，議論の仕方や方向は変わっていたであろう。何故ならば，パースペクティブ，レンズ，あるいはマインドセットに真偽問題を問うことは

できないだけでなく，無意味だからである。

　しかし，多くの著名なアメリカの研究者がS-Dロジックに翻弄された理由は，1980年代から今日に至るまでの代表的な7つの議論（市場志向，サービス(s)・マーケティング*，関係性マーケティング，品質管理，価値およびサプライ・チェーン・マネジメント，資源管理，ネットワーク分析）を肯定的に取り込みながら，収斂させることによって，社会科学に属するあらゆる学科領域の"一般理論の基盤"を提供できるというその大胆な主張に期待を抱いたからであろう。

　しかし，われわれの認識が一観点に導かれた一面的な認識，すなわち，部分認識でしかあり得ないことに再び気づけば，その甘い誘惑的提言に慎重であり得たのではないかと思われる。実際，S-Dロジックから先述の7つの議論が完全に演繹されるかどうかも疑問である。何故ならば，S-Dロジックは，それらの議論のパースペクティブを折衷したレンズに過ぎないからである。見方を変えれば，先述の7つの議論のすべてが，そもそもS-Dロジックと変わらない議論に終始していたとも言えよう。

　O'S&O'Sも言っているように［2009, p.787］，S-Dロジックは，これまでの経営学とマーケティングの研究伝統に忠実にしたがっているに過ぎないのである。この意味で，S-Dロジックはわれわれが歩んできた研究の歴史を根本的に内省させるきっかけを提供したとも見做されよう。その研究伝統というのは，"knowing-that"を目指す説明的理論の探求を軽視し，"knowing-how"を目指すテクノロジーの探求に専念してきたことに他ならない。結局，S-Dロジックもこの種の研究伝統に則っていることに鑑みれば，そのロジックのみを攻めることは望ましくない。

　しかし，S-DロジックがG-Dロジックを作り上げて自らの立場の優位性を鮮明に打ち出していたことはさておき，S-Dロジックの場合，その他の議論とは異なって，あまりにも大胆すぎる主張を展開していたことについては，何故それが可能であったかを見てみる必要があろう。それは，S-Dロジックの核心であるFPsにおけるいくつかの言葉，つまり"サービス"および"共同"などの概念定義を強引に拡大したり，あいまいに規定したりすることによって，とてつもなく広いパースペクティブ，レンズ，あるいはマインド・セット（物

の見方）を作り上げたことに求められよう。

　本来，概念というのは，その他の概念と区別するために，必要に応じてわれわれによって貼られたラベルに過ぎないのである。したがって，ある概念の存在意義は，厳密に限定されるほど存在意義が確保されるのであって，その概念を一般化するほどその存在意義は失われていくことに気づく必要がある。S-Dロジックの場合，一般化された概念をもってレンズを大きくし，人間社会のあらゆる事象をそのレンズの範囲内に納めることには成功したにもかかわらず，そのレンズから見える諸事象はなかなか焦点が合わず，ぼやけて見えることに気づく必要があったであろう。しかし，この事実に気づかず，人間社会のあらゆる事象をそのレンズの範囲内に納めることに成功したことをもって，社会科学に属するあらゆる学科領域の"一般理論の基盤"を提供できるという大胆すぎる主張に走ってしまったと見做される。

　さらに，ぼやけて見えるレンズによってS-Dロジックの諸主張はきわめて抽象的で当たり前のようなものにならざるを得なかったが，科学の営みは可及的に普遍性の高い説明的理論の探求であることに鑑みれば，説明の必要もない当たり前のような主張は，われわれの認識の地平を拡張することにほとんど役割を果たせないのである。

　すべての研究領域にも言えることであるが，マーケティング研究の中心軸は"理論研究"であることを認識しなければならない。何故ならば，普遍言明としての説明的理論があって初めて，それを具体的な現実の初期条件とリンクさせて予測を試みたり，達成されるべき目的を前にしてその理論の指針にしたがった手段としての初期条件を探索したりすることが科学的に行われるからである。この認識に立てば，S-Dロジックの議論は，根本的に修正される必要があろう。

　　＊グッズおよびサービシィーズを包含する上位概念として"サービス"を位置付けるS-Dロジックに忠実にしたがうとすれば，従来の「サービス・マーケティング」は，「サービシィーズ・マーケティング」と言わなければならないであろう。この種の混乱は，「メンテナンス・サービス」，「リサイクリング・サービス」，および「アフター・サービス」など，英語では複数形であるにもかかわらず，日本語では単数形扱いにしてカタカナ表記してきた長年の約束事，つまり慣習

を根底から変えなければならない問題を引き起こすことになる。この種の変更を正当化するだけの合理的な根拠を S-D ロジックが提示していると見做されない限り，単なる言葉上の混乱を引き起こすにとどまるであろう。このような問題認識に立ち，本章では従来の表記法を守りつつ，S-D ロジックの主張をも反映する形で，「サービス(s)」というラベルを用いることにした。

〔余　漢燮・河内 俊樹〕

第15章　S-D ロジックと研究の方向性

第1節　はじめに

　S-D ロジックの舞台は，交換後の使用段階にあり，そこでの焦点は価値共創にある。しかし，交換されるものがプロセスであるという主張を踏まえるなら，交換そのものが S-D ロジックの関心事であるともいえる。すなわち，伝統的な交換概念を超えるものを S-D ロジックは提示したといえる。しかし，そうであったとしても，S-D ロジックの舞台および焦点は，これまでのマーケティング研究からすると極めて限定的な議論でしかないことがわかる。第11章においてなされた S-D ロジックに対する問題提起は，まさにそのことを指摘したものである。

　そこで本章では，S-D ロジックの本意がどこにあり，また，これまでのマーケティング研究とどのように関連づけられるかを明らかにするとともに，それらを踏まえ，S-D ロジック研究の方向性について検討する。

　さて，その手順であるが，最初に，こうした S-D ロジックをわが国のマーケティング研究者がどのように受け止めたかを明らかにすることから始める。そして，多くの論者が抱くと思われるひとつの疑問，すなわち，何故，S-D ロジックの根幹にあるサービス・マーケティング研究から，S-D ロジックに至る議論が生まれなかったかについて考える。次に，S-D ロジックそのものに対する検討をロジックとセオリー，サービスの定義，顧客価値，主体の意志，価値共創の場，さらには，ノルディック学派との関係といったさまざまな視点から行い，それらを踏まえ，また，本質的に捉えた S-D ロジックとの関係から，研究の方向性を示したいと思う。

第2節 わが国におけるS-Dロジック研究

　これまでみてきたように，S-Dロジックは，まず2004年にVargo and Luschによって提示され，それから少し経ってから，わが国でも取り上げられるようになった。しかし，彼らの研究の進度は速く，それまでの議論を纏めた論文集が2006年に出版され，さらに，2008年には，基本前提を10とする論文が出された。また，S-Dロジックに関するHP《http://www.sdlogic.net/research.html》では，出版，研究，プレゼンテーション等に関する最新情報が次から次に追加されている。
　そうした中，わが国の研究者が，S-Dロジックをどのように捉え，また，解釈したかについてみていく。

1．S-Dロジックの紹介

　嶋口充輝は，『宣伝会議』（2008年1月1日号，21頁）で，モノ中心のグッズ・ドミナントから，サービス・ドミナント・ロジック（SDL）への転換について触れている。そして，「……，SDL発想では，農水産業，製造業，流通，広告，金融業など，すべからく『サービス』と捉える訳です。だから，モノづくりもメーカーの一方的な思い込みの製品提供ではなく，売り手・買い手双方の共創価値によるサービス創造という発想になる。」，「SDLのマーケティング発想は顧客起点を強化し，次の革新的発想への突破口になると期待されます。」として，啓発的な論調でS-Dロジックを紹介している。
　また，南知惠子は『マーケティングジャーナル』（Vo.27，No.3，2008年）の巻頭言（「顧客との価値共創～サービス・ドミナント・ロジックを手がかりに～」）で，「顧客による提供企業との共同参加，企業－顧客との相互作用的なプロセスの重視は，まさしくサービス・マーケティングにおいて論じられ，主張されてきたサービス特有のロジックである。ところが，モノのマーケティングとの差異として論じられてきた，顧客との相互作用や共同参加が，むしろサービスのみならず，モノのマーケティングの世界でも必要なロジックであるという主

張が起こっている。サービス・ドミナント・ロジックでは，モノのマーケティングとサービスのマーケティングとを区別しない。モノを含めた企業からの提供物のありかた，提供のしかたが重視され，企業と顧客とが共に価値を創造していくことが主張されるのである。ここではモノはサービスに包摂され，一体化されている。」としている。すなわち，そこではS-Dロジックがプロセス重視のサービス・マーケティングからもたらされたこと，また，それは，モノのマーケティングを含む考え方であることが指摘されている。

このように，両者とも，すべてをサービスとして捉え，企業と顧客による価値共創に主眼を置くS-Dロジックの本質を適切に表現するとともに，その可能性を述べている。

2．S-Dロジックに関する議論

一方，自らの議論の中でS-Dロジックを位置づけ，積極的な解釈を試みる論者も現れるようになった。

まず，小野［2008］は，顧客満足に関する議論において，S-Dロジックがどのような関わりをみせるかについて言及している。すなわち，顧客満足は，ソリューション志向のもとで議論すべきだと主張する中で，製品とサービスを組み合わせたソリューションという考え方は，すべてのマーケティング事象をサービスとしてとらえるサービス・ドミナント・ロジックの真髄だとする。さらに，企業からの一方的な価値の提案ではなく，顧客と共にときには双方向で価値をつくりあげていくことが顧客満足にとって重要な論点となるとした上で，価値共創は，上流と下流のすべての工程に関わるものだとし，S-Dロジックの射程の広さを示した。また，ソリューションそのものがプロセスであるとの認識を示し，プロセスとして捉えるS-Dロジックとの親和性を強調している。

また，藤川［2008］は，サービスとの関連において日本企業が直面する今日的課題をサービス・ドミナント・ロジックの中核をなすという「価値共創（Co-Creation of Value）」（注：本文のまま）の概念に焦点をあて議論している。具体的には，モノかサービスか，製造業かサービス業かという二元論でとらえる

のではなく，モノにもサービスにも共通する論理を読み解こうとする取り組みとして，サービス・ドミナント・ロジックを解釈している。さらに，「製品が実現する価値は，顧客が製品を購入したその瞬間に発生するのではなく，むしろ，製品を購入した後に製品を使用する過程において，顧客が企業あるいは製品と相互作用する中で生み出される使用価値（Value in Use），そして，製品は顧客接点や相互作用を通じて価値を創造するための手段として機能する」（藤川［2008］34頁）と述べ，Vargo and Lusch のいう交換価値から使用価値への移行に言及している。そして，分かり易い事例として，iPodを取り上げ，その価値は顧客が購入した時点ではなく，購入後の同社との相互作用（音楽のダウンロード等）において創造されるとしている。

　以上みてきたように，S-Dロジックの解釈については，小野，藤川の両者においてかなり肯定的に捉えられている。

　一方，高室［2009］は，やや客観的な立場からS-Dロジックに独自の解釈を加えている。すなわち，彼は，サービス・イノベーションとマーケティング・マネジメントの接続に関する論究において，マーケティング論においてモノ中心の論理からサービスが支配的な論理へのパラダイム・シフトとしてS-Dロジックを取り上げている。そして，その論点が①モノかサービスかに関わらず，顧客が購買するものは総じてサービスである，という視点への転換，②サービスを知識と技能の提供として捉える，③顧客との関係性と価値の共創の強調，にあるとしている。なお，③については，サービス・マーケティングの特徴として捉えられていた価値共創プロセスにおける消費者と不可分な関係性や相互作用，また共同生産の側面が強調されることになるとしている。

　そして，高室は，既存のマーケティング・マネジメントとの接続を考えた時に，既存のマーケティング・マネジメント研究及びサービス・マーケティング研究に提示されてきた論理との異同，の問題があるとし，前者については，事業定義にあって，製品ではなく機能や顧客中心に考えることの重要性，製品には作り手が埋めこんだ価値が宿っており消費者はそれを購入するといった捉え方の限界，などはすでに既存のマーケティング・マネジメント研究において指摘されてきたことで，これらの点において，サービス・ドミナント・ロジックがいうサービス概念の「新しさ」の再確認が必要であるという。また，後者につい

ては，モノとサービスを区分することで成り立ってきた既存のサービス・マーケティング研究及びマーケティング・マネジメント研究との接続を慎重に考慮していくことが必要で，全てをサービスとして捉えることが過度な一般化を意味するようなことになってはならないとしている。

3．上原征彦のサービス概念とS-Dロジック

（1） 上原征彦によるサービス及びサービス・マーケティングの規定

いうまでもなく，S-Dロジックの根幹には，サービス及びサービス・マーケティングに関する研究があり，S-Dロジックは，それらの考え方をもとにして，すべてのマーケティングを同じ枠組みでみていこうとするものである。いうなれば，S-Dロジックは，マーケティングの包括概念を提示するものである。そして，この点を踏まえるなら，上原征彦は，わが国でかなり早い時期からサービス及びサービス・マーケティングを扱い，いわばS-Dロジックに繋がりかねない議論を展開していた。そこで，それらの論点を示しながら，その違いを明らかにすることで，S-Dロジックの本質的な理解に結びつけたいと思う。

まず，上原［1984］は，ヒトが欲求を充足させる生産活動には，①モノの時間・空間位相，品質位相，形態価値位相を変化させる「モノの位相変化活動」と②ヒトの欲求充足度を変える「ヒトそのものの位相変化活動」があること，また，現代においては，生産活動そのものないしその結果は市場取引に委ねられているとし，その方法には①財貨の売買と②サービスの取引があるとした。そして，財貨の売買は，所有権の取得により，当該経済主体が全的支配のもとで，そのモノを自らの生産活動の中に組み入れることを意味し，また，サービスの取引とは，他の経済主体からその生産活動そのものの提供を受けることで，それは全的支配下にはおけず，そこには協働関係が生じるとした。そして，以上のことを前提として，「経済主体（ヒト）は，欲求充足のために広い意味での生産活動（位相変化活動）に関与している。当該経済主体がこのような活動を自から行うのではなく，市場取引を通じて，他の経済主体に委ねるとき，サービスの給付を受けたことになる。すなわち，サービスとは，ある経済主体が，他

の経済主体の欲求を充足させるために，市場取引を通じて，他の経済主体および彼が使用・消費するモノの位相を変化させる生産活動そのものである（上原[1984] 8-9頁）」とした。

すなわち，上原は，ヒトが委ねる市場取引のうちサービスの取引に限定し，言い換えれば，財貨の売買をこの問題から完全に排除することで，サービスの特性を明らかにした。続いて，上原[1985]は，サービス・マーケティングの規定に挑む。まず，サービスを活動プロセスとして捉えることで，そこに協働関係が認識され，そのうちの相互制御関係こそがサービス・マーケティングの本質的特徴だとした。「すなわち，サービス・マーケティングにおける与え手と受け手の関係には，取引交渉場面ばかりではなく，サービス提供活動そのものの中に社会学的な相互制御関係が含まれていることになる。このことが，サービス・マーケティングの本質的特徴と言い得る（上原[1985] 13頁）。」というのである。

したがって，この相互制御関係という視点からみれば，財貨のマーケティングにおいては，市場取引交渉においてのみ相互制御関係が生じ，サービスのマーケティングにおいては，市場取引交渉だけでなくサービス提供活動そのものの中に相互制御関係が含まれるのであり，上原は，そこにサービス・マーケティングの本質を見出したのである。すなわち，財貨のマーケティングとの対比という視点からサービス・マーケティングを意味づけているのである。

(2) S-Dロジックとの分岐点

一方，上原は，サービス概念に関する従来の研究には，財貨との違いからサービスを概念化するものと，活動や行為などのプロセスとしてサービスを捉えるものがあるとし，これまでの議論からも明らかであるが，自らは後者の立場に立っているとした（上原[1985]）。

それでは，上原においてこのプロセスと相互制御関係の関係はどのようなものなのか。これまでにみたように，彼は相互制御関係かどうかの視点から①財貨の売買と②サービスの取引を区分しており，すべてにおいてこの相互制御関係があるところにサービス・マーケティングの本質を認めているが，おそらく，サービス・マーケティングの特徴として指摘した活動プロセスは，彼にあって

は，相互に制御し合う関係という意味においてそれが内包されており，その意味で相互制御関係にこそサービス・マーケティングの本意があると理解したのだろう。

　しかし，S-Dロジックは，上原の議論にしたがえば，①も②も含めてサービスとして把握するものであり，ここに両者における大きな分岐点がある。さらに議論を進めるなら，上原の相互制御関係は，②のもとでのすべてにおいて企業と消費者が直接的に向かい合うことを前提としている。というのも，①においては，市場取引そのものは相互制御関係にあるものの，それを通じてモノを取得した消費者は，そのモノを全的支配の下で，自らの生産活動の中に組み入れる（上原[1990]）としているからである。要するに，「自らの生産活動」は，直接的な相互制御関係になく，したがって，サービス研究の対象とならないとしているのである。

　本書におけるこれまでの章で明らかにされたように，S-Dロジックでは，モノによる場合も含めナレッジ・スキルを手に入れ，消費・使用段階で価値が実現すると考える。言い換えれば，主体的なヒトの「全的支配の下」で価値が共創されるのである。したがって，直接的あるいは間接的であるかどうかに拘わらず，手にしたナレッジ・スキルの利用による自らの活動プロセスにおいて価値が創造されるのであり，これをS-Dロジックでは価値が共創されていると考えるのである。要するに，企業が提供したナレッジ・スキルは価値が共創される舞台にあるのであり，この意味で向かい合わなくても相互制御関係にあるといえるのである。どうやら，この辺りの認識の違いが上原とS-Dロジックの境目といえそうである。すなわち，プロセスを相互制御関係に集約的に代替させ，限定的に使ったことが，S-Dロジックとの分岐点となったのである。

　したがって，いくら上原がサービスあるいはサービス・マーケティング概念をプロセスとして捉えようが，それを軸として，モノ・マーケティングとサービス・マーケティングを包括するということに向かうことはなかったのであり，当然ながら，上原の議論の焦点も，当時の時代背景を反映して，両者の区分そのものにあったのである。

第3節 S-Dロジックの再検討

　さて，マーケティング研究における S-D ロジックの貢献を指摘するなら，第一にマーケティングの包括概念を提示しようとしたこと，第二に価値共創における価値を顧客価値であると言い切ったことにある。前者についていえば，これまでのようにモノとサービスを対峙させるのではなく，サービス・マーケティングがそうであるようにプロセスとしてサービスを捉え，そのサービス概念をサービス・マーケティングだけでなく，すべてのマーケティングに充当させようとしたのである。また，後者についていえば，交換価値としてではなく使用価値として価値をみるという最近の議論を踏まえながらも，そこに止まらず，企業ができるのは価値提案に過ぎず，価値はすべて顧客が知覚し，判断すると主張することによって，これまでのように単なる理念ではなく現実的な顧客価値概念を提示しようとしたのである。とりわけ，後者は，これまでの企業・消費者間関係における基本的な考え方を転換させるものであり，総じて，S-D ロジックは，マーケティング研究に大きく寄与することになる。

　しかし，S-D ロジックの説明が十分に行われているかといえば，必ずしもそうとはいえず，また，論理的整合性についてあらためて確認すべき点もある。これまでみてきたように，S-D ロジックは，Vargo and Lusch によって 2004 年に発表されて以来，他の多くの研究者からのコメント・批判を踏まえ，最終的に 10 からなる FPs に 2008 年に辿り着いた。しかし，そこでの議論を客観的にみるならば，以下のように，いくつか検討すべき点を指摘することができる。

1．ロジックとセオリー

　S-D ロジックは，当然ながら「ロジック」である。この点について，提唱者である Vargo and Lusch は，どのように考えているのか。

　まず，彼らによれば「S-D ロジックは，人によっては理論といわれているが，理論としての要件を考えれば，それは理論ではない」(Vargo and Lusch [2008a] p.9)，として，率直にS-Dロジックの理論としての脆弱性を認めている。しかし，反面，「S-Dロジックは，それらを通して社会的・経済的交換現象をより一層明確に観察する可能性を秘めたマインドセット，レンズであると特徴づけることができる」（Vargo and Lusch [2008a] p.9)，ともいい，その優れた観察眼を高く評価もしている。確かに，S-Dロジックは，これまでのマーケティング研究における「ものの見方」に意味ある転換を迫るものといえる。とりわけ，「サービス」としてすべてのマーケティングを包括するというのは，マーケティングの一般理論への道筋をつけることになった。そして，その道程において，現時点のS-Dロジックを位置づけるなら，それはまさに「S-Dロジックは，世界観としての地位があるわけではなく，したがって，パラダイムでもないが，前理論レベル，前パラダイムレベルとして機能する」（Vargo and Lusch [2008a] p.9）ということができる。

そこで，マーケティング研究における新しい考え方として，このS-Dロジックを捉え，その「新しさ」の所在を確認する形で議論を進めていく。そして，そのことがロジックからセオリーへの進展に結びついていくと考える。

2．サービスの定義

さて，S-Dロジックは，サービス・マーケティング研究におけるモノ対サービスという対立から，プロセスとしてサービスを捉えることから始まった。というのも，当初，「サービシィーズは，他の実体のベネフィット，もしくは当該実体自身のための行為，プロセス，パフォーマンスを通じた専門能力（ナレッジ・スキル）の適用として定義される」（Vargo and Lusch [2004a] p.2）とされていたが，その後，「他の実体に対して資源を使うプロセスをより一層明確に示すには，S-Dロジックの基本前提を作り上げる最初の段階で，複数形のservicesから単数形のserviceへの転換を完全に図らなくてはならなかった」（Vargo and Lusch [2008a] p.7）と述べるに至った。

すなわち，それまで，モノ対サービスという対立において論じられたのは，いうまでもなく有形財との対比から明らかにされた無形財の特性であり，それは，まさにサービシィーズなのである。しかし，S-Dロジックが焦点におく

のは，ナレッジ・スキルを適用するという行為，パフォーマンス，プロセスそのものである。その意味で，サービスは交換の基本的な単位ではなく基盤なのであり（FP1），サービスはサービスのために交換されるのである（Vargo and Lusch [2008a] p.7）。したがって，S-Dロジックがいうサービスとはモノのコト化，すなわち，モノをコトとして捉えるものなのである。以上のことから，冒頭のサービィーズの定義は，サービスの定義として理解することができる。

ところで，マーケティング・マネジメントの標準的なテキストでは「サービスとは，一方が他方に提供する行為あるいはパフォーマンスであり，本質的にそれは無形で何の所有権も生じない。また，その生産には，有形財を必要とする場合もあれば，そうでない場合もある。」（Kotler and Keller [2009] p.346）とされており，プロセスとしてサービスを捉えるのは，今日では，一般的となっている。しかしながら，こうした定義では，プロセスにおいて何をサービスするかが明らかにされていない。この点，S-Dロジックでは，ナレッジ・スキルの適用としており，明解である。さらに，S-Dロジックでは，プロセスとして把握するこのサービス概念をモノ・マーケティングとサービス・マーケティングの共通点として取り上げ，そこから包括概念構築の道を開こうとしたのである。すなわち，それがモノだろうがサービスだろうがプロセスの視点からみれば意味では同じなのであり，そこに，それまでのようなモノとサービスの対峙から脱却する糸口を見出したといえる。

言い換えれば，S-Dロジックの焦点は使用段階にこそあり，そこで生産と消費が同時に進むサービスと同じようにモノをこの舞台に載せるには，モノに埋め込まれたナレッジ・スキルがそこで発現すると主張することで，モノの場合にも同様にここで価値共創があるとしたのである。これが「S-Dロジック」のロジックである。そして，先の上原に戻れば，モノは取引後，ヒトが全的支配の下で消費・使用されるからこそサービスと区別されるのであるが，S-Dロジックでいえば，この段階で顧客によってナレッジ・スキルが発現するのであり，その意味で相互制御関係にあるといえ，したがって，これも価値共創なのである。

3. 交換価値から使用価値へ
　　ー顧客価値の提示ー

　さて，S-Dロジックでは，交換価値から使用価値への移行を述べており，その結果，顧客価値ということを強調している。すなわち，「企業は，価値を提供することはできず，価値提案しかできない。」(FP7) のである。また，「価値は受益者によって常に独自に現象学的に判断される。」(FP10) のである。したがって，S-Dロジックでは，価値は，交換段階ではなく使用段階で顧客によってはじめて知覚・判断されると断定したことになる。これまで，マーケティング研究において繰り返して顧客の重要性が指摘されてきたが，ここでようやく，S-Dロジックによってその実体化が図られたといえ，この点で，S-Dロジックを高く評価することができる。

　そして，すべてのマーケティングの軸として顧客価値を強調することは，たとえば，企業・消費者間においては，企業が消費者に価値の提案をし，消費者がそれを判断するという構図が浮かび上がってくる。すなわち，それは，企業がサービスの提供者，消費者が受益者であることを示していることになり，その上で，S-Dロジックは，「顧客は常に価値の共創者である。」(FP6) としたのである。そして，この顧客価値の提示は，実は，S-Dロジックが考える以上に大きな意味を持っている。

4. 主体の意志

　S-Dロジックでは，そのプロセスにおいて，具体的なサービス行為としてナレッジ・スキルを適用するのであるが，それは，いわば能力の提供ということになる。すなわち，価値を共創するためにナレッジ・スキルという能力を提供するということなのであり，これによって，単独では成し得ない場合の価値創造を完遂することが可能となる。

　しかし，これを企業・消費者間においてみれば，消費者は，たとえ価値共創を意図したとしても，企業からどれだけのナレッジ・スキルの適用を受けるかは，その時々に独自に判断される。そして，そのことは企業側についても同じ

である。すなわち，どれだけのナレッジ・スキルを適用し，顧客価値の共創に取り組むかは企業の判断に依っている。したがって，ここで能力に加えて意志の問題が同時に存在していることを理解すべきであるが，S-Dロジックでは，能力についての言及はあっても，意志の問題については述べられていない。

5．価値共創の場

さて，S-Dロジックは，プロセスとしてサービスを捉えるわけだが，使用段階に焦点をおいたS-Dロジックにとって，サービスの説明ほど楽なものはない。何故なら，そこで生産と消費が同時進行することそのものが価値共創のプロセスだからである。そして，このことを中心にそのプロセスがモノを伴う場合にオプションとしての共同生産があるとS-Dロジックはいうのである。

一方，S-Dロジックは，モノを伴う場合の例として自動車を挙げ，使用段階で消費者が運転技術という自身のナレッジ・スキルを企業によって自動車に埋め込まれたナレッジ・スキルと組み合わせることで価値共創に至るとしており（Vargo, Maglio and Akaka [2008] pp.147-148），この場合，いくら交換後の時間軸を長く設定しても企業の関与は極めて間接的である。

しかし，発現する価値を伝達するというモノの開発に消費者がまったく関与しないかといえば，そうではない。今日，インターネット上で様々な形での取り組みがなされている。すなわち，使用段階で発現するだろう価値をモノに埋め込むことに消費者は関わっている。しかし，こうした現象について，当然ながら，S-Dロジックは何も述べていない。

6．ノルディック学派とS-Dロジック

さて，これまでみてきたように，S-Dロジックにおいては，グッズ・マーケティングとサービィーズ・マーケティングが明確に区別されている。そして，それが，いわゆるアメリカ・マーケティングを前提としているのも事実である。すなわち，それが成立してから，長きに亘ってアメリカ・マーケティングが関心をもってきたのは，グッズ・マーケティングそのものであったのであり，そ

れ故に，その後，登場したサービシィーズ・マーケティングの位置づけも，グッズ・マーケティングと対峙させることで行われた。しかし，Grönroosをはじめとするノルディック学派が早くから主張してきたサービス・マーケティングは，S-Dロジックがいうサービシィーズ・マーケティングとイコールではない。むしろ，グッズだろうがサービシィーズだろうが，それらの財としての特性に注目するのではなく，プロセスとしてサービスを捉えることを早くから主張してきたのがノルディック学派なのであり，一方で，S-Dロジックは，そこから多くを引用してきている。

すなわち，S-Dロジックは，明らかにノルディック学派のサービス・マーケティングに依拠している。この第Ⅲ部で，サービス・マーケティングとS-Dロジックがいうサービシィーズ・マーケティングの語をともに用いているのは，そのことから派生する無用の混乱を避けるためである。

何れにせよ，以上のように考えてくると，S-Dロジックとノルディック学派のサービス・マーケティングの関係について明らかにすることも重要な論点となってくる。端的にいえば，アメリカ・マーケティングがいうS-Dロジックの真意はどこにあるのかということであり，今後，この辺りについての検討が的確になされる必要がある。

第4節　S-Dロジックの理論化の方向

1. 価値共創概念の精緻化

前節におけるS-Dロジックの検討を踏まえながら，ここでは，まず，価値共創概念の精緻化を図る。なお，精緻化のための軸として取り上げるのは，「企業・消費者間関係とサービス概念」，「消費者の意志と能力（ナレッジ・スキル）」，「価値共創プロセス」の3つである。そして，最後に，S-Dロジックの本意について考えたい。

(1) 企業・消費者間関係とサービス概念

これまでみてきたように，サービスは，他者に対して行われる行為，プロセス，パフォーマンスである。それは，サービスを受ける他者がそれを必要としているからであり，そこには，「主体的な他者」が存在している。すなわち，サービスの議論においては，サービスを受ける主体的な実体の存在がその前提としてあるのであり，このことを見落としてはならない。S-Dロジックのサービス定義では，サービスは，他者に対するものと自己に対するもののふたつがあるとしており，このことから，サービスは，受給者の求めに応じて提供者によって与えられるものと考えられる。言い換えるなら，実は，S-Dロジックは，埋もれがちな「自己に対するサービス」という，むしろ本来的なサービスのもうひとつの側面を明らかにしたものなのであり，この点を高く評価しなくてはならない。

ところで，このサービスの提供・受給関係は，企業・消費者間関係，企業間関係に等しく充当するのだろうか。企業間において，互いがサービスの提供者，受給者であることに異論を挟む余地はない。しかし，S-Dロジックでは，交換価値ではなく使用価値（文脈価値）への移行が主張され，また，価値共創される価値は顧客が独自に判断する顧客価値であるとしており（FP10），また，そもそも企業間におけるサービス行為の最終ゴールはそこにはなく，企業・消費者間における消費者にあることを考えると，消費者はサービスを受給するだけの存在ともいえる。この点は，先の上原と同じ考えと思われる。何れにせよ，企業間関係と企業・消費者間関係をどのように考えるかは，十分に議論すべき問題として残されている。

(2) 消費者の意志と能力

これまでの議論から明らかになったのは，消費者は自身に向けてサービスする主体だということである。これを企業・消費者間にあてはめてみると，企業はナレッジ・スキルを消費者のために適用し，消費者は自分のために企業から提供されたナレッジ・スキル及び自身のナレッジ・スキルを自らに適用するということになる。

つまり，消費者は自身のナレッジ・スキルと企業のナレッジ・スキルを状況

に応じて組み合わせるのである。したがって，すべてを自身のナレッジ・スキルで賄う場合は自給自足者ということになり，僅かでも企業のナレッジ・スキルを適用するのであれば消費者ということになる。要するに，消費者というのは，自給自足者が生産の一部を企業に依存したときに初めて成立するものということになる。そして，すべてが企業のナレッジ・スキルという場合は，消費者であるとはいえず，それは，生産者ということになる（図表15-1参照）。

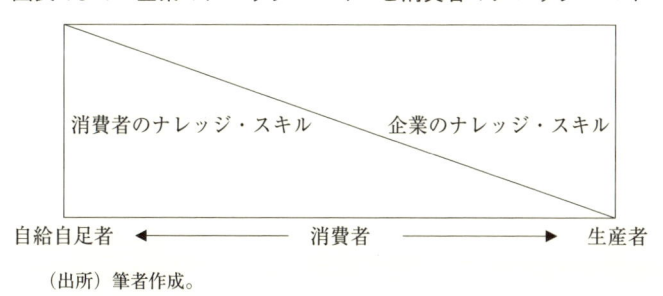

図表15-1　企業のナレッジ・スキルと消費者のナレッジ・スキル

消費者のナレッジ・スキル　　　企業のナレッジ・スキル

自給自足者　←　　　消費者　　　→　生産者

（出所）筆者作成。

したがって，消費者は，自らが有すナレッジ・スキルのレベルを考慮し，企業からどの程度のナレッジ・スキルの提供を受けるのかを判断することになり，ここに意志の問題が存在する。因みに，S-Dロジックの考えに触れイノベーションを論じたMichel, Brown and Gallan［2008］は，消費者が自らのナレッジ・スキルを適用するということに関してwillingnessという語をあて，意志の問題に言及している（p.50）。さて，これまで，「主体的な消費者」といってきたのは，消費者である限りは，すべて主体的だということを意味しており，要は，消費者がナレッジ・スキルの組み合わせをどう考えるかということになる。

ところで，Vargo, Maglio and Akaka［2008］は，Normann［2001］の議論を引き継ぎ，S-Dロジックにおける消費者は，単にconsumeするのではなく，consummate（complete=必要をすべて満たす，perfect=仕上げる）する存在であるとしているが（pp.148-149），それは，これまで述べてきた「主体的な消費者」のことであり，消費者は自身の欲求充足あるいは生活仕上げのためにconsummateするのである。したがって，そうしたconsummateする「主体的な消費者」においては，その意志の強弱，そして，能力（ナレッジ・スキル）

の高低によって，価値共創への取り組みはことなるものとなる。すなわち，それは，S-Dロジック研究の豊富化に繋がっていく。

何れにせよ，消費者は，意志と能力の視点から，図表15-2のように区分することができ，例えば，濱岡 [2002] のいうアクティブコンシューマーは，Ⅱ型の意志の強い能力の高い消費者ということになる。

図表15-2　意志・能力からみた消費者区分

		意	志	Ⅰ型－意志弱／能力高
		強	弱	Ⅱ型－意志強／能力高
能力	高	Ⅱ型	Ⅰ型	Ⅲ型－意志強／能力低
	低	Ⅲ型	Ⅳ型	Ⅳ型－意志弱／能力低

（出所）筆者作成。

(3) 価値創造プロセス

さて，わが国でも理論家として名高いマーケティング学者に Alderson [1957] がいるが，彼が指摘する「必要なことは，マーケティングによって創造された効用をどう解釈するかではなく，効用を創造するプロセス全体をマーケティングとしてどう解釈するかにある」(p.69) を繰り返して引用することで，Vargo and Lusch [2008a]; [2008b] は，価値創造プロセスを解明することの重要性を述べている（[2008a] p.10, [2008b] p.30）。しかしながら，S-Dロジックにおいては，この価値創造プロセスは，必ずしも明示的であるわけではない。すなわち，使用段階のそれに焦点がおかれている。

これまでのマーケティング研究では，一般に，価値創造プロセスは，モノを伴うか伴わないかの2つに区分して考えられてきた。これをS-Dロジックとしていえば，前者については，例えば，「企業が生産過程でナレッジ・スキルをモノに埋め込み，取引過程で企業と消費者がモノとカネを交換（交換価値）し，消費者が消費過程でそのナレッジ・スキルを適用することで価値（使用価値，さらには文脈価値）を知覚・判断する」という一連のプロセスとしてみることができる。そして，企業は価値提案者(FP7)であり，モノは価値の伝達手段(FP3)であり，消費者は価値共創者（FP6）である。また，モノを伴わないという後者は，いわゆるサービスのことであり，企業と消費者のナレッジ・スキルが組

み合わされながら，価値共創が行われることになる。

　しかし，先に述べたモノの生産（開発）への消費者の関与は，今日，多くの場合において価値共創と呼ばれているが，こうしたことへの言及は，S-Dロジックにおいてなされていない。されとて，それとS-Dロジックでいう共同生産との関連がはっきり述べられているわけでもない。というのも，S-Dロジックにとっての共同生産とは，注文生産の場合を想定しているからである。さらに，企業と消費者のナレッジ・スキルがどのようにして価値を創造するかのメカニズムについては，まったく触れられていない。

　ところで，先の Michel, Brown and Gallan [2008] は，消費者の役割について，伝統的な経済理論では，市場交換において貨幣を支払う支払者として，また，伝統的なマーケティング研究では，選択を行う購買者として描かれてきたとし，加えて，今日いうところの使用者を挙げている (p.54)。さて，ここで，支払者（すなわち，経済学）も，購買者（すなわち，マーケティング研究）も，当然ながら，価格形成の問題が議論の俎上に載せられるわけであるが，使用者に焦点をおくS-Dロジックは，まさに交換後の世界をみるロジックであり，議論の幅はきわめて狭いものとなっている。というのも，S-Dロジックが価格の問題に触れていないのは，それが，当事者同士が事前に価値を認識し，そのもとでモノとカネが等価交換されるという交換を前提として，その後の世界をそのままみているからである。しかし，価値は使用段階で顧客によって知覚・判断されるとS-Dロジックが主張するのであれば，この使用段階での価格形成について議論を起こすこともできた。場合によっては，価値共創後に価格形成がなされることもあるだろう。例えば，受けたサービスから得られた価値に応じて，独自の判断に基づき，その対価としての支払いが顧客によってなされることがそれにあたるし，むしろ，そうであることがS-Dロジックの意図するものと思われる。今後は，このように考えることで，既存のマーケティング研究の蓄積との関連づけ，そして，新たな理論の構築も可能となる。

　また，前述したように，モノを伴うサービスにおいて，ナレッジ・スキルのモノへの埋め込みに対する消費者の関与（開発関与）を排除し，使用段階のみを注視することも，議論の幅を狭めているといえる。交換価値から使用価値への移行というのは，価値が発現するのが使用段階だといっているだけであるが，

そうであれば，現実の企業行動としては，むしろ，使用価値（文脈価値）を高める方向に向かうのは当然であり，そのために，結果として，消費者の開発関与を受容することになるだろう。そして，そのことを研究という視点からみれば，例えば，マーケティング研究における製品開発論やイノベーション研究におけるプロダクト・イノベーション論と結び付く可能性があり，それによって，研究の進展が図られるものと考えられる。すなわち，S-Dロジックは，これらの点に関してさらなる検討の余地があるといえ，したがって，幅広く価値共創を理解することが理論化のひとつの方向となるだろう。

2．S-Dロジックの本意－顧客価値の重さ－

　まず，次のことを確認しておく。すなわち，ここで本意とは，S-Dロジックにしたがえば，こうなるということをいうのであって，Vargo and Lusch がそのことを認識しているかどうかは別とする。

　さて，Lusch, Vargo and O'Brien［2007］は「小売業者は市場における顧客接近性という点で他とは異なる優位性を持っている」(p.13)としているが，最後に，それが何を意図しているかを考えることでS-Dロジックの本意とそれに基づく研究の方向性を明らかにしたい。

　S-Dロジックにおいては，G-Dロジックからの移行が指摘されたわけだが，それは，実質的に，これまでのようなモノ中心のメーカー・マーケティングからの脱却を意味している。というのも，S-Dロジックが想定した議論の舞台は，上述したように，それ自体に問題はあるものの，価値の「提案や伝達」というより「実現」の段階にあるからである。だからこそ，S-Dロジックでは，この段階での使用価値，経験価値，文脈価値の重要性が強調されるのである。何れにせよ，消費者接点を有す小売業は，S-Dロジックにとってサービスが実践される舞台そのものであり，先に挙げた Lusch, Vargo and O'Brien の指摘はそのことを述べたといえる。

　さて，交換価値ではなく使用価値（文脈価値）が強調されるS-Dロジックではあるが，繰り返すなら，それは，価値創造プロセスのどの段階で価値が実現するかの視点からみたものであって，その価値が誰のものかを直接述べてい

るわけではない。いうまでもなく，それは顧客価値なのだが，S-Dロジックではそのことの重大性への配慮が欠落している。ここで今一度，サービスを企業・消費者間にあてはめて考えるなら，企業が消費者に提供するものがサービスであり，そこにおいて実現される価値は，あくまで消費者によって独自に知覚・判断される。すなわち，サービスとは提供される側に立つべき考え方なのである。

Achrol and Kotler［2006］は，S-Dロジックは，消費者志向というよりプロバイダー志向だと批判しているが（p.323），確かに，企業側の視点からS-Dロジックは説明されている。

しかし，S-Dロジックの前提には，消費のために自身にサービスする「主体的な消費者」が存在しているのであり，この消費者側からS-Dロジックをみれば，消費者は不足するナレッジ・スキルを企業に委ね，この時，他の実体のベネフィットのためにプロセスとして自らのナレッジ・スキルを消費者のサービス行為に適用するのが企業なのである。したがって，ここで企業は，消費者にとっての「価値共創者」であるということになる。つまり，これこそが受給者志向の考え方であり，説明となる。そして，そのもとで，企業は消費者にサービスするためにどのようなマーケティングをどのようにして展開するかを論じることになり，それは，同じく，企業側からの説明であっても，プロバイダー志向とは本質的にまったくことなるものである。したがって，以上のことを踏まえるなら，S-Dロジックが本意とすべきは，実は，G-Dロジックからの移行というより，B-Dロジック（Business-Dominant Logic）からC-Dロジック（Consumer-Dominant Logic）への転換にあったともいえる。すなわち，こうした価値共創を軸として，逆方向に，企業のマーケティングを考えることも自然な流れであり，そのことを通じて，これまでのマーケティング研究との連携を図る必要がある。

第5節 おわりに

S-Dロジックは，レンズあるいはマインドセットながらも多くの研究者を

巻き込んで議論されてきている。おそらく，その背景には，セオリーに向けた合意形成への期待が存在しているのだろう。

　本書の最終章として，この第15章では，S-Dロジックに対して客観的な視点から問題点を指摘し，そこでの検討を通じて今後の研究のひとつの方向性を示した。そこでなされた主体の意志，顧客価値の重さ，価値共創プロセスに関する指摘は，そのすべてが，これまでのマーケティング研究との関係を明らかにすべきという考え方に基づくものであり，それは，S-Dロジック研究の今後の発展に欠かせないものといえるだろう。

　　　　　　　　　　　　　　　　　　　　　　　　　　　（村松　潤一）

参 考 文 献

〈欧語文献〉

Achrol, Ravi S. [1991], "Evolution of the Marketing Organization: New Frontiers for Turbulent Environments," *Journal of Marketing*, Vol.55, No.4.

Achrol, Ravi S. [1997], "Changes in the Theory of Interorganizational Relations in Marketing: Toward a Network Paradigm," *Journal of the Academy of Marketing Science*, Vol.25, No.1.

Achrol, Ravi S. and Philip Kotler [1999], "Marketing in the Network Economy," *Journal of Marketing*, Vol.63, Special Issue.

Achrol, Ravi S. and Philip Kotler [2006], "The Service-Dominant Logic for Marketing: A Critique," in Lusch, Robert F. and Stephen L. Vargo (eds.), *The Service-Dominant Logic of Marketing: Dialog, Debate, and Directions*, M. E. Sharpe.

Alderson, Wroe [1957], *Marketing Behavior and Executive Action*, Richard D. Irwin, Inc. 石原武政・風呂勉・光澤滋朗・田村正紀訳『マーケティング行動と経営者行動－マーケティング理論への機能主義的接近－』千倉書房, 1984 年。

Alderson, Wroe [1965], *Dynamic Marketing Behavior*, Richard D. Irwin. 田村正紀・堀田一善・小島健司・池尾恭一訳『動態的マーケティング行動－マーケティングの機能主義理論－』千倉書房, 1981 年。

Argyris, Chris [1977], "Double Loop Learning in Organization," *Harvard Business Review*, Vol.55, No.5. 有賀裕子訳「ダブル・ループ学習とは何か」『ダイヤモンド・ハーバード・ビジネス・レビュー』第 32 巻, 第 4 号, 2007 年。

Argyris, Chris and Donald A. Schön [1978], *Organizational Learning: A Theory of Action Perspective*, Addison-Wesley Publishing Company, Inc.

Arndt, Johan [1979], "Toward a Concept of Domesticated Markets," *Journal of Marketing*, Vol.43, No.4.

Arnould, Eric J. [2008], "Service-Dominant Logic and Resource Theory," *Journal of the Academy of Marketing Science*, Vol.36, No.1.

Arnould, Eric J. and Craig J. Thompson [2005], "Consumer Culture Theory (CCT): Twenty Years of Research," *Journal of Consumer Research*, Vol.31, No.4.

Arnould, Eric J., Linda L. Price, and Avinash Malshe [2006], "Toward a Cultural Resource-Based Theory of the Customer," in Lusch, Robert F. and Stephen L. Vargo (eds.), *The Service-Dominant Logic of Marketing: Dialog, Debate, and Directions*, M. E. Sharpe.

Ballantyne, David and Richard J. Varey [2006], "Introducing a Dialogical Orientation to the Service-Dominant Logic of Marketing," in Lusch, Robert F. and Stephen L. Vargo (eds.), *The Service-Dominant Logic of Marketing: Dialog, Debate, and Directions*, M. E. Sharpe.

Barabba, Vincent P. [1995], *Meeting of the Minds: Creating a Market-Based Enterprise*,

Boston, Harvard Business School Press.

Barabba, Vincent P. [1996], "Meeting of the Minds," *Marketing Tools*, Vol.3, No.2.

Barney, Jay B. [1986], "Organizational Culture: Can it be a Source of Sustained Competitive Advantage?," *Academy of Management Review*, Vol.11, No.3.

Barney, Jay B. [1991], "Firm Resources and Sustained Competitive Advantage," *Journal of Management*, Vol.17, No.1.

Barney, Jay B. [2001], "Is Sustained Competitive Advantage Still Possible in the New Economy？ Yes," 岡田正大監訳・久保恵美子訳「リソース・ベースト・ビュー－ポジショニング重視か, ケイパビリティ重視か－」『ダイヤモンド・ハーバード・ビジネス・レビュー』第26巻, 第5号, 2001年。

Barney, Jay B. [2002], *Gaining and Sustaining Competitive Advantage*, 2nd ed., Peason Education, Inc. 岡田正大訳『企業戦略論－競争優位の構築と維持－』ダイヤモンド社, 2003年。

Barney, Jay B. [2007], *Gaining and Sustaining Competitive Advantage*, 3rd ed., Prentice Hall.

Baron, Steve and Kim Harris [2008], "Consumers as Resource Integrators," *Journal of Marketing Management*, Vol.24, No.1/2.

Bastiat, Frédéric [1848/1964], *Selected Essays on Political Economy*, trans. by Cain, Seymour, Princeton.

Bastiat, Frédéric [1860/1997], *Economic Harmonies*, trans. by Boyers, W. Hayden, Foundation for Economic Education.

Baudrillard, Jean [1968], *Le systeme des objects*, Editions Gallimard, J. 宇波彰訳『物の体系』法政大学出版局, 1980年。

Beaven, Mary H. and Dennis J. Scotti [1990], "Service-oriented Thinking and its Implications for the Marketing Mix," *Journal of Services Marketing*, Vol.4, No.4.

Bell, Daniel [1976], *The Coming of Post-Industrial Society*, Basic Book. 内田忠夫訳『脱工業社会の到来』ダイヤモンド社, 1975年。

Bendapudi, Neeli and Robert P. Leone [2003], "Psychological Implications of Customer Participation in Co-Production," *Journal of Marketing*, Vol.67, No.1.

Berry, Leonard L. [1983], "Relationship Marketing," in Berry, Leonard L., G. Lynn Shostack, and G. D. Upah (eds.), *Emerging Perspectives of Services Marketing*, American Marketing Association.

Biggadike, E. Ralph [1981], "The Contributions of Marketing to Strategic Management," *Academy of Marketing Review*, Vol.6, No.4.

Brown, Stephen W. and Mary J. Bitner [2006], "Mandating a Services Revolution for Marketing," in Lusch, Robert F. and Stephen L. Vargo (eds.), *The Service-Dominant Logic of Marketing: Dialog, Debate, and Directions*, M. E. Sharpe.

Buzzell, Robert D. [1983], "Is Vertical Integration Profitable?," *Harvard Business Review*, Vol.61, No.1. 服部照夫訳「垂直統合戦略の光と影－どうすれば高収益をあげられるか－」『ダイヤモンド・ハーバード・ビジネス』第8巻, 第3号。

Carlzon,Jan [1987], *Moments of Truth*, Ballinger. 堤猶二訳『真実の瞬間』ダイヤモンド社, 1990年。

Cherington, Paul T. [1920], *The Elements of Marketing*, New York, Macmillan.
Coase, Ronald H. [1988], *The Firm, The Market, and The Law*, The University of Chicago. 宮沢賢一・後藤晃・藤垣芳文訳『企業・市場・法』東洋経済新報社, 1992年。
Constantin, James A. and Robert F. Lusch [1994], *Understanding Resource Management: How to Deploy Your People*, Products and Processes for Maximum Productivity, The Planning Forum, Oxford, Ohio.
Copeland, Melvin T. [1923], *Marketing Problems*, New York, A.W. Shaw.
Cravens, David W. [1998], "Implementation Strategies in the Market-Driven Strategy Era," *Journal of the Academy of Marketing Science*, Vol.26, No.3.
Cravens, David W. and Nigel F. Piercy [2009], *Strategic Marketing*, 9th ed., McGraw Hill International Edition.
Cyert, Richard M. and James G. March [1963], *Behavioral Theory of the Firm*, Prentice Hall. 松田武彦・井上恒夫訳『企業の行動理論』ダイヤモンド社, 1967年。
Davenport, Thomas H. [1993], *Process Innovation: Reengineering Work through Information Technology*, Harvard Business School Press. 卜部正夫訳『プロセス・イノベーション』日経BP出版センター, 1994年。
Davis, Frank W. and Karl B. Manrodt [1996], *Customer-Responsive Management: The Flexible Advantage*, Cambridge, Blackwell.
Day, George S. [1994], "The Capabilities of Market-Driven Organizations," *Journal of Marketing*, Vol.58, No.4.
Day, George S. [1999], *The Market Driven Organization: Understanding, Attracting, and Keeping Valuable Customers*, The Free Press. 徳永豊・井上崇通・篠原敏彦訳『市場駆動型の組織-市場から考える戦略と組織の再構築-』同友館, 2005年。
Day, George S. [2004], "Achieving Advantage with a New Dominant Logic," in Day, George S., John Deighton and Das Narayandas, Evert Gummesson, Shelby D. Hunt, C. K. Prahalad, Roland T. Rust, Steven M. Shugan, "Invited Commentaries on "Evolving to a New Dominant Logic for Marketing"," *Journal of Marketing*, Vol.68, No.1.
Day, George S. [2006], "Achieving Advantage with a Service-Dominant Logic," in Lusch, Robert F. and Stephen L. Vargo (eds.), *The Service-Dominant Logic of Marketing: Dialog, Debate, and Directions*, M. E. Sharpe.
Day, George S. and David B. Montgomery [1999], "Charting New Directions for Marketing," *Journal of Marketing*, Vol.63, Special Issue.
Day, George S. and Robin Wensley [1983], "Marketing Theory with a Strategic Orientation," *Journal of Marketing*, Vol.47, No.4.
Day, George S. and Robin Wensley [1988], "Assessing Advantage: A Framework for Diagnosing Competitive Superiority," *Journal of Marketing*, Vol.52, No.2.
Deal, Terrence E. and Allan A. Kennedy [1982], *Corporate Culture: The Rites and Rituals of Corporate Life*, Addison-Wesley Publishing Company. 城山三郎訳『シンボリック・マネジャー』新潮社, 1983年。
Delaunay, Jean-Claude and Jean Gadrey [1992], *Service in Economic Thought: Three Centuries of Debate*, Kluwer Academic Publisher. 渡辺雅男訳『サービス経済学説

誌 - 300年にわたる論争 - 』桜井書店, 2000年。
Deshpandé, Rohit and A. Parasuraman [1984], "Organizational Culture and Marketing Effectiveness," in Anderson, Paul F. and Michael J. Ryan (eds.), *1984 AMA Winter Educators' Conference: Scientific Method in Marketing*, American Marketing Association.
Deshpandé, Rohit and Frederick E. Webster, Jr. [1989], "Organizational Culture and Marketing: Defining the Research Agenda," *Journal of Marketing*, Vol.53, No.1.
Deshpandé, Rohit, John U. Farley, and Frederick E. Webster, Jr. [1993], "Corporate Culture, Customer Orientation, and Innovativeness in Japanese Firm: A Quadrad Analysis," *Journal of Marketing*, Vol.57, No.1.
Dickson, Peter R. [1992], "Toward a General Theory of Competitive Rationality," *Journal of Marketing*, Vol.56, No.1.
Dixon, Donald F. [1990], "Marketing as Production: The Development of a Concept," *Journal of the Academy of Marketing Science*, Vol.18, No.4.
Duncan, Tom and Sandra E. Moriarty [1998], "A Communication-Based Marketing Model for Managing Relationships," *Journal of Marketing*, Vol.62, No.2.
Dunn, Mark G., David Norburn, and Sue Birley [1985], "Corporate Culture: A Positive Correlate with Marketing Effectiveness," *International Journal of Advertising*, Vol.4, No.1.
Dwyer, F. Robert, Paul H. Schurr, and Sejo Oh [1987], "Developing Buyer-Seller Relationships," *Journal of Marketing*, Vol.51, No.2.
Fiol, C. Marlene and Marjorie A. Lyles [1985], "Organizational Learning," *The Academy of Management Review*, Vol.10, No.4.
Fisher, Allan G. B. [1935], *The Clash of Progress and Security*, Macmillan.
Fisk, Raymond P., Stephen W. Brown, and Mary Jo Bitner [1993], "Tracking the Evolution of the Services Marketing Literature," *Journal of Retailing*, Vol.69, No.1.
Flint, Daniel J. and John T. Mentzer [2006], "Striving for Integrated Value Chain Management Given a Service-Dominant Logic for Marketing," in Lusch, Robert F. and Stephen L. Vargo (eds.), *The Service-Dominant Logic of Marketing: Dialog, Debate, and Directions*, M. E. Sharpe.
Ford, David, Lars-Erik Gadde, Håkan Håkansson, Anders Lundgren, Ivan Snehota, Peter Turnbull, and David Wilson [1988], *Managing Business Relationships*, John Wiley and Sons Ltd. 小宮路雅博訳『リレーションシップ・マネジメント - ビジネス・マーケットにおける関係性管理と戦略 - 』白桃書房, 2001年。
Garvin, David. A. [1987], "Competing on Eight Dimensions of Quality," *Harvard Business Review*, Vol.65, No.6. 坂本義実訳「品質の8つの属性を市場奪取にどういかすか」『ダイヤモンド・ハーバード・ビジネス』第13巻, 第2号, 1988年。
Glynn, William J. and Uolevi Lehtinen [1995], "The Concept of Exchange: Interactive Approaches in Services Marketing," in Glynn, William J. and James G. Barnes (eds.), *Understanding Services Management*, John Wiley and Sons.
Grant, Robert M. [1991], *Contemporary Strategy Analysis: Concepts, Techniques,*

Applications, Blackwell.
Grönroos, Christian [1984], "A Service Quality Model and its Marketing Implications," *European Journal of Marketing*, Vol.18, No.4.
Grönroos, Christian [1994], "From Marketing Mix to Relationship Marketing: Towards a Paradigm Shift in Marketing," *Asia-Australia Marketing Journal*, Vol.2, No.1.
Grönroos, Christian [2000a], *Service Management and Marketing: A Customer Relationship Management Approach*, 2nd ed., John Wiley and Sons Ltd.
Grönroos, Christian [2000b], "Relationship Marketing: The Nordic School Perspective," in Sheth, Jagdish N. and Atul Parvatiyar (eds.), *Handbook of Relationship Marketing*, Sage Publications Inc.
Grönroos, Christian [2006a], "What Can a Service Logic Offer Marketing Theory?," in Lusch, Robert F. and Stephen L. Vargo (eds.), *The Service-Dominant Logic of Marketing: Dialog, Debate, and Directions*, M. E. Sharpe.
Grönroos, Christian [2006b], "Adopting a Service Logic for Marketing," *Marketing Theory*, Vol.6, No.3.
Gummesson, Evert [1993], *Quality Management in Service Organizations*, St. John's University and the International Service Quality Association, New York.
Gummesson, Evert [1994], "Broadening and Specifying Relationship Marketing," *Asia-Australia Marketing Journal*, Vol.2, No.1.
Gummesson, Evert [1995], "Relationship Marketing: Its Role in the Service Economy," in Glynn, William J. and James G. Barnes (eds.), *Understanding Services Management*, John Wiley and Sons.
Gummesson, Evert [1998], "Implementation Requires a Relationship Marketing Paradigm," *Journal of the Academy of Marketing Science*, Vol.26, No.3.
Gummesson, Evert [2002], "Relationship Marketing and a New Economy: It's Time for De-programming," *The Journal of Services Marketing*, No.16, Vol.7.
Gummesson, Evert [2004], "Service Provision Calls for Partners Instead of Parties," *Journal of Marketing*, Vol.68, No.1.
Gummesson, Evert [2006], "Many-to-Many Marketing as Grand Theory: A Nordic School Contribution," in Lusch, Robert F. and Stephen L. Vargo (eds.), *The Service-Dominant Logic of Marketing: Dialog, Debate, and Directions*, M. E. Sharpe.
Gutman, Jonathan [1982], "A Means-End Chain Model Based on Consumer Categorization Processes," *Journal of Marketing*, Vol.46, No.2.
Håkansson, Håkan and Ivan J. Snehota [1995], *Developing Relationships in Business Networks*, London, Routledge.
Håkansson, Håkan and Ivan J. Snehota [2000], "The IMP Perspective: Assets and Liabilities of Business Relationships," in Sheth, Jagdish N. and Atul Parvatiyar (eds.), *Handbook of Relationship Marketing*, Sage Publications Inc.
Hamel, Gary and C. K. Prahalad [1994], *Competing for the Future*, Harvard Business School Press. 一条和生訳『コア・コンピタンス経営』日本経済新聞社, 1995年。
Hammer, Michael and James Champy [1993], *Reengineering the Cooperation: A Manifesto for Business Revolution*, Harper Business. 野中郁次郎監訳『リエンジニアリング

革命-企業を根本から変える業務革新-』日本経済新聞社, 1993 年。
Hauser, John R. and Don Clausing [1988], "The House of Quality," *Harvard Business Review*, Vol.66, No.3. 坂本義実訳「ニーズと製品開発を直結するハウス・オブ・クォリティ」『ダイヤモンド・ハーバード・ビジネス』第 13 巻, 第 5 号, 1988 年。
Holbrook, Morris B. [1999], *Consumer Value*, London, Routledge.
Holbrook, Morris B. [2006], "ROSEPEKICECIVECI versus CCV: The Resource-Operant, Skills-Exchanging, Performance-Experiencing, Knowledge-Informed, Competence-Enacting, Co-producer-Involved, Value-Emerging, Customer-Interactive View of Marketing versus the Concept of Customer Value: "I Can Get It for You Wholesale"," in Lusch, Robert F. and Stephen L. Vargo (eds.), *The Service-Dominant Logic of Marketing: Dialog, Debate, and Directions*, M. E. Sharpe.
Hooley, Graham J., Amanda Broderick, and Kristian Möller [1998], "Competitive Positioning and the Resource-based View of the Firm," *Journal of Strategic Marketing*, Vol.6, No.2.
Hooley, Graham J., Gordon E. Greenley, John W. Cadogan, and John Fahy [2005], "The Performance Impact of Marketing Resources," *Journal of Business Research*, Vol.58, No.1.
Hughes, Paul [2008], "Market Knowledge Diffusion and Business Performance," *European Journal of Marketing*, Vol.42, No.11/12.
Hunt, Shelby D. [2000a], "The Competence-Based, Resource-Advantage, and Neoclassical Theories of Competition: Toward a Synthesis," in Sanchez, Ron and Aim Heene (eds.), *Competence-Based Strategic Management: Theory and Research*, Greenwich, Jai Press.
Hunt, Shelby D. [2000b], *A General Theory of Competition: Resource, competence, Productivity, Economic Growth*, Sage Publications, Inc.
Hunt, Shelby D. [2002], *Foundations of Marketing Theory: Toward a General Theory of Marketing*, M. E. Sharpe.
Hunt, Shelby D. and Morgan, Robert M. [1995], "The Comparative Advantage Theory of Competition," *Journal of Marketing*, Vol.59, No.2.
Hunt, Shelby D. and Sreedhar Madhavaram [2006], "The Service-Dominant Logic of Marketing: Theoretical Foundation, Pedagogy, and Resource-Advantage Theory," in Lusch, Robert F. and Stephen L. Vargo (eds.), *The Service-Dominant Logic of Marketing: Dialog, Debate, and Directions*, M. E. Sharpe.
Jaworski, Bernard J. and Ajay K. Kohli [1993], "Marketing Orientation: Antecedents and Consequences," *Journal of Marketing*, Vol.57, No.3.
Judd, Robert C. [1964], "The Case for Redefining Services," *Journal of Marketing*, Vol.28, No.1.
Keith, Robert J. [1960], "The Marketing Revolution," *Journal of Marketing*, Vol.24, No.3.
Keynes, John M. [1935], *The General Theory of Employment, Interest, and Money*, Harcourt. 塩野谷祐一訳『雇用・利子および貨幣の一般理論』東洋経済新報社, 1975 年。
Kohli, Ajay K. and Bernard J. Jaworski [1990], "Market Orientation: The Construct,

Research Propositions, and Managerial Implications," *Journal of Marketing*, Vol.54, No.2.
Kotler, Philip [1967], *Marketing Management Analysis, Planning, and Control*, Prentice Hall.
Kotler, Philip [1977], *Marketing Management: Analysis, Planning, Implementation, and Control*, 3d ed., Prentice Hall.
Kotler, Philip and Gary Armstrong [1989], *Principles of Marketing* 4th ed., Prentice-Hall, Inc., 和田充夫・青井倫一訳『新版 マーケティング原理-戦略的行動の基本と実践-』ダイヤモンド社, 1995年。
Kotler, Philip and Kevin L. Keller [2009], *Marketing Management*, Prentice Hall.
Lambe, C. Jay, Robert E. Spekman, and Shelby D. Hunt [2002], "Alliance Competence, Resources, and Alliance Success: Conceptualization, Measurement, and Initial Test," *Journal of the Academy of Marketing Science*, Vol.30, No.2.
Lambert, Douglas M. and Sebastian J. Garcia-Dastugue [2006], "Cross-Functional Business Processes for the Implementation of Service-Dominant Logic," in Lusch, Robert F. and Stephen L. Vargo (eds.), *The Service-Dominant Logic of Marketing: Dialog, Debate, and Directions*, M. E. Sharpe.
Levitt, Theodore [1960], "Marketing Myopia," *Harvard Business Review*, Vol.38, No.4. ダイヤモンド・ハーバード・ビジネス・レビュー編集部訳「マーケティング近視眼」『ダイヤモンド・ハーバード・ビジネス・レビュー』第26巻, 第11号, 2001年。
Levitt, Theodore [1969], *Marketing Mode*, McGraw-Hill.
Levitt, Theodore [1974], *Marketing for Business Growth* 2nd ed., McGraw-Hill Companies, Inc. 土岐坤・ダイヤモンド・ハーバード・ビジネス・レビュー編集部訳『レビットのマーケティング思考法-本質・戦略・実践-』ダイヤモンド社, 2002年。
Levitt, Theodore [1983], "After the Sale is Over …," *Harvard Business Review*, Vol.61, No.5. 土岐坤訳「売り手に欠かせぬ買い手との関係強化」『ダイヤモンド・ハーバード・ビジネス』第9巻, 第1号, 1984年。有賀裕子訳「顧客との絆をマネジメントする」『ダイヤモンド・ハーバード・ビジネス・レビュー』第32巻, 第10号, 2007年。
Levy, Sidney J. [1959], "Symbols for Sale," *Harvard business Review*, Vol.37, No.4.
Lovelock, Christopher H. [1983], "Classifying Services to Gain Strategic Marketing Insights," *Journal of Marketing*, Vol.47, No.3.
Lovelock, Christopher H. [1991], *Services Marketing*, 2nd ed., Prentice-Hall, Englewood Cliffs.
Lovelock, Christopher H. and Louren K. Wright [1999], *Principles of Service Marketing and Management*, Prentice-Hall, Inc. 小宮路雅博監訳『サービス・マーケティング原理』白桃書房, 2002年。
Lovelock, Christopher H. and Robert F. Young [1979], "Look to Consumers to Increase Productivity," *Harvard Business Review*, Vol.57, No.3. 西村哲訳「サービスの生産性向上のカギ握る消費者の行動と期待」『ダイヤモンド・ハーバード・ビジネス』第4巻, 第5号, 1979年。
Lusch, Robert F. [2007], "Marketing's Evolving Identity: Defining Our Future," *Journal of Public Policy and Marketing*, Vol.26, No.2

Lusch, Robert F. and Stephen L. Vargo [2006a], "Service-Dominant Logic as a Foundation for a General Theory," in Lusch, Robert F. and Stephen L. Vargo (eds.), *The Service-Dominant Logic of Marketing: Dialog, Debate, and Directions*, M. E. Sharpe.

Lusch, Robert F. and Stephen L. Vargo [2006b], "Service-Dominant Logic: Reactions, Reflections and Refinements," *Marketing Theory*, Vol.6, No.3.

Lusch, Robert F. and Stephen L. Vargo [2008], "The Service-Dominant Mindset," in Hefley, Bill and Wendy Murphy (eds.), *Service Science, Management, and Engineering: Education for the 21st Century*, Springer.

Lusch, Robert F., Stephen L. Vargo, and Alan J. Malter [2006], "Marketing as Service-Exchange: Taking a Leadership Role in Global Marketing Management," *Organizational Dynamics*, Vol.35, No.3.

Lusch, Robert F., Stephen L. Vargo, and Gunter Wessels [2008], "Toward a Conceptual Foundation for Service Science: Contributions from Service-Dominant Logic," *IBM Systems Journal*, Vol.47, No.1.

Lusch, Robert F., Stephen L. Vargo, and Matthew O'Brien [2007], "Competing through Service: Insights from Service-Dominant Logic," *Journal of Retailing*, Vol.83, No.1.

Lusch, Robert F., Stephen L. Vargo, and Mohan Tanniru [2009], "Service, Value Networks and Learning," *Journal of the Academy of Marketing Science*, Springer Netherlands, published online, 29 January.

Madhavaram, Sreedhar and Shelby D. Hunt [2008], "The Service-Dominant Logic and Hierarchy of Operant Resources: Developing Masterful Operant Resources and Implications for Marketing Strategy," *Journal of the Academy of Marketing Science*, Vol.36, No.1.

Maglio, Paul P. and Jim Spohrer [2008], "Fundamentals of Service Science," *Journal of the Academy of Marketing Science*, Vol.36, No.1.

MaKitterick, John B. [1957], "What is the Marketing Management Concept?," in Bass, Frand M. (ed.), *The Frontiers of Marketing Thought and Science*, American Marketing Association.

Malthus, Thomas R. [1798], *An Essay on the Principle of Population*, Printed for J. Johnson.

Marshall, Alfred [1890/1927], *Principle of Economics*, Macmillan. 馬場啓之助訳『経済学原理 第1-4』東洋経済新報社, 1967年。

McCarthy, E. Jerome [1960], *Basic Marketing: A Managerial Approach*, Homewood, Richard D. Irwin.

Michel, Stefan, Stephen L. Vargo, and Robert F. Lusch [2008], "Reconfiguration of the Conceptual Landscape: A Tribute to the Service Logic of Richard Normann," *Journal of the Academy of Marketing Science*, Vol.36, No.1.

Michel, Stefan, Stephen W. Brown, and Andrew S. Gallan [2008], "Service-Logic Innovations: How to Innovate Customers, Not Product," *California Management Review*, Vol.50, No.3.

Mill, John S. [1885/1929], *Principle of the Political Economy*, Longman. 末永茂喜訳『経済

学原理 第1-5』岩波文庫，1963年。

Mokyr, Joel [2002], *The Gifts of Athena: Historical Origins of the Knowledge Economy*, Princeton University Press.

Möller, Kristian [2006], "Role of Competences in Creating Customer Value: A Value-Creation Logic Approach," *Industrial Marketing Management*, Vol.35, No.8.

Moorman, Christine [1995], "Organizational Market Information Processes: Cultural Antecedents and New Product Outcomes," *Journal of Marketing Research*, Vol.32, No.3.

Narver, John C. and Stanley F. Slater [1990], "The Effects of a Market Orientation on Business Profitability", *Journal of Marketing*, Vol.54, No.4.

Normann, Richard [1984], *Service Management: Strategy and Leadership in Service Business*, John Wiley and Sons.

Normann, Richard [1991], *Service Management: Strategy and Leadership in Service Business*, 2nd ed., John Wiley and Sons. 近藤隆雄訳『サービス・マネジメント』ＮＴＴ出版，1993年。

Normann, Richard [2001], *Reframing Business: When the Map Changes the Landscape*, John Wiley and Sons.

Normann, Richard and Rafael Ramírez [1993], "From Value Chain to Value Constellation: Designing Interactive Strategy," *Harvard Business Review*, Vol.71, No.4. 田村明比古訳「価値付加型から価値創造型企業への変革」『ダイヤモンド・ハーバード・ビジネス』第18巻，第6号，1993年。

Normann, Richard and Rafael Ramírez [1994], *Designing Interactive Strategy: From Value Chain to Value Constellation*, Wiley. 中村元一・崔大龍訳『「ネットワーク型」価値創造企業の時代－アライアンスによる新事業戦略－』産能大学出版部，1996年。

Nystrom, Paul H. [1915], *The Economics of Retailing*, Vol.1 and 2, Ronald Press.

O'Shaughnessy, John and Nicholas J. O'Shaughnessy [2009], "The Service-Dominant Perspective: A Backward Step?," *European Journal of Marketing*, Vol.43, No.5/6.

Ouchi, Williams G. [1981] *Theory Z: How American Business Can Meet the Japanese Challenge*, Addison-Wesley Publishing Company, Inc. 徳山二郎監訳『セオリーＺ－日本に学び，日本を超える－』ＣＢＳソニー出版，1981年。

Parasuraman, A., Valarie A. Zeithaml, and Leonard L. Berry [1988], "SERVQUAL: A Multi-Item Scale for Measuring Customer Perceptions of Service Quality," *Journal of Retailing*, Vol.64, No.1.

Pascale, T. Richard and Anthony G. Athos [1981], *The Art of Japanese Management: Applications for American Executives*, Warner Books. 深田祐介訳『ジャパニーズ・マネジメント－日本的経営に学ぶ－』講談社，1981年。

Penrose, Edith T. [1959], *The Theory of the Growth of the Firm*, Basil Blackwell and Mott. 末松玄六訳『会社成長の理論』ダイヤモンド社，1980年。

Peppers, Don and Martha Rogers [1993], *The One to One Future*, Bantam Doubleday Dell Publishing Group, Inc. 井関利明監訳・ベル・システム24訳『One to Oneマーケティング－顧客リレーションシップ戦略－』ダイヤモンド社，1995年。

Peters, Thomas J. and Robert H. Waterman [1982], *In Search of Excellence*, Harper and

Row, Publishers, Inc. 大前研一訳『エクセレント・カンパニー－超優良企業の条件－』講談社，1983年。

Petty, William [1690], *Political Arithmetic*. 大内兵衛・松川七郎訳『政治算術』岩波文庫，1955年。

PineⅡ, B. Joseph [1993], *Mass Customization: The New Frontier in Business Competition*, Harvard Business School Press. 江夏健二・坂野友昭監訳，ＩＢＩ国際ビジネス研究センター訳『マス・カスタマイゼーション革命－リエンジニアリングが目指す革新的提言－』日本能率協会マネジメントセンター，1994年。

Porter, Michael E. [1985], *Competitive Advantage*, Free Press. 土岐坤・中辻萬治・小野寺武夫訳『競争優位の戦略－いかに高業績を持続させるか－』ダイヤモンド社，1985年。

Prahalad, C. K. and Gary Hamel [1990], "The Core Competence of the Corporation," *Harvard Business Review*, Vol.68, No.3. 坂本義美訳「コア競争力の発見と開発」『ダイヤモンド・ハーバード・ビジネス』第15巻，第5号，1990年。

Prahalad, C. K. and Venkat Ramaswamy [2004], *The Future of Competition: Co-creating Unique Value with Customers*, Harvard Business School Press. 有賀裕子訳『価値共創の未来へ－顧客と企業のCo-Creation－』ランダムハウス講談社，2004年。

Quinn, James B., Thomas L. Doorley, and Penney C. Paquette [1990], "Beyond Products: Services-Based Strategy," *Harvard Business Review*, Vol.68, No.2. 八原忠彦訳「外部経営資源の有効活用で，自社の強みを発揮－サービス競争時代に勝ち抜く法－」『ダイヤモンド・ハーバード・ビジネス』第15巻，第4号，1990年。

Rathmell, John M. [1966], "What is Meant by Services?," *Journal of Marketing*, Vol.30, No.4.

Rust, Roland [1998], "What is the Domain of Service Research?," *Journal of Service Research*, Vol.1, No.2.

Rust, Roland [2004], "If Everything Is Service, Why Is This Happening Now, and What Difference Does It Make?", in Day, George S., John Deighton and Das Narayandas, Evert Gummesson, Shelby D. Hunt, C. K. Prahalad, Roland T. Rust, Steven M. Shugan, "Invited Commentaries on "Evolving to a New Dominant Logic for Marketing"," *Journal of Marketing*, Vol.68, No.1.

Sawhney, Mohanbir [2006], "Going beyond the Product: Defining, Designing, and Delivering Customer Solutions," in Lusch, Robert F. and Stephen L. Vargo (eds.), *The Service-Dominant Logic of Marketing: Dialog, Debate, and Directions*, M.E. Sharpe.

Say, Jean-Baptiste [1821], *A Treatise on the Political Economy*, Heinemann.

Schultz, Don E., Stanley I. Tannenbaum, and Robert F. Lauterborn [1993], *New Marketing Paradigm: Integrated Marketing Communications*, NTC Business Books. 電通ＩＭＣプロジェクトチーム監修・有賀勝訳『広告革命－米国に吹き荒れるＩＭＣ旋風－』電通，1994年。

Schumpeter, Joseph [1954], *History of Economic Analysis*, Oxford University Press. 東畑精一・福岡正夫訳『経済学分析の歴史　上・下』岩波書店，2005年。

Senge, Peter M. [1990], *The Fifth Discipline: The Art and Practice of the Learning

Organization, Doubleday. 守部信之訳『最強組織の法則 - 新時代のチームワークと何か-』徳間書店，1995年。
Shaw, Arch W. [1912], "Some Problems in Market Distribution," *Quarterly Journal of Economics*, Vol.12, No.4.
Shaw, Arch W. [1915], *Some Problems in Market Distribution*, Harvard University Press. 丹下博文訳『市場流通に関する諸問題』白桃書房，1992年。
Sherer, Susan A. [2005], "From Supply-Chain Management to Value Network Advocacy: Implications for E-Supply Chains," *Supply Chain Management*, Vol.10, No.2.
Sheth, Jagdish and Atul Parvatiyar [2000], "Relationship Marketing in Consumer Markets: Antecedents and Consequences," in Sheth, Jagdish and Atul Parvatiyar (eds.), *Handbook of Relationship Marketing*, Sage Publications.
Sheth, Jagdish N., Rajendra S. Sisodia, and Arun Sharma [2000], "The Antecedents and Consequences of Customer-Centric Marketing," *Journal of the Academy of marketing Science*, Vol.28, No.1.
Shostack, G. Lynn [1977], "Breaking Free from Product Marketing," *Journal of Marketing*, Vol.41, No.2.
Sinkula, James M. [1994], "Market Information Processing and Organizational Learning," *Journal of Marketing*, Vol.58, No.1.
Sinkula, James M., William E. Baker, and Thomas Noordewier [1997], "A Framework for Market-Based Organizational Learning: Linking Values, Knowledge, and Behavior," *Journal of the Academy of Marketing Science*, Vol.25, No.4.
Slater, Stanley F. and John C. Narver [1994], "Market Orientation, Customer Value, and Superior Performance," *Business Horizons*, Vol.37, No.2.
Slater, Stanley F. and John C. Narver [1995], "Market Orientation and the Learning Organization," *Journal of Marketing*, Vol.59, No.3.
Smitn, Adam [1776/1904], *An Inquiry into the Nature and Causes of the Wealth of Nations*, W. Strahan and T, Candell. 大内兵衛訳『国富論1-5』岩波文庫，1950年。
Solomon, Micheal R., Carol F. Surprenant, John A. Czeptil, and Evelyn G. Guttman [1985], "A Role Theory Perspective on Dynamic Interactions," *Journal of Marketing*, Vol.49, No.1.
Spohrer, J., S. Vargo, N. Caswell, P. Maglio. [2008], The Service System is the Basic Abstraction of Service Science. *Information System E-Business Management*. (January)
Srivastava, Rajenda K. and Tasadduq A. Shervani, and Liam Fahey [1998], "Market-Based Assets and Shareholder Value: A Framework for Analysis," *Journal of Marketing*, Vol.62, No.1.
Srivastava, Rajendra K., Tasadduq A. Shervani, and Liam Fahey [1999], "Marketing, Business Processes, and Shareholder Value: An Organizationally Embedded View of Marketing Activities and the Discipline of Marketing," *Journal of Marketing*, Vol.63, Special Issue.
Teece, David and Gary Pisano [1994], "The Dynamic Capabilities of Firms: an Introduction," *Industrial and Corporate Change*, Vol.3, No.3.

Teece, David, Gary Pisano, and Amy Shuen [1997], "Dynamic Capabilities and Strategic Management," *Strategic Management Journal*, Vol.18, No.7.

Thorelli, Hans B. [1986], "Networks: Between Markets and Hierarchies," *Strategic Management Journal*, Vol.7, No.1.

Van de Ven, Andrew H. [1976], "On the Nature, Formation, and Maintenance of Relations among Organizations," *Academy of Management*, Vo.1, No.3.

Vargo, Stephen L. [2005], "Rethinking the Logic of the Customer Orientation," *Marketing Research*, Vol.17, No.2.

Vargo, Stephen L. [2008], "Customer Integration and Value Creation: Paradigmatic Traps and Perspectives," *Journal of Service Research*, Vol.11, No.2.

Vargo, Stephan L. and Archpru Akaka [2009], "Service-Dominant Logic as a Foundation for Service Science: Clarifications," *Service Science*, Vol.1, No.1.

Vargo, Stephen L. and Fred W. Morgan [2005], "Services in Society and Academic Thought: An Historical Analysis," *Journal of Macromarketing*, Vol.25, No.1.

Vargo, Stephen L. and Robert F. Lusch [2004a], "Evolving to a New Dominant Logic for Marketing," *Journal of Marketing*, Vo.68, No.1.

Vargo, Stephen L. and Robert F. Lusch [2004b], "The Four Service Marketing Myths: Remnants of a Goods-Based, Manufacturing Model," *Journal of Service Research*, Vol.6, No.4.

Vargo, Stephen L. and Robert F. Lusch [2006], "Service-Dominant Logic: What it is, What it is not, What it might be," in Lusch, Robert F. and Stephen L. Vargo (eds.), *The Service-Dominant Logic of Marketing: Dialog, Debate, and Directions*, M. E. Sharpe.

Vargo, Stephen L. and Robert F. Lusch [2008a], "Service Dominant Logic: Continuing the Evolution," *Journal of the Academy of Marketing Science*, Vol.36, No.1.

Vargo, Stephen L. and Robert F. Lusch [2008b], "Why "Service" ?," *Journal of the Academy of Marketing Science*, Vol.36, No.1.

Vargo, Stephen L. and Robert F. Lusch [2008c], "From Goods to Service(s) : Divergences and Convergences of Logics," *Industrial Marketing Management*, Vol.37, No.3.

Vargo, Stephen L. and Robert F. Lusch [2008d], "A Service Logic for Service Science," in Hefley, Bill and Wendy Murphy (eds.), *Service Science, Management, and Engineering. Education for the 21st Century*, Springer.

Vargo, Stephen L., Paul P. Maglio, and Melissa Archpru Akaka [2008], "On Value and Value Co-Creation: A Service Systems and Service Logic Perspective," *European Management Journal*, Vol.26, No.3.

Vargo, Stephen L., Robert F. Lusch, and Fred W. Morgan [2006], "Historical Perspective on Service-Dominant Logic," in Lusch, Robert F. and Stephen L. Vargo (eds.), *The Service-Dominant Logic of Marketing: Dialog, Debate, and Directions*, M. E. Sharpe.

Walras, Leon [1894/1954], *Element of the Political Economy*, Irwin. 久武雅夫訳『純粋経済学要論』岩波書店, 1983 年。

Webster, Frederick E., Jr. [1981], "Top Management's Concerns about Marketing: Issues

for the 1980's," *Journal of Marketing*, Vol.45, No.3.
Webster, Frederick E., Jr. [1988], "The Rediscovery of the Marketing Concept," *Business Horizons*, Vol.31, No.3.
Webster, Frederick E., Jr. [1991], *Industrial Marketing Strategy*, John Wiley and Sons, Inc.
Webster, Frederick E., Jr. [1992], "The Changing Role of Marketing in the Corporation," *Journal of Marketing*, Vol.56, No.4.
Webster, Frederick E., Jr. [2002], *Market-Driven Management: How to Define, Develop, and Deliver Customer Value*, John Wiley and Sons, Inc.
Weld, Louis D. H. [1916], *The Marketing of Farm Products*, Macmillan.
Weld, Louis D. H. [1917], "Marketing Functions and Mercantile Organizations," *American Economic Review*, Vol.7, No.2.
Wernerfelt, Birger [1984], "A Resource-based View of the Firm," *Strategic Management Journal*, Vol.5, No.2.
Wernerfelt, Birger [1995], "The Resource-based View of the Firm: Ten Years After," *Strategic Management Journal*, Vol.16, No.3.
Williamson, Oliver E. [1975], *Markets and Hierarchies: Analysis and Antitrust Implications*, Free Press. 浅沼万里・岩崎晃訳『市場と企業組織』日本評論社, 1980年。
Winter, Sidney G. [2003], "Understanding Dynamic Capabilities," *Strategic Management Journal*, Vol.24, No.10.
Woodruff, Robert B. and Daniel J. Fint [2006], "Marketing's Service-Dominant Logic and Customer Value," in Lusch, Robert F. and Stephen L. Vargo, (eds.), *The Service-Dominant Logic of Marketing: Dialog, Debate and Directions*, M. E. Sharpe.
Zeithaml, Valarie A., A. Parasuraman, and Leonard L. Berry [1985], "Problems and Strategies in Services Marketing," *Journal of Marketing*, Vol.49, No.2.
Zuboff, Shoshana and James Maxmin [2002], *The Support Economy: Why Corporations are Failing Individuals and the Next Episode of Capitalism*, Viking Press.

〈和語文献〉
青木均・石川和男・尾碕眞・斉藤忠志 [2007],『新流通論』創世社。
石井淳蔵・石原武政編 [1996],『マーケティング・ダイナミズム』白桃書房。
石川和男 [2004],『商業と流通』中央経済社。
石川和男 [2008],「ＳＣＭ（サプライチェーン・マネジメント）」,原田保・三浦俊彦編『マーケティング戦略論』芙蓉書房出版。
石原武政 [2000],『商業組織の内部編成』千倉書房。
伊藤友章 [2007],「顧客価値の概念と競争戦略論」『北海学園大学経営論集』第4巻, 第4号。
井上崇通 [2003],「消費者行動研究に対する手段 - 目的アプローチの適応」『明大商学論叢』第85巻, 第4号。
井上崇通 [2006],「マーケティング・プロセス－顧客価値分析, 競争分析そして顧客の視点からの業績評価－」, 経営能力開発センター編『マーケティング』中央経済社。
今井賢一・伊丹敬之・小池和男 [1982],『内部組織の経済学』東洋経済新報社。
今井賢一・金子郁容 [1988],『ネットワーク組織論』岩波書店。
上原征彦 [1984],「サービス概念とマーケティングへの若干の示唆」『マーケティングジャー

ナル』1984年1月号.
上原征彦［1985］,「サービス・マーケティングの本質とその日本的展開」『マーケティングジャーナル』1985年4月号.
上原征彦［1990］,「サービス概念とマーケティング戦略」『経済研究』明治学院大学, 第87号.
小川進［2006］,『競争的共創論－革新参加社会の到来－』白桃書房.
小野譲司［2008］,「顧客満足に関する5つの質問－ソリューション, 価値共創, 顧客リレーションシップはなにを示唆するか－」『マーケティングジャーナル』第27巻, 第3号.
黒田重雄編［2000］,『現代商学原論』千倉書房.
近藤浩之［2004］,「マーケティングにおける交換の性質の再吟味－マーケティング研究及び消費者行動研究への示唆－」『三田商学研究』第47巻第3号.
嶋口充輝［2001］,「戦略アンビションの時代」, 嶋口充輝・石井淳蔵・上原征彦・恩蔵直人・片平秀貴・竹内弘高『柔らかい企業戦略－マーケティング・アンビションの時代－』角川書店.
嶋口充輝［2008］,「いま, 企業は改めて経営の「美」を考えるとき。」『宣伝会議』2008年1月1日号.
嶋口充輝［2008］,「マーケティング優良企業を求めて」, 嶋口充輝・石井淳蔵・黒岩健一郎・水越康介『マーケティング優良企業の条件－創造的適応への挑戦－』日本経済新聞出版社.
鈴木安昭［2004］,『新・商業と流通(第3版)』有斐閣.
高室裕史［2009］,「サービス・イノベーションの論点に関する一考察－マーケティング・マネジメントの視点から－」『流通科学大学論集－流通・経営編』第21巻, 第2号.
田村正紀［1996］,『マーケティング力』千倉書房.
朴容寛［2003］,『ネットワーク組織論』ミネルヴァ書房.
濱岡豊［2002］,「創造しコミュニケーションする消費者,「アクティブコンシューマー」を理解する」『一橋ビジネスレビュー』第50巻, 第3号.
林周二［1999］,『現代の商学』有斐閣.
藤川佳則［2008］,「サービス・ドミナント・ロジック－「価値共創」の視点からみた日本企業の機会と課題－」『マーケティングジャーナル』第27巻, 第3号.
堀越比呂志［2007］,「マーケティング研究における歴史的個別性への関心」『三田商学研究』第50巻, 第2号.
南知惠子［2005］,『リレーションシップ・マーケティング』千倉書房.
南知惠子［2008］,「顧客との価値共創～サービス・ドミナント・ロジックを手がかりに～」『マーケティングジャーナル』第27巻, 第3号.
村松潤一［2009］,『コーポレート・マーケティング－市場創造と企業システムの構築－』同文舘出版.
矢作敏行［1996］,『現代流通』有斐閣.
若林直樹［2009］,『ネットワーク組織－社会ネットワーク論からの新たな組織像－』有斐閣.

索　引

和文索引

【あ行】

IMPグループ ……………………… 126
アクティブコンシューマー………… 244
アメリカ・マーケティング協会…… 121
アメリカン学派……………………… 121
アライアンス………………………… 128

イケア………………………………… 162
イノベーション研究………………… 246
意味負荷的…………………………… 225
意味論的再構成……………………… 214
入れ子の関係………………………… 161
インターナル・インタフェイス…… 129
インターナル・マーケティング…… 129, 196

液化した情報………………………… 144
S-Dロジック ……… 44, 45, 47, 49, 50, 53, 54

オペラント……………………… 165, 171-82
オペランド……………………… 165, 171-82
オペラント資源……………… 11, 33, 100, 101, 102, 107, 134, 170, 183
オペランド資源……… 11　33, 107, 134, 170, 184

【か行】

概念の存在意義……………………… 227
科学の営み…………………………… 227
学習組織……………………………… 191
学習としての交換……………………… 13
カスタマー・エクイティ………… 77, 89
カスタマー・リレーションシップ・
　エコノミックス…………………… 127
カスタマイズ………………………… 162
カスタマイゼーション………… 130, 131
価値…………………………………… 158
価値共創…………………… 10, 24, 35, 37, 155, 160, 165, 176, 178, 180-82
価値共創者…………………………… 34
価値サイクル………………………… 86

価値循環……………………………… 147
価値創造……………………………… 129
価値創造ネットワーク… 14, 137, 144, 145, 147
価値創造プロセス…………………… 130
価値提案………………………… 25, 153
価値認識……………………………… 160
価値の共創………………… 37, 123, 160
価値の共創者………………… 24, 145
関係的………………………………… 120
間接的交換…………………………… 21

企業間ネットワーク………………… 122
企業の正当な活動…………………… 224
企業文化………………………… 81, 82
機能戦略……………………………… 188
機能部門間プロセス………………… 65
基本的前提…………………………… 18, 194
客観価値説…………………………… 224
供給者志向のパラダイム…………… 208
共創マーケティング………………… 84
競争優位………………………… 22, 194
共通分母……………………………… 33
共同生産…………………… 10, 37, 130, 160
共同生産者………………………… 24, 145

グッズ………………………………… 58

経験空間……………………………… 193
経験経済……………………………… 10
継続的取引…………………………… 134
形態効用……………………………… 209
ケイパビリティ………… 85, 165-70, 179, 181, 191
研究伝統……………………………… 226
現象学的………………………… 159, 225

コア・コンピタンス………… 99, 103, 191
交換…………………………………… 13
交換価値………………………… 34, 158
交換の基本的基盤…………………… 20
交換の共通分母……………………… 21

交換パラダイム……………………… 208
交換プロセス………………………… 30
購買者………………………………… 245
効用………………………… 46, 50-53
顧客価値………… 138, 239, 240, 246, 248
顧客起点……………………………… 196
顧客参加……………………………… 152
顧客志向……………… 25 33, 72, 143, 191
顧客生涯価値………………………… 122
顧客中心性……………………… 75, 79
個客中心組織………………………… 84
個客中心マーケティング………… 80, 83
顧客満足……………………………… 121
古典派経済学………………………… 208
コラボレーション…………………… 126
コンピタンス…………………… 22, 134

【さ行】

サーバント・リーダー……………… 195
サービシィーズ………………… 44-54, 156
サービシィーズ・マーケティング 77, 122, 183
サービシィーズ・マーケティング会議…… 123
サービシィーズの特性……………… 67
サービス…………………… 58, 156, 184
サービス供給………………………… 59
サービス・システム…………… 12, 25
サービス支配の視点………………… 7
サービス組織………………………… 195
サービス提供………………………… 141
サービスの行為者…………………… 157
サービス・マーケティング………… 183
財のユニット………………………… 133
サプライチェーン……………… 137, 143
サプライチェーン・マネジメント…… 139, 141
瑣末な言葉上の問題………………… 220
瑣末な言葉の微細調整……………… 220
産業財マーケティング……………… 122

C-Dロジック………………………… 247
G-Dロジック…………… 44, 45, 54, 143
時間効用……………………………… 209
自給自足者…………………………… 243
資源管理……………………………… 107
資源ベース論………………………… 192
資産的価値…………………………… 132
市場駆動……………………………… 191
市場駆動型企業……………………… 85
市場志向…………………… 80, 81, 82

市場志向型文化……………………… 86
市場への統合………………………… 133
思想ライン……………………… 77, 79, 91
実在…………………………………… 205
実用論………………………………… 204
支払者………………………………… 245
社会的文脈…………………………… 128
主観価値説…………………………… 224
主体的な消費者……………………… 243
主体的な他者………………………… 242
手段―目的アプローチ……………… 22
上位概念……………………… 33, 35, 37
使用価値…………………… 10, 34, 159
使用者………………………………… 245
消費者志向…………………………… 133
消費者の意志と能力………………… 242
初期条件……………………………… 227
所有効用……………………………… 209
真偽問題……………………………… 225
シングル・ループ学習……………… 87
シンボルとしての製品……………… 3

スキルおよびナレッジ……………… 8

生産志向……………………………… 73
製品開発論…………………………… 246
製品志向……………………………… 32, 72
製品支配の視点……………………… 7
積極的な消費者……………………… 154
折衷したレンズ……………………… 226
説明的理論の探求…………………… 226
全体戦略……………………………… 188
専任のマーケター…………………… 64
戦略的パートナーシップ…………… 128

相互作用…………………… 62, 129, 158
相互作用的統合……………………… 132
相互制御関係……………… 234, 235, 238
相互プロセス………………………… 128
創出学習……………………………… 87
組織学習………………………… 80, 85
組織の統括指揮……………………… 203
組織文化……………………………… 81
ソリューション……………………… 131
存在論………………………………… 204

【た行】

ターゲット・マーケティング……… 185

ダイナミック・ケイパビリティ……… 88, 169
ダブル・ループ学習………………………87
単数形……………………………………58
単数形のサービス………………………30

知覚品質………………… 63, 77, 79, 89, 123

ツーウェイ・コミュニケーション……… 124

適応学習…………………………………87
テクノロジーの探求…………………… 226
伝達手段………………………… 21, 36, 40
伝統的マーケティング………………… 187

統合…………………………………… 130
トップ・マネジメント………………… 187
取引…………………………………… 121

【な行】

ナノ・リレーションシップ…………… 126
ナビゲーション………………………… 202
ナレッジ……………………………… 100
ナレッジやスキル………………… 107, 183

二重の価値基準…………………………78
認識の地平…………………………… 227
認識論………………………………… 204

ネット組織…………………………… 126
ネットワーク………… 92, 93, 104, 105, 125, 185
ネットワーク組織………… 92, 96, 97, 99, 103
ネットワークへの焦点………………… 211

ノルディック学派………………… 39, 92, 104, 121,
229, 240, 241

【は行】

パースペクティヴィズム……………… 218
パースペクティブ……………………… 225
パースペクティブの多様性…………… 218
パートタイム・マーケター………………64
パートナー…………………………… 186
配置連関……………………………… 144
場所効用……………………………… 209
バランスト・セントリシティ………… 132
バリューチェーン………………… 137, 139
販売志向…………………………………73
反復購買……………………………… 134

B-D ロジック………………………… 247
表明…………………………………… 202
複数形のサービシィーズ…………………58
物的資源……………………………… 109
部分認識……………………………… 226
普遍言明……………………………… 227
ブランド・エクイティ………………… 132
フレクエント・ショッパーズ・
　プログラム………………………… 134
プロセス……………………………………9
プロセス志向的…………………………65
プロセス・イノベーション論………… 246
プロダクト・オーグメンテーション………3
文化的資源…………………………… 109
文脈価値………………… 10, 34, 134, 146, 159

ベネフィット……………………………59

方法論的多元論………………………… 215

【ま行】

マーケット・ドリブン組織…………… 203
マーケティング・コンセプト……… 73, 189
マーケティング志向……………………73
マーケティング戦略の連続…………… 128
マーケティング・ミックス…………… 185
マインド・セット……………………… 225
マインドセット………………… 7, 30, 69
マス・カスタマイゼーション………… 124
マネジリアル・マーケティング……… 189

ミドル・マネジメント………………… 186
実り豊かな知識主張…………………… 220

無形資源………………………… 99, 104

メガ・リレーションシップ…………… 126

モノ・マーケティング…………… 184, 238
モノのコト化………………………… 238
問題解決………………………… 131, 183

【や行】

有形財…………………………… 44-53
有形財中心のマーケティング……………6
ユーザーイノベーション……………… 162
誘惑的提言…………………………… 226

4Pフレームワーク……………………… 215
4P理論………………………………… 186

【ら行】

離散的な取引…………………………… 132
リソーシング……………………………… 12
リピート愛顧…………………………… 132
リレーショナル………………………… 120
リレーションシップ・マーケティング 83, 120

理論研究………………………………… 227
理論的根拠……………………………… 194
レンズ………………………… 30, 35, 36, 225

論理実証主義…………………………… 218

【わ行】

ワン・トゥ・ワン・マーケティング… 83, 124
ワンウェイ・コミュニケーション…… 124

欧文索引

a marketing strategy continuum ………… 128
adoptive learning ……………………………87
AMA ……………………………………… 121
American School……………………………… 121
articulation ……………………………… 202

Balanced centricity ……………………… 133
Business-Dominant-Logic ………………… 247

capabilities………………………………… 165
cocreation marketing ………………………84
co-creation………………………………… 185
co-creation of value ………………………37
common denominator ………………………33
Consumer-Dominant-Logic……………… 247
co-production ………………………………37
customer-centric-organization ……………84

FP …………………………………………… 18
FSP ………………………………………… 134

generative learning …………………………87
Global Supply Chain Forum …………… 141
GSCF ……………………………………… 141

IMC………………………………………… 124
Integrated Marketing Communication … 124

Life time value ………………………… 122
market(ing) to ……………………………… 9

market(ing) with ………………………… 10
Market-Driven ……………………… 166-71
market-driven ……………………… 191, 202
market-drivenfirm …………………………85

navigation ……………………………… 202
Nordic School ………………………… 121

operand resource……………………… 33, 165
operant resource ……………………… 33, 165
orchestration…………………………… 203
otago Forum ……………………………… 5
otago Forum Ⅱ …………………………… 5

perspectivism …………………………… 218
process …………………………………… 9

reality……………………………………… 205

semantic reorganization ………………… 214
superordinate ………………………………33

tangible goods ………………………………46
to market ………………………………… 9
transaction ……………………………… 121

value co-creation ……………………………37
value-in-context ……………………………34
value-in-exchange …………………………34
value-in-use …………………………………34

《編著者略歴》

井上　崇通（いのうえ・たかみち）

（現職）明治大学商学部教授
（専攻）マーケティング戦略論，消費者行動論
《主要著書・論文》
『マーケティング戦略と診断』（同友館），『マーケティング』（共著，中央経済社），『マーケティング実務』（共著，産業能率大学出版部），『現代消費者行動論』（共著，創成社），『現代流通論』（共著，同文舘出版），『消費者問題の展開と対応』（放送大学教育振興会），『現代マーケティング論』（共著，創成社），『マーケティングの管理と診断』（同友館），『戦略としてのマーケティング』（共訳，同友館），『市場駆動型の組織』（共訳，同友館），『市場駆動型の戦略』（共訳，同友館）

村松　潤一（むらまつ・じゅんいち）

（現職）広島大学大学院社会科学研究科教授
（専攻）マーケティング論，流通論
《主要著書・論文》
『コーポレート・マーケティング−市場創造と企業システムの構築』（同文舘出版），『戦略的マーケティングの新展開−経営戦略との関係　第二版』（同文舘出版），『戦略的マーケティングの新展開−コーポレート・マーケティングの創造』（同文舘出版），『スマート・シンクロナイゼーション−eビジネスとSCMによる二重の情報共有』（共著，同文舘出版），『現代中国の流通』（共著，同文舘出版），『現代経営と社会』（共著，八千代出版），『現代流通論』（共著，同文舘出版），『現代マーケティング論』（共著，創成社），『戦略としてのマーケティング』（共訳，同友館），『マーケティング計画』（共訳，文眞堂）

平成22年3月25日　初版発行　　《検印省略》
略称：SDL

サービス・ドミナント・ロジック
―マーケティング研究への新たな視座―

　　編著者　　井　上　崇　通
　　　　　ⓒ　村　松　潤　一
　　発行者　　中　島　治　久

発行所　同文舘出版株式会社
東京都千代田区神田神保町1-41　〒101-0051
電話　営業（03）3294-1801　編集（03）3294-1803
振替　00100-8-42935　http://www.dobunkan.co.jp

Printed in Japan 2010　　印刷・製本：萩原印刷

ISBN 978-4-495-64291-4